전환기 일본교과서 문제의 諸相
－ 2010 자유사판 교과서 분석 －

전환기 일본교과서 문제의 諸相
- 2010 자유사판 교과서 분석 -

한일관계사학회 편

景仁文化社

간 행 사

    2001년 이후 한일관계사학회는 역사교과서문제가 발생할 때마다 학술회의와 워크샵 등을 통해 학문적으로 대응하기 위한 노력을 계속해왔습니다. 학술회의가 끝난 후에는 그 성과를 공유하기 위해 그날 주고받은 모든 질의응답까지도 포함하여 책으로 간행하고 있습니다.

    이번에 발간하는 『전환기 일본 교과서문제의 제상』 역시, 2009년 7월 한일문화교류기금과 동북아역사재단의 지원을 받아 개최하였던 심포지엄의 결과물을 책으로 엮은 것입니다. 2009년 4월에는 일본의 우익단체인 '새역모(새로운 역사를 만드는 모임)'의 '지유샤'판 역사교과서가 일본 문부과학성의 검정을 통과했습니다. 한일관계사학회는 바로 "전환기 일본 교과서문제의 제상"이라는 제목으로 학술회의를 개최하였는데, 특별히 "전환기"라는 말을 사용한데에는 다음과 같은 이유가 있습니다. 하나는 '새역모'의 '지유샤'판 역사교과서가 2005년도 '후소샤판'과 내용이 거의 동일한 표절 수준에 오자(誤字)도 많아서 교과서로서 준비가 안된 상태임에도 불구하고 일본 문부성의 검정을 통과했기 때문입니다. 그리고 그보다 더 큰 이유로는 앞으로 이 교과서가 2012년부터 사용될 교과서에 커다란 영향력을 미칠 수 있기 때문이었습니다.

    2012년부터는 개정된 교육기본법과 신학습지도요령에 따라 일본의 모든 교과서가 개편되게 됩니다. 그리고 중학교 역사과목 학습시간이 연간 105단위에서 130단위로 증가하고, 학습지도요령의 '근현대사'항목이

'근대사'와 '현대사'로 분리되면서 서술항목이나 내용에 많은 변화가 있으리라고 예상됩니다. 한일간 교과서문제는 바로 2010년에서 2012년이 커다란 전환기가 되리라고 전망되는데, 2010년 3월 초등학교 사회과 교과서 검정결과가 그것을 예고해주고 있습니다.

그동안 한국에서는 일본의 역사교과서에 대해 다양한 방법으로 분석이 이루어졌다고는 할 수 없습니다. 이번 한일관계사학회에서 간행하는 『전환기 일본 교과서문제의 제상』의 차별성이라고 한다면, 교과서 기술을 단지 검정제도의 문제에 그치지 않고, 일본의 동아시아사 인식 나아가서는 일본사회 전체의 구조와 변동 속에서 살펴보고자 했다는 것입니다. 이 책의 간행을 계기로 교과서 분석의 새로운 틀을 얻고 다음 단계로 나아가는 계기가 되었으면 합니다.

마지막으로 이 책이 나올 수 있도록 기획에 수고를 아끼지 않으신 강원대 손승철 교수님, 경인문화사의 한경희 사장님 두 분께 감사를 드립니다.

2010년 4월 19일

한일관계사학회 회장 이 훈

목차

간행사

제1부
일본 역사교과서 왜곡의 역사

제2부
지유샤(自由社)판 교과서의 왜곡실태

'새역모'의 일본 古代史 구상의 특질과 문제점
-自由社 교과서 및 扶桑社 〈교사용 지도서〉를 중심으로- ❖ 이재석

『일본인의 역사교과서』(自由社)의
근세 한국사 관련서술과 日本近世史像 ❖ 손승철

지유샤판 중학교 교과서에 나타난 근현대 역사상 분석
-전쟁 관련 사진자료를 중심으로- ✤ 최덕수

지유샤판 중학교 역사교과서의 현대사 인식 ✤ 신주백

제1부

일본 역사교과서 왜곡의 역사

韓日 歷史敎科書 問題의 史的 展開
-역사교과서 연구와 역사교과서 대화에 초점을 맞추어-

정 재 정*

1. 들어가며

좁은 바다를 사이에 두고 국경을 맞대고 있는 한국과 일본은 유사 이래 가까운 관계를 맺어왔다. 그 과정에서 두 나라는 友好와 協力을 摸索하기도 했지만, 심각한 葛藤과 衝突을 빚어낸 경우도 많았다. 그리하여 두 나라 국민이 역사적 맥락에서 그려내는 상대방의 이미지는 결코 양호한 것이 아니다. 한국인은 일본이 恩惠를 怨讐로 갚은 無道한 나라, 일본인은 한국이 대륙의 정세에 따라 흔들린 軟弱한 나라라는 印象을 갖게 되었다.

물론 최근에는 일본에서 韓流 붐(boom)이 일어나고 한국에서 日本 필(feel)이 유행하여 상대방에 대한 否定的 이미지가 많이 稀微해졌다. 그렇지만 오랜 세월을 두고 형성된 역사적 이미지는 쉽게 사라지는 것이 아니다. 그것은 伏流하는 물줄기와 같아서, 양국 사이에서 어떤 事案이 발생하면 다시 표면으로 분출하여 두 나라 국민의 이미지로 다시 자리 잡는다. 역사교과서는 상대국에 대한 부정적 이미지를 긍정적 이미지로 개

* 서울시립대학교 교수

선하는 데 도움을 주거나, 부정적 이미지를 오히려 악화시켜 痼疾的 이
미지로 刻印시키는 역할을 한다. 일반인들은 역사교과서가 公認된 사실
과 해석을 바탕으로 하여 기술된 교육 자료라고 강하게 믿기 때문에, 어
느 事案을 둘러싸고 역사적 경험을 공유한 적이 있는 나라들 사이에서
는 상대방의 역사인식을 가늠해볼 수 있는 바로메터라고 생각한다. 그렇
기 때문에 상대국의 역사교과서가 자국을 어떤 식으로 기술하고 있는가
에 대해 신경을 곤두세우고, 때로는 그것의 개선을 요구하는 경우조차
있다. 특히 국제화·세계화가 지구적 규모로 진행되는 오늘날에는 자국에
대한 부정적 이미지는 곧 인간·상품·자본·문화 등의 교류에도 나쁜 영향
을 미칠 것이라고 우려하기 때문이다. 이것은 새로운 내셔널리즘이 대두
하는 것을 보여주는 증거이다.

　한국과 일본은 최근 30여 년 동안 역사교과서에 투영된 역사인식을
둘러싸고 對立과 攻防을 되풀이해왔다. 특히 盧武鉉 정부와 小泉純一郎
정부 사이의 갈등은 심각하여, 2005년 초부터 2년여 동안 한국과 일본
의 언론에서는 '외교전쟁' 혹은 '역사전쟁'이라는 험악한 용어가 등장할
정도였다.

　그런데 한일 양국의 역사연구자와 역사교육자는, 정부 레벨의 역사갈
등이 고조된 상황에서도, 비록 少數이기는 하지만, 그것을 극복할 수 있
는 방안을 끈질기게 모색해왔다. 이른바 역사인식과 역사교과서를 둘러
싼 歷史對話가 그것이다. 한일의 역사갈등은 '일본의 역사교과서 왜곡
사건'이 불거졌던 1982년, 2001년, 2005년 등을 계기로 浮沈을 거듭했
다. 그렇지만 이런 갈등을 통해 대화의 범위가 확대되고 논의의 내용도
깊어지는 모습을 보인 것도 또한 주목할 만한 사실이다.

　나는 이 글에서 한국과 일본에서 발생한 역사교과서 문제의 史的 전
개를 역사교과서 연구와 역사교과서 대화의 흐름에 초점을 맞추어 살펴
보려고 한다. 그리고 이것을 통해 확인된 성과와 한계를 바탕으로 하여,

역사교과서 연구와 역사교과서 대화가 한 단계 더 발전하기 위해서는 어떻게 할 것인가에 대해 몇 가지 課題와 展望을 제시하겠다.

이 글에서는 논의를 簡明하고 계통적으로 진행시키기 위해, 지난 30여 년에 걸쳐 한국과 일본에서 진행된 역사교과서 연구와 역사교과서 대화를 다음과 같이 3시기로 나누어 살펴보고자 한다. 제1기 探索과 是正을 위한 연구와 대화(1976~1996년), 제2기 理解와 連帶를 위한 연구와 대화(1996~2006년), 제3기 和解와 相生을 위한 연구와 대화(2006~현재)가 그것이다. 내가 왜 이렇게 시기를 구분했는가에 대해서는 본문 각 章의 서두에서 언급하겠다.[1]

이 글이 한국과 일본의 역사교과서 연구와 역사교과서 대화의 흐름을 파악하는데 참고가 된다면 다행이라고 생각한다. 또 앞으로 역사교과서 연구와 역사교과서 대화의 범위를 넓히고 그 수준을 높이는 데 조금이나마 도움이 된다면 바라는 바 이외의 소득이 될 것이다.[2]

---

1) 나는 역사교과서연구회(한국)와 역사교육연구회(일본)가 『한일역사공통교재, 한일교류의 역사-선사에서 현대까지』의 간행(한일 동시 간행. 2007.3.1)을 기념하여 서울에서 공동으로 개최한 심포지엄에서 한국과 일본의 역사대화를 제1기 탐색과 이해를 위한 역사대화(1976~2000), 제2기 시정과 연대를 위한 역사대화(2001~2006), 제3기 화해와 평화를 위한 역사대화(2007~현재)로 나누어 발표한 바 있다. 그 후 나는 이러한 구분이 과연 的確한 것인가에 대해 深思熟考한 결과, 이번의 글처럼 수정하는 것이 더 사실에 가깝다고 확신하게 되었다. 다만 어떤 틀을 만들면 항상 그 틀에서 벗어나는 사례도 있기 때문에, 나의 구분이 모든 연구와 대화에 일률적으로 적용된다는 뜻은 아니라는 점을 유념해주기 바란다. 그리고 이 논문은 그때 발표한 글을 대폭 수정하고 보완한 것이다.
2) 한국과 일본의 역사교과서 연구와 역사교과서 대화의 論著에 대해서는 우선 다음의 목록을 참조하면 편리하다. 동북아역사재단, 『한일 역사현안 관련 일본 역사교과서 연구논저 목록』(동북아역사재단, 2009). 그렇지만 이 목록에는 빠진 것도 많기 때문에 좀 더 자세하게 연구 성과를 파악하기 위해서는 拙稿의 각주에 게재한 연구서적 등을 통해 보완할 필요가 있다.

2. 探索과 是正을 위한 연구와 대화, 1976~1996년

1) 역사갈등의 발생

한국과 일본의 역사갈등은 두 나라가 교류해온 시간만큼이나 길고 깊다. 그렇지만 이 글에서 화제로 삼고 있는 것은 주로 1982년에 불거진 역사교과서 문제, 특히 일본 역사교과서의 한국사 관련 내용의 기술을 둘러싼 갈등이라고 보는 게 타당하다.[3] 당시 국내외 언론들은 일본 문부성이 역사교과서 편찬자들에게 검정 과정에서 '침략'을 진출로, '독립운동'을 '폭동'으로 수정하도록 압력을 행사했다고 보도함으로써 한국뿐만 아니라 중국, 북한 등 동아시아 국가들의 반일정서를 크게 자극했다. 한국정부는 일본정부를 통해 19개 항목에 대해 수정을 요구했다고 하는데, 그것이 어떻게 처리되었는지는 아직도 명확하게 밝혀지지 않고 있다.[4]

1982년의 '일본 역사교과서 문제'는 한국과 일본의 정부가 외교 레벨에서 봉합함으로써 일단 수그러들었다. 한국에서는 국민들의 반일운동을 극일운동으로 전환하여 무마시키고, 그 상징으로서 천안에 독립기념관을 건립했다. 일본에서는 이른바 '근린조항'을 만들어서, 교과서를 검정할 때 주변국과 겹치는 사안에 대해서는 상대국의 처지를 어느 정도 배려하겠다는 자세를 취했다. 그렇지만 1987년에 일본 우파의 역사관이 강하게 반영된 <신편 일본사>라는 고등학교 역사교과서가 검정에 통과하여 발행됨으로써 한국과 일본의 갈등은 잠시 재연되었다.

그런데 1990년대에 들어서 한국과 일본의 역사갈등은 정치가의 '망

---

3) 박성수 편, 『일본 교과서와 韓國史의 歪曲』, 民知社, 1982 참조.
4) 정재정, 『일본의 논리-전환기의 역사교육과 한국인식』, 현음사, 1998, 204~
　 205쪽 ; 君島和彦, 『教科書の思想-日本と韓國の近現代史』, すずさわ書店, 1996,
　 38~40쪽.

언' 또는 '종군위안부' 문제 쪽으로 선회했다. 일본 정부는 국내외 특히 한국의 반일여론을 무마하기 위해 1992년 관방장관의 담화를 통해 '종군위안부'의 동원과 운영에 일본군이 간여했다는 사실을 인정했다. 이에 따라 1996년까지 일본의 중고등학교 역사교과서는 거의 대부분이 '종군위안부' 문제를 한두 줄이라도 기술하게 되었다. 그리고 한국사와 관련된 다른 부분의 기술에서도 꽤 개선된 모습이 나타났다. 이런 경향은 일본의 문부성이 교과서 검정에서 유연한 자세를 취한데서 연유한 바 크다.[5] 일본 우파는 곧 이것을 꼬투리로 잡아 대대적으로 교과서 공격을 벌이게 된다.

2) 역사대화의 개요

일본에서는 이미 1955년을 전후하여 역사교과서 기술을 둘러싸고 정치와 언론 등에서 심각한 논란을 벌인 적이 있다. 그리고 1982년에는 역사교과서 기술에 대한 문부성의 검정과 간섭이 다시 정치 문제로 비화하여 학계와 교육계에서도 많은 논란을 불러 일으켰다. 오늘날까지 일본의 역사교과서 검정에서 적용되고 있는 이른바 '近隣諸國條項'은 이 와중에서 만들어진 苦肉之策이라고 볼 수 있다.

일본에서 발생한 역사교과서 문제는 한국의 역사학자와 역사교육자에게 역사교과서에 대한 연구를 촉진하고 일본과 역사대화를 모색하게 만드는 데 일정한 자극을 주었다. 그리하여 몇 가지 단체나 기금에서 역사교과서 연구와 역사교과서 대화를 추진하게 되었다.[6] 이런 활동을 처

---

5) 정재정, 『일본의 논리-전환기의 역사교육과 한국인식』, 현음사, 1998, 237
~264쪽.
6) 이 시기의 역사교과서 연구와 역사교과서 대화의 개략, 논점, 성과, 과제 등
에 대해서는 다음의 글을 참조할 것. 정재정, 「역사교과서를 위한 한국·일본
의 협의활동과 몇 가지 과제」, 유네스코 한국위원회, 『21세기 역사교육과 역

음 시작한 것은 한국의 歷史敎育硏究會였다. 이 단체는 1970년대 중반 이래 4회에 걸쳐 일본의 관계자를 초청하여 심포지엄을 개최하였다. 각 심포지엄에서 다룬 주요 議題는 "민족"을 역사교육에서 어떻게 취급할 것인가의 문제였다. 한일 양국의 역사교육이 내셔널리즘에 傾斜되었던 사정을 고려하면 時宜適切한 주제였다고 생각된다.

韓日文化交流基金은 1989년에 역사교과서 서술 문제를 논의하는 한일 학술회의를 개최했다. 이 기금은 원래 1982년에 발생한 '일본 역사교과서 왜곡 사건'을 수습하는 과정에서 발족했기 때문에, 이런 주제의 심포지엄을 주최한 것은 합당한 일이었다. 정부 출연기관인 한국교육개발원도 '일본 역사교과서 왜곡 사건'을 계기로 하여, 세계 각국 교과서의 한국사 관련 서술을 是正한다는 명목에서 자주 국제 역사대화를 개최했다.

공식적인 학회를 표방하지는 않았지만, 한일의 역사교육과 역사교과서 문제에 지속적인 관심을 가지고 대화를 계속한 것은 한국의 李元淳과 일본의 加藤章 그룹이었다. 이 그룹은 1988~1990년에 「일본국과 대한민국의 역사 교과서 서술에 관한 기초적 연구」를 시행하여, 自國中心主義로 되기 쉬운 역사교육을 검토함으로써, 타국에 대한 偏見과 蔑視를 제거하고 상호이해를 깊게 하며, 일본의 역사교과서를 둘러싼 국제적 비판에 대해 학문적 해결을 모색했다.

한국의 李泰永과 일본의 藤澤法暎를 중심으로 한 韓日歷史敎科書硏究會는 1991~92년에 일본의 역사교과서에 서술된 근대 한일관계사의 문제점을 집중적으로 검토했다. 이 연구회의 활동은 일본의 공영방송인 NHK가 자세하게 보도함으로써 일반인의 관심을 불러일으키고 역사대화를 활성화시키는 효과를 가져왔다. 한국에서 國際敎科書硏究所와 韓

사교과서—한일 역사교과서문제 해결의 새로운 대안』, 도서출판 오름, 1998 ; 신주백, 「일본의 역사왜곡에 대한 한국사회의 대응, 1965~2001: 새로운 희망을 찾아서」, 『한국근현대사연구』 17, 한국근현대사학회, 2001.

日關係史研究會 등이 잇달아 심포지엄을 개최한 것이다. 유네스코 한국
위원회도 국제 역사대화를 주선하여 활동의 지평을 넓혔다.

　일본에서는 吉田悟郎·西川正雄 등이 이끈 比較史·比較歷史敎育硏
究會의 활동이 주목할 만하다. 이 연구회는 1982년에 발족한 이래 수차
례 대규모 국제학술회의를 개최하고 그 때마다 결과를 단행본으로 출판
했다. 이 연구회는 역사교과서 자체를 검토의 대상으로 삼기보다는 동아
시아 각국이 自國史와 世界史를 어떻게 취급하고 있는가 등을 話題로
삼았다. 이 연구회의 역사대화에는 한국 이외에 북한·중국·대만·베트남
등도 참가했다. 역사교육과 역사교과서를 연구하는 소규모 모임에서도
간헐적으로 한국의 관련자를 초청하여 세미나를 개최했다.

3) 역사대화의 주요 논점

　역사인식을 둘러싼 대화는 대화에 참가한 사람들의 전공이나 성향 등
에 따라 화제가 다를 수밖에 없다. 한국에서는 대개 일본의 사정을 어느
정도 알고 있는 연구자, 특히 역사교육이나 역사교과서 등에 관심이 있
는 사람들이 대화에 참가했다. 일본에서는 일본의 역사인식이 自國中心
主義에 기울어 있다고 느끼는 연구자, 특히 일본이 근린제국과의 역사갈
등을 극복해야 하기 위해서는 이런 성향에서 벗어나야 한다고 생각하는
사람들이 참가했다. 따라서 화제는 주로 일본의 역사교과서, 그중에서도
근대 한일관계사 기술의 문제점에 집중할 수 있었다. 일본의 역사교과서
만이 화제의 대상이 된 데에는 일본측 참가자들의 배려가 어느 정도 작
용했다고 볼 수 있다.

　역사대화는 한국과 일본의 역사관이 선명하게 부딪치는 주제를 둘러
싸고 진행되었다. 어느 정도 예견된 상황이었지만, 양국의 역사인식에
편차가 심했기 때문에 대화는 결코 부드러운 분위기에서 진행된 것은 아

니었다. 때로는 긴장된 분위기에서 격렬한 논쟁을 벌인 적도 있었다. 일본에게 자신 또는 친척이 피해를 입은 경험을 가진 청중 중에서 격렬한 항의가 쏟아지는 경우도 자주 있었다. 특히 매스컴이 밀착하여 취재한 경우에는 논쟁의 모습이 더욱 부각되었다. 그러나 큰 흐름에서 보건대, 시간이 지나면 지날수록 참가자 상호간의 이해가 깊어져 우호적인 분위기 속에서 대화를 진행할 수 있었다. 여러 역사대화의 논점은 다양했지만, 공통적으로 제기되었던 사항은 다음과 같은 것이었다.

먼저 역사인식을 둘러싼 논점이다.

① 일본의 역사교육에서 당시 과제로 떠올랐던 自國史의 상대화, 곧 자국중심주의의 역사관을 어떻게 극복할 수 있을까.

② 역사교육에 숙명적으로 붙어 다니게 마련인 내셔널리즘을 어느 정도 용인할 것인가.

③ 일본의 역사교육 또는 역사교과서에서 敗戰前에 각인된 皇國史觀的 혹은 植民史觀的 한국사 이해는 모두 拂拭되었는가.

④ 국가와 민족의 벽을 넘어 상호이해를 증진시킬 수 있는 역사교육의 방법은 무엇인가.

⑤ 한국과 일본 사이에 역사인식의 공유는 가능한가, 또 그것은 바람직한 일인가.

이상의 여러 논점은 한국과 일본의 역사대화에서는 항상 논란이 되는 문제이다. 그뿐만 아니라 독일과 프랑스, 또는 독일과 폴란드 등의 역사대화에서도 화제가 된 사항이었다. 곧 역사교육의 근본적 성격에 관련된 문제이기 때문에 역사대화에서는 항상 화제로서 부상할 소지가 있는 사안이었다.

다음에는 이 시기의 역사대화에서 취급한 특정 주제를 둘러싼 논점이다.

① 明治維新 직후에 일본에서 대두한 征韓論의 실체는 무엇인가.

② 청일전쟁과 그 후 일본이 도발한 전쟁의 성격을 어떻게 볼 것인가.

③ 일본의 침략이나 지배 아래서 소수의 한국인과 일본인 사이에 미약하게나마 존재했던 連帶의 사실을 어떻게 평가하고 교육할 것인가.

④ 일본제국주의가 만들어낸 역사적 존재이자 현실적 과제인 재일 한국인·조선인 문제를 어떻게 다룰 것인가.

이상의 주제는 모두 근현대 한일관계사에 속하는 문제들로서, 일본의 역사교과서 기술에서 흔히 비판의 대상이 되고 있는 것들이었다. 그리고 일반인들이나 매스컴도 항상 관심을 가지고 발언하고 싶은 주제였다. 따라서 역사대화에 참가한 한국인들은 당당하게 자신의 역사관을 토로한 반면, 일본인은 적지 않은 부담 속에서 조심스럽게 자신의 역사관을 피력할 수밖에 없었다. 한국과 일본이 역사대화를 시작하는 마당에서는 적절한 방식이었다고 평가할 수 있다.

4) 역사대화의 성과

한국과 일본이 처음 대면하는 역사대화에서 참가자 모두를 납득시킬 만한 공통의 결론을 이끌어내는 것은 무리한 일이었다. 그렇지만 첫 단계의 대화치고는 몇 가지 측면에서 그런대로 많은 성과를 올렸다고 평가할 수 있다. 몇 가지 성과를 적시하면 아래와 같다.

① 근대 한일관계사를 둘러싼 한국과 일본의 인식 차이를 명확히 부각시키는 한편, 이것을 접근시키기 위한 방안을 진지하게 모색하였다.

② 양국의 역사교과서 제도와 내용에 대한 이해를 깊게 하고, 이것을 분석하는 방법을 터득하는 데 도움을 주었다.

③ '加害'와 '被害'에 대한 역사를 서로 분명히 인식하는 것이 새로운 한일관계의 구축에 꼭 필요한 과제임을 일반인에게 어필하는 데 기여하였다.

④ 양국의 역사연구자·역사교육자 사이에 이해가 깊어져 공동연구를 지속할 수 있는 인맥이 구축되었다.

⑤ 국민 또는 민족에 따라 서로 다른 역사해석을 도마에 올려놓고 토론함으로써 역사인식의 다양성을 이해하는 데 기여했다.

⑥ 역사대화가 매스컴이나 서적을 통해 일반인에게 알려짐으로써 역사대화의 중요성과 필요성에 대한 공감대가 형성되었다.

⑦ 역사대화의 내용이 교과서 집필자 등에게 전파되어 한국 근대사에 관련된 일본의 역사교과서 서술이 상당히 개선되었다.

⑧ 공동연구와 심포지엄 등의 역사대화에 대한 노하우를 축적할 수 있게 되었다.

이상의 성과는 기대 이상의 것이었다. 1990년대 중반은 근린제국에 대한 일본인의 역사인식이 가장 유연해진 시기였다. 전후 50년이라는 마디에 해당한데다가, 자민당 단독 정권이 무너지고 사회당 등과의 연립정권이 잠시나마 출현하였기 때문에 근대 일본의 침략과 식민지지배에 대한 반성의 분위기가 어느 때보다 고조되었다. 따라서 한국과 일본의 역사대화는 時宜適切한 시도였고, 또 나름대로 성과를 올릴 수도 있었다. 좀 과장하면 한국과 일본의 역사대화가 전후 50년 즈음의 역사인식을 만들어내는데 미력하나마 一助했다고 해석할 수도 있다.

5) 역사대화의 과제

한국과 일본의 역사대화가 기대 이상의 성과를 올렸음에도 불구하고, 극복해야할 과제로서 다음과 같은 것이 浮刻되었다.

① 역사교육이 수행해야 할 기능과 과제가 나라마다 다르다는 현실을 어느 정도 용납할 수 있을까.

② 自國史的 관점을 뛰어넘는 상대방 인식이 한국과 일본의 역사교육

에서 얼마나 가능할 것인가.

③ 한국과 일본의 역사연구 성과가 상대방에게 얼마나 정확하고 풍부하게 전달될 수 있을까.

④ 역사교과서 연구의 영역을 한국과 일본의 全時代로 확대할 필요는 없을까.

⑤ 역사대화에 참가하는 사람은 뚜렷한 문제의식과 성실성을 견지할 필요가 있다.

⑥ 역사대화의 채널이 다양화하고 있기 때문에, 역사대화의 성과를 공유할 수 있는 네트워크를 만들 필요가 있다.

⑦ "다른 민족에게는 다른 역사상이 있다"는 명제를 "역사교육의 국제화"에 어느 정도까지 용인할 것인가.

⑧ 한국인과 일본인은 역사인식을 공유할 수 없다고 주장하는 사람도 있는데, 공유의 가능성을 처음부터 포기하는 것은 역사대화의 목표를 왜소화시키는 것은 아닐까?

⑨ 역사교육 내지 역사교과서에 참고할 만한 勸告案이나 副敎材를 함께 만들어볼 필요가 있지 않을까.

이상의 과제는 자연히 다음 단계의 역사대화에서 화제로 등장하였다. 그런 점에서 이 시기의 역사대화는 그 후 한국과 일본의 역사대화를 이끌어 가는데 나침반 역할을 했다고 평가할 수 있다.

3. 理解와 連帶를 위한 연구와 대화, 1996~2006년

1) 역사갈등의 재연

한국과 일본 정부는 1998년 10월 '파트너십 선언'을 발표하여, 일본이 한국에 대한 식민지 지배를 사죄하고 한국이 일본의 그런 태도 표명을 진지하게 받아들인다는데 합의했다. 양국이 정부 사이의 공식문서에서 미흡하게나마 역사인식에 대해 이렇게 공감을 표명한 것은 처음이었다. 두 정부가 이렇게 되기까지에는 한국과 일본의 역사대화가 어느 정도 영향을 미쳤다고 自負한다.

그렇지만 양지에는 그늘이 있고 오름에는 내리막이 있듯이, 일본의 역사인식에서 또 다른 변화가 표면에 등장한 것도 바로 이 시점이었다. 전후 50년을 맞아 유연해진 일본의 역사인식은 역사교과서의 개선에 어느 정도 기여했다는 점은 이미 앞에서 지적한 바와 같다. 그런데 이것이 일본 우파의 역사인식을 자극했다. 자민당과 문화계·매스컴 등에 포진한 우파 인사들은 일본의 역사교과서가 공산주의사관 또는 自虐史觀에 물들어 자국의 전통과 문화에 대한 긍지와 존중을 잃게 만들었다고 주장했다. 그들은 기존의 역사교과서를 조목조목 비판하는 한편, 자국사에 대한 긍지와 애정을 심어줄 수 있는 새로운 역사교과서를 스스로 집필하겠다고 나섰다. 그들의 일부는 국가 전략의 차원에서 1995년 7월 '자유주의사관연구회'를 발족하고, 1996년 12월 '새 역사교과서를 만드는 모임'을 결성했다. 그리고 일본의 내셔널리즘을 전면에 내세우는 교과서의 집필에 들어갔다.[7]

역사교과서에 대한 우파 인사들의 반격은 곧 한국과 일본의 역사대화, 아니 정치와 외교에도 큰 파란을 몰고 왔다. 일본의 문부과학성은 2001년 3월 그들이 쓴 중학교 『새 역사교과서』를 검정에 합격시켰다. 이것은 한국과 일본의 역사갈등은 再燃시켰다. 그리고 이 교과서가 다시 검정에 통과한 2005년 초부터 2년여 동안 한국과 일본의 역사갈등은 최

---

7) 일본의 1990년대 중반에 횡행한 국가 전략적 역사교육론의 횡행과 실천에 대해서는 정재정, 『일본의 논리-전환기의 역사교육과 한국인식』, 현음사, 1998, 16~47쪽을 참조할 것.

고조에 달하여 頂上外交를 중단할 지경에까지 이르렀다.

한국정부는 2001년에 일본 역사교과서의 한국사 관련 내용 '왜곡'을 일본 정부에 항의하면서 35개 항목에 대해 수정해달라고 정식 요청했다. 이에 대해 일본 정부는 학문과 사상의 자유를 보장하고 있는 일본의 체제상 정부가 교과서 기술에 간섭할 수 없다는 자세를 견지하면서 한국측 요구를 거절했다. 한국과 일본 정부는 결국 여론의 악화를 무마하기 위해 양국 정부가 지원하는 '한일역사공동연구위원회'를 설치하여 사태를 학문적으로 극복해나가도록 했다.

한편, 2005년에 발생한 일본 역사교과서 문제에 대한 한국정부의 대응은 좀 달랐다. 한국정부는 일본정부에 대해 구체적인 사안에 대해 수정안을 요구하지 않았다. 앞의 경험에서 실효성이 거의 없다는 것을 알았기 때문이다. 대신 민간인들의 활동을 지원하여 교과서 문제를 극복하려는 우회적 방법을 채택했다. 당시 민간인들이 역사교과서 연구와 역사교과서 대화에 다수 참여하고 있었기 때문에 이 방법은 옳은 선택이었다. 더구나 민간인들 중에는 일본의 민간인들과 연대하여 『새 역사교과서』의 채택을 저지하려는 운동을 벌이고 있었다. 이제 역사대화의 내용과 방법이 상당히 바뀐 마당에서 정부가 구체적으로 시정을 요구하는 것은 바라직하지 않았다. 양국 정부는 '한일역사공동연구위원회'를 재개하는 방향으로 조율했다.

한국과 일본 사이에 역사갈등이 이렇게 증폭된 것은 고이즈미 수상의 야스쿠니신사 참배와 일본정부의 독도 영유권 주장 등에 대해 한국정부가 강하게 비판하고 반발했기 때문이지만, 양국 정부가 역사인식의 충돌을 적절히 통제하고 관리해온 시스템이 붕괴한 것도 주요 원인의 하나였다. 그 基底에는 한국이 일본정치가의 '妄言'과 중학교 『새 역사교과서』의 검정 통과 등을 겪으면서 일본의 역사인식에 不信을 품게 되고, 일본이 戰後 60년을 계기로 역사의 멍에에서 벗어나고 싶은 慾望에서 내서

널리즘을 옹호하는 역사인식으로 기울게 된 상황이 깔려 있었다.[8]

한국과 일본 사이에서 역사갈등이 再燃한 것은 그 동안 추진되어온 역사대화의 효력에 한계가 있다는 것을 보여주는 생생한 증거였다. 그리고 두 나라 정부 모두 새롭게 부상하는 내셔널리즘에 대해 적절히 대응하지 못 했다는 것을 反證하는 사태였다.

2) 역사대화의 활성화와 다양화

2001년 『새 역사교과서』의 등장과 그로 인한 한국과 일본의 역사갈등은 逆說的으로 역사대화를 촉진하는 계기가 되었다. 그런데 이때의 역사대화는 그 이전과 상당히 다른 모습을 보였다. 역사대화에 참가하는 사람들의 外延이 확장되어 兩國間뿐만 아니라 多國間 대화가 많아지고 話題도 다양해졌다. 역사교사나 시민운동가가 역사대화에 참가하는 경우도 늘어나서 민간 레벨의 연대가 활발해졌다. 이제 그 수를 헤아리기 어려울 만큼 대화의 빈도도 잦아져서 참가자의 國籍에 따라 역사대화의 유형을 분류하는 것이 편리한 상황이 되었다. 이 시기의 역사대화의 개황과 論點을 간단히 摘示하면 다음과 같다.[9]

① 한국에서 한국인 역사연구자와 역사교육자만으로 이루어진 학술회의이다. '한국인끼리의 역사대화'인 셈이다. 일본교과서바로잡기운동본부와 이를 확대 개편한 아시아평화와역사교육연대, 역사문제연구소, 역사교육연구회, 전국역사교사모임, 한국역사연구회, 한국서양사학회,

---

8) 1997년 이후 2005년 전후의 한국과 일본의 역사갈등과 역사대화에 대해서는, 정재정, 「한일 역사대화의 구도: 역사교과서와 역사인식을 중심으로」, 『일본은 한국에게 무엇인가』, 도서출판 한울, 2006.3을 참조할 것.

9) 이 시기에 이루어진 역사대화의 경위, 성과, 과제 등에 대해서는 정재정, 「韓日의 歷史對話-和解와 相生을 위한 오딧세이」, 『일본학연구』제19집, 단국대학교 일본학연구소, 2006.10을 참조할 것.

한국교육개발원과 그 사업을 移管하여 繼承한 한국학중앙연구원 한국문화교류센터, 한일관계사학회 등이 잇달아 심포지엄을 개최하여 한국사, 일본사, 중국사, 서양사의 시각에서 한국과 상대국의 역사교육과 역사교과서에 대해 발표하고 토론했다.

② 한국과 북한(조선민주주의인민공화국)의 역사 연구자와 교육자가 일본 교과서의 '역사 왜곡 사건'을 규탄하고 대응하기 위해 마련한 역사대화이다. '南北共助型 역사대화'인 셈이다. 평양과 서울이 주요 무대였다. 이런 역사대화를 발판으로 하여 2004년 4월 '남북역사학자협의회'가 발족했다.

③ 한국과 일본이 話者가 되어 兩國을 오가면 개최한 역사대화이다. '韓日兩國型 역사대화'이다. 서울시립대학교가 거점이 된 역사교과서연구회와 東京學藝大學이 중심이 된 역사교육연구회가 '역사연구의 동향과 역사교과서의 서술'이라는 대주제를 내걸고 1997년 이래 10여 년 동안 진행해온 역사대화가 전형적인 예이다. 이들은 총 15회의 심포지엄을 열어 양국 교과서의 한일관계사 기술을 검토하는 한편, 2007년 3월 1일 한일 양국에서 함께 사용할 수 있는 부교재를 간행했다. 그밖에 전국역사교사모임(한국)과 역사교육자협의회(일본)가 2001년부터 역사대화를 시작하고, 歷史學會(한국)와 歷史學硏究會(일본)를 매개로 하여 양국에서 전국적 규모로 회원을 거느리고 있는 10개 역사학 단체가 2001년 12월 이래 '한일합동역사연구심포지엄-교과서 문제-'라는 학술회의를 개최했다. 한국과 일본의 韓日主敎交流會는 1996년 2월 16일 '한일 교과서 문제 간담회'를 발족하고 2002년까지 8회에 걸쳐 역사대화를 갖고, 해마다 두 차례 한일 청소년의 교류를 지원했다. 현대일본학회, 한국학중앙연구원 한국문화교류센터, 국사편찬위원회 등도 역사교과서 관련 심포지엄을 개최했다.

④ 특기할 만한 것은 『새 역사교과서』의 등장으로 인해 한일의 갈등

과 대립이 심해지자, 이를 극복하는 하나의 방법으로 한국과 일본 정부가 지원하는 역사대화가 출범했다는 점이다. 2001년부터 시작한 '한일역사가회의'와 2002년부터 활동한 '한일역사공동연구위원회'가 그것이다. 前者는 역사학국제위원회의 양국 국내위원회가 주체가 되어 개최하는 역사대화로서, 역사연구의 현황과 동향에 대해 의견을 교환하는 비교적 자유로운 모임이다. 後者는 2002년 5월에 발족하여 2005년 5월 말까지 3년 동안 양국 정부의 전면적 지원 아래 양국을 오가면 회의를 개최하고, 한일관계사에 관련된 19개 주제에 대해 47편의 논문을 생산하여 발표했다. 그리고 2007년 6월 제2기 '한일역사공동연구위원회'가 출범하여 2009년 12월까지 공동보고서를 제출할 것을 목표로 내걸고 현재 활동 중이다.

　⑤ 한국이 중국과 역사대화를 나누거나 일본·북한·러시아 등이 여기에 가담하는 역사대화이다. '東北아시아型 역사대화'인 셈이다. 아시아평화와역사교육연대는 '역사인식과 동아시아평화포럼'을 해마다 개최하여, 일본의 역사왜곡에 대응하고, 동아시아 공동의 역사인식을 만들어가기 위해 근현대사에 관한 한중일 공동 역사교재를 개발했다. 이런 활동을 기반으로 하여 2003년 9월 上海에서 '일본의 과거청산을 요구하는 국제연대협의회'가 결성되었다. '일본학술회의 역사학연구연락위원회 역사연구와 교육전문위원회'와 일본역사학협회는 2002년 10월 東京에서 '동아시아에서의 역사교과서의 편찬-그 역사와 현상-'이라는 국제심포지엄을 개최했다. 이러한 역사대화는 그 후에도 계속되어 한·중·일 삼국의 공통역사교재의 출간으로 이어졌다.

　⑥ 한국·중국·일본의 어느 나라와 유럽·미국 등의 서양 여러 나라가 함께 참가한 '역사대화'이다. '동북아시아·서양 聯合型의 역사대화'인 셈이다. 한국교육개발원과 한국학중앙연구원 한국문화교류센터 등은 독일의 게오르그 에케르트 국제교과서연구소와의 함께 동서양 교과서의 식

민지 역사 서술을 검토했다. 한국의 역사학회와 미국의 세계사학회는 2002년 8월 '역사 속의 한국과 세계'라는 대주제를 내걸고 대규모의 국제회의를 개최했다. 정부의 출연기관으로서 출범한 동북아역사재단은 2006년 11월 한국, 중국, 일본, 싱가포르, 독일, 폴란드 등의 학자가 참가한 대규모 역사대화를 주최했다.

아시아재단(TAF, The Asia Foundation)과 프리드리히 에버트재단(FES, Friedrich Ebert Stiftung)은 2001년 11월 東京에서 '유럽, 아시아, 미국의 교과서·역사·전쟁체험'이라는 국제심포지엄을 개최했다. 일본교직원조합은 2002년 1월 27일 일본의 宮崎市에서, '아시아와의 共生·連帶를 展望하는 역사교육의 今後－국제교과서연구에서 배운다－'라는 국제심포지엄을 개최했다. 독일연방정치교육센터 동서코레그, 켈른 일본문화회관, 독일·일본연구소는 공동으로 2002년 9월 켈른에서 '일본과 한국－공통의 미래를 향한 과제와 전망'이라는 심포지엄을 개최했다.

3) 역사대화의 성과와 평가

1996년부터 2006년까지 이루어진 역사대화의 성과를 정리하기는 쉽지 않다. 화제가 多岐에 걸친데다가 논점도 다양하여 한 방향으로 모으기가 어렵다. 게다가 '공통역사교재' 등의 출간도 잇달아서 많은 성과를 일일이 소개할 수도 없다. 일단 역사인식의 심화와 공유라는 점에 초점을 맞추어 성과를 정리하면 다음과 같다.

① 한국의 역사교육과 역사교과서에 대해 철저히 비판하고 대안을 모색했다. 종래에는 일본의 역사교육과 역사교과서가 화제의 중심이었던 것에 비하면 괄목할 만한 변화라고 볼 수 있다. 한국의 역사교과서에 대한 비판적 검토는 첫 단계에서는 한일관계사에 대한 기술에 국한되었지만, 2005년을 전후로 하여 한국사 전반 특히 현대사 기술을 둘러싼 논쟁

으로 확산되어 정치문제로까지 비화되었다. 이제 일본의 역사교과서 문제 못지않게 한국의 역사교과서 문제가 역사대화에서도 주목을 끌게 되었다.

　② 일본의 '역사왜곡'의 성격을 근본적으로 재검토하고, 이에 대한 공동대응의 태세를 갖추었다. 시민 레벨의 국제연대가 형성된 것이다. 여기에서 주목해야 할 것은 대응의 목표와 방법이 달라진 것이다. 앞 시기에서는 교과서 기술, 곧 내용에 대한 시비가 화제가 되고, 그것의 개선 방향을 논의하는 경우가 많았다. 그런데 이 시기에 이르면, 문제가 된 역사교과서 곧 『새 역사교과서』의 채택을 저지하는 운동이 활발해졌다. 그 이유는 일본정부가 교과서 검정에서 '역사 해석'에 대해 관여하지 않겠다는 자세를 명확히 밝혔기 때문에, 검정의 잘잘못을 다투는 것은 별 의미가 없는 것으로 판단되었다. '교과서 불채택 운동의 전개'는 시민 레벨의 역사대화가 정치 운동으로 전환되었다는 것을 보여주는 한 예이었다. 왜냐하면, 일본에서 중학교 역사교과서의 채택은 각 지방자치단체의 교육위원이 행하는데, 그 교육위원은 지방자치단체장이 임명하게 되어 있다. 지방자치단체장은 당연히 선거로 뽑히는 정치인이고 정당인인 경우가 많았다. 따라서 교과서 채택이 정치적 판단에 의해 이루어질 수 있다는 것을 원천적으로 막을 수는 없다. 일본의 시민들은 이 점을 간파한 위에서 오히려 '정치 운동'의 일환으로서 '교과서 불채택 운동'은 전개한 것이다. 이들과 연대한 한국의 시민운동이 이러한 상황을 얼마나 정확하게 이해하고 활용했는가는 아직 분명하지 않다. 2001년도의 『새 역사교과서』 채택률이 0.04%, 2005년도의 그것이 0.4%에 그친 것은 '교과서 불채택 운동'이 어느 정도 성공을 거두었다는 것을 보여주는 지표였다.

　③ 한국·일본·중국 등 동아시아의 역사인식을 평화 실현의 방향으로 이끌어가려고 노력했다. 종래의 역사교과서 연구와 역사교과서 대화는 주로 상대국의 역사인식의 문제점을 지적하고 개선한다는 데 중점을 두

었다.『새 역사교과서』가 처음 검정에 합격한 2001년 직후까지만 해도 그런 성격이 강했다. 그런데 그 이후 '교과서 불채택 운동'이 활발해짐에 따라 목표도 누구나 공감할 수 있는 방향으로 수정되었다. 평화, 상생, 화해 등의 표방이 그것이다. 이것은 시민 레벨에서 역사인식의 공유를 위한 연대가 출범한 것과 궤도를 같이한 변화였다.

④ 한국·일본·중국 등 동아시아 삼국이 유럽·미국 등 서양 여러 나라의 역사인식·역사교과서 문제의 처리 경험에서 교훈을 얻으려는 자세를 취했다. 한국에서 유럽의 역사대화가 소개된 것은 1982년 일본의 역사교과서 '왜곡 사건' 직후였다.[10] 물론 일본에서는 한국보다 10여 년 앞서서 이것이 소개되었다.[11] 그런데 한국과 일본의 역사대화에서 유럽의 예가 본격적으로 거론된 것은 1997년 유네스코 한국위원회와 독일위원회가 서울에서 함께 개최한 심포지엄 이래였다.[12] 그 후 한국과 일본이 역사대화를 추진하면서 유럽의 사례에서 示唆를 얻으려는 시도가 넘쳐 났다. 장소도 한국과 독일 등으로 확장되었다.[13]

⑤ 한국과 일본이 갈등을 빚고 있는 역사인식과 역사교과서 문제의 성격을 세계적 시야에서 파악하려는 움직임이 나타났다. 국제이해와 평화공영을 지향하는 외국의 유력 재단이 이런 시도를 선도한 것은 뜻 깊

---

10) 문기상, 「독일의 歷史敎育: 독일·폴란드 역사교과서 협의회 추천문항을 중심으로」, 『歷史敎育』 34, 역사교육연구회, 1983.
11) 比較史·比較歷史敎育硏究會, 『自國史と世界史—歷史敎育の國際化をもとめて』, 未來社, 1985를 포함한 5권의 관련 서적 ; 니시가와 마사오, 「역사교과서 개선의 국제협력」, 이광주·오주환 역, 『역사이론』, 문학과지성사, 1987.
12) 유네스코 한국위원회, 『21세기 역사교육과 역사교과서—한일 역사교과서문제 해결의 새로운 대안』, 도서출판 오름, 1998.
13) 김유경, 「기억을 둘러싼 갈등과 화해—독일·프랑스 및 독일·폴란드의 역사교과서 협의」, 『역사비평』 59, 2002년 여름 ; 한운석, 「역사교과서 수정을 통한 독일—폴란드간의 화해노력」, 『西洋史論』 75, 2002.12 ; 김승렬, 「숙적관계에서 협력관계로: 독일—프랑스 역사교과서 협력」, 『역사와 경계』 49, 2003.12.

은 일이었다. 이런 기회를 이용하여 한국과 일본의 역사대화를 적극적으로 유럽 등에 소개하려는 움직임도 나타났다. 그리하여 한국과 일본의 역사대화는 이제 국제 레벨의 역사화해 프로그램에서도 주목하는 어젠더가 되었다.[14]

⑥ 한국과 일본이 함께 역사교재를 개발하거나 서로 수업사례를 교환함으로써 역사인식의 지평을 넓히고 상호이해를 증진시키려는 작업이 활발해졌다. 역사공통교재의 개발에 대해서는 節을 달리 하여 좀 더 부연하고자 한다.

이상에서 살펴본 것처럼, 일본에서 『새 역사교과서』가 검정에 합격하여 학교 교육에 등장한 이래 한국과 일본의 역사교과서 연구와 역사교과서 대화는 범위가 확산되고 내용도 심화되었다. 또 지향하는 목표도 양국 간의 상호이해를 넘어서 동아시아의 평화와 공영을 꾀하는 데로 전환되었다. 여기에는 한국과 일본의 역사대화가 유럽의 역사대화 등에서 배운 것도 많지만, 한 걸음 더 나아가 그 성과를 세계를 향해 발신한 측면도 있었다. 이제 한국과 일본의 역사대화는 세계의 역사화해 프로그램에서도 주목하는 시민권을 얻게 되었다.

4) 국제간 역사공통교재의 편찬

제2기의 역사대화를 통해 거둔 가시적 성과는 한국과 일본 등이 공동으로 개발한 역사공통교재이다. 이 시기에 작업이 이루어져 출간된 공통교재에는 6종류가 있다. 그것들의 내역을 간단히 소개하면 아래와 같다.

① 역사교과서연구회(한국)와 역사교육연구회(일본)가 간행한 『한일

---

14) 鄭在貞, 「'歷史和解'를 향한 韓國과 日本의 共同 努力-歷史認識과 歷史敎科書 改善을 위한 最近의 活動 事例-」(UNESCO Asia Pacific Center of Education for International Understanding, Historical Reconciliation in Europe and Asia Focusing on Textbook Issue, 2004.7).

역사공통교재, 한일교류의 역사-선사에서 현대까지』이다. 이 책은 두 단체가 10년 동안 나눈 역사대화를 바탕으로 만든 韓日通史 격의 공통 교재이다. 한일관계사의 全時代를 커버한 최초의 공통교재라고 평가할 수 있다. 두 단체의 활동과 성과, 교재의 내용과 지향 등에 대해서는 이 책의 서문과 후기 등에 자세히 기술되어 있으므로 그것을 참조하기 바란다.[15]

② 전국교원노동조합 대구지부와 히로시마교직원조합이 한일공통역사교재제작팀을 만들어 간행한 『한일공통역사교재 조선통신사-도요토미 히데요시의 조선침략에서 우호의 조선통신사로』(2005년 4월에 한국과 일본에서 동시 출판)이다. 이들은 2002년 2월부터 2005년 2월까지 7차의 '한일 역사부교재 만들기 세미나'를 개최했다. 특정 주제 하나만을 취급한 공통교재의 사례라고 볼 수 있다. 역사교육의 실행자들이 만들었다는 점에서 강점이 있다.[16]

③ 한일역사교육교류모임(한국)과 일한역사교육교류회(일본)이 2006년에 간행한 『마주보는 韓日史』이다. 이들은 2002년부터 한국과 일본을 오가며 매년 연구회를 개최했다. 이 책은 前近代史에서 한국과 일본의 특징을 비교할 수 있는 주제, 예를 들면 양반과 무사 등을 선정하여 비교 설명하는 형식을 취했다. 수업의 사례를 서로 교환해온 경험이 살아 있는 책이다.[17]

④ '역사인식과 동아시아평화포럼'의 합작 활동이다. 이들은 한중일공동역사부교재특별위원회를 만들어 2002년 3월부터 2005년 4월까지 11차례의 회합을 가졌다. 그리고 2005년 5월 26일 한국·일본·중국에서 함

15) 역사교과서연구회(한국)와 역사교육연구회(일본), 『한일역사공통교재 한일교류의 역사-선사에서 현대까지』, 도서출판 혜안, 2007.3.
16) 전국교원노동조합 대구지부, 『한일공통역사교재 조선통신사-도요토미 히데요시의 조선침략에서 우호의 조선통신사로』, 한길사, 2005.
17) 한일역사교육교류모임, 『마주보는 한일사』, 사계절, 2006.

께 사용할 수 있는 역사부교재인『미래를 여는 역사-동아시아 3국의 근
현대사』를 간행했다. 주요 내용은 동아시아 근현대사를 침략과 저항, 협
력과 갈등, 전쟁과 평화의 측면에서 眺望한 것이다. 제2기에는 한국과
중국, 중국과 일본 사이에서도 역사인식을 둘러싼 갈등이 새롭게 부각되
었다. 이 점을 감안하면 중국이 공통교재 작업에 활발히 참여한 것은 앞
으로 3국간의 역사갈등을 극복하는 방법을 모색하는데 示唆하는 바가
크다는 점에서 특기할 만하다.[18]

　⑤ '한일여성공동역사교재편찬위원회'가 편찬한『여성의 눈으로 본
한일 근현대사』이다. 주요 내용은 페미니즘의 시점에 서서 20세기에 한
국과 일본의 여성에 가해진 폭력과 이것을 극복하려는 여성의 주체적 노
력을 그려낸 것이다. 이 책은 '위안부' 문제의 해결을 위한 운동에 연대
한 한국과 일본의 여성 학자와 시민 등 60여 명이 4년여의 공동 작업
끝에 펴낸 勞作이라고 볼 수 있다.[19]

　그밖에 韓日主教交流會는 李元淳·鄭在貞·徐毅植에게 부탁하여 한국
과 일본에서 함께 읽을 수 있는 한국사 개설서를 출간했다. 저자들은 한
국인과 일본인이 이 책을 통해 한국사와 한일관계사의 개략적 흐름을 새
롭게 인식함으로써 미래로 열린 역사인식을 공유하고 평화와 사랑을 함
께 나누는 가까운 이웃으로 변신할 것을 기대한다고 밝혔다.[20]

　공통역사교재의 출간은 동아시아, 특히 한국과 일본의 역사대화가 도
달한 수준을 보여주는 괄목할 만한 성과라고 볼 수 있다. 사람들은 흔히
공통역사교과서의 편찬을 운운하지만, 그것은 결코 쉬운 일이 아니다.
교과서는 각 나라의 법령에 의해 고시된 형식과 규범에 따라 만들어진

---

18) 동아시아역사인식과평화포럼,『미래를 여는 역사』, 한겨레신문사, 2005.
19) 한일여성공동역사교재편찬위원회,『여성의 눈으로 본 한일 근현대사』, 도서
　　출판 한울, 2005.
20) 李元淳·鄭在貞·徐毅植,『한국과 일본에서 함께 읽는 열린 한국사-공동의 역사
　　인식을 향하여』, 솔출판사, 2004.5.

다. 한국의 교육과정, 일본의 학습지도요령, 중국의 과정표준 등이 그것
이다. 내셔널리즘이 강한 3국의 교육당국은 교묘한 장치를 통해 역사교
과서 개발에 음으로 양으로 간섭한다. 따라서 각국 정부가 흔쾌히 합의
하지 않는 한 공통역사교과서의 출판은 사실상 어렵다. 그 한계를 직시
하고 대안으로서 만든 것이 바로 공통역사교재이다. 이 책들은 아마도
각국에서 교과서를 집필하는데 참고서로서 활용될 수도 있을 것이다. 이
런 점에서 공통역사교재의 제작은 대단히 의미 있는 작업이라고 할 수
있다.

4. 和解와 相生을 위한 연구와 대화, 2006~현재

1) 역사갈등의 잠복

최근 한국과 일본에서 정권이 교체되었다. 한국에서는 2008년 2월 이
명박 대통령이 취임하고 일본에서는 2008년 9월 아소 타로 수상이 등장
했다. 일본에서는 이미 노무현 대통령과 역사갈등을 빚었던 고이그미 준
이치로 수상이 퇴임한 후 후쿠다 야스오 수상이 취임한 바 있었다. 그
후임으로 아소 타로 수상이 등장한 것이다. 역사갈등이 양국의 관계개선
에 걸림돌이 된다는 것을 자각한 양국 정부는 가능한 한 마찰을 피하기
위해 역사인식에 관한 발언에 신중을 기했다. 일부러 상대방 국민을 자
극하는 듯한 言辭는 서로 자제했다. 2008년 후반에 세계경제를 강타한
금융위기가 그렇게 하도록 압박한 측면도 있다. 따라서 앞으로 당분간
한국과 일본 사이의 역사갈등은 잠복한 상태로 있을 것이다.

그렇지만 복병이 도사리고 있다. 2010년은 '일제의 한국강점 100주
년'에 해당하는 해이다. 이때를 계기로 하여 한국과 일본에서는 한국강

점의 역사적 의의를 묻는 심포지엄이나 매스컴의 특별 프로그램이 넘쳐
날 것이다. 양국의 정치가도 自意半 他意半으로 이에 대해 언급하지 않
을 수 없을 것이다. 이런 와중에서 양국 국민의 역사의식을 자극할 수
있는 사안이 발생할 가능성은 얼마든지 있다. 이 상황을 대비하여 역사
대화를 준비해가는 것도 현명한 방법의 하나일 것이다.

2) 역사대화의 새로운 모색

제3기의 역사대화는 지금도 진행 중이기 때문에 몇 가지 항목으로 나
누어 구체적으로 언급하기가 어렵다. 다만 먼저 지적할 수 있는 것은
2006년 이후 한국과 일본의 역사교과서 연구와 역사교과서 대화는 주제
가 더욱 다양화하고 논점도 아주 심화되었다는 점이다. 그리고 역사대화
의 목적도 화해와 공생을 추구하는 쪽으로 확장되었다. 위험을 무릅쓰고
각 연구와 대화의 主旨 또는 志向을 한 마디로 요약한다면 '화해와 상생
을 위한' 역사인식의 모색이라고 할 수 있다.[21]

그런데 제3기에는 대화에 참가하는 역사학자와 역사교육자의 층도 두
터워졌다. 이제 역사대화에 참가하는 연구자·교육자의 전공이 한국사·서
양사·세계사·역사교육 등을 망라하게 되었다.[22] 그리하여 한 해에 생산
되는 논문과 저서의 수도 무척 많아서 한 사람이 그 전모를 세밀하게
점검하고 파악하는 것도 어렵게 되었다. 여기에는 2006년 말에 출범한
동북아역사재단의 역할이 크다. 이 재단은 동북아시아의 역사갈등을 치
유·극복하고 평화·공영을 도모하는 것을 사명으로 하여 만든 정부출연

---

21) 동북아역사재단, 『21세기 동북아의 공동번영을 위한 역사문제의 극복』, 동북
    아역사재단, 2008 ; 동북아역사재단, 『역사 대화로 열어가는 동아시아의 역
    사화해』, 동북아역사재단, 2009.
22) 한운석, 『독일의 역사화해와 역사교육』, 신서원, 2008 ; 현대송 편, 『한국과
    일본의 역사인식』, 나남, 2008.

기관이다. 한국과 일본뿐만 아니라 동아시아의 역사교과서 연구와 역사교과서 대화는 이 재단의 지원을 받음으로써 더욱 활기를 띠게 되었다. 그리고 그 성과가 최근 속속 간행되어 관심 있는 독자를 즐겁게 만들고 있다.[23)]

나는 '화해와 상생을 위한' 역사교과서 연구와 역사교과서 대화가 현재 한국과 일본의 역사학계와 역사교육계가 도달한 수준이라고 평가한다. 다만 그것이 어떤 방향으로 진행되어 성과를 올릴지는 아직 단언하기 어렵다. 최근 한국의 고등학교 역사교육에서 도입한 '동아시아사' 과목을 통해 그 방향을 어느 정도 가늠할 수 있지만, 이 과목의 운영 자체가 불투명한 현재의 상황에서는 무어라 말할 수 없다. 앞으로 흥미를 가지고 한일 역사대화의 향방을 좀 더 지켜볼 필요가 있을 것이다.

3) 하나의 代案 - '동아시아사'?

2007년 2월 28일 한국의 教育人的資源部는 初·中等學校 教育課程의 改定을 告示하고, 2012년부터 고등학교 2~3학년의 선택과목으로서 '동아시아사'를 新設한다고 공표하여 역사학계와 역사교육계를 놀라게 만들었다. 도대체 역사연구에서조차 實體가 분명하지 못한 '동아시아사'를 어떻게 학교교육에서 정식 과목으로서 가르친단 말인가? '동아시아사'의 개설을 둘러싼 역사학계와 역사교육계의 걱정은 아직도 가라앉지 않고 있지만, 정부가 신속하게 결정하여 과감하게 실행에 옮기는 것을 당연하게 여기는 사회 분위기를 감안하면, 이 과목은 개정 교육과정의 일정에 맞춰 곧 학교교육의 현장에 등장할 것이다.

한국의 역사교육에서 '동아시아사'가 교과목으로 설정된 배경에는 정

---

23) 동북아역사재단에 대해서는 다음의 사이트를 참조할 것.
   historyfoundation.or.kr

책 당국이 역사교과서 연구와 역사교과서 대화의 성과를 너무 과도하게
포장하여 성급하게 받아들인 측면이 있다고 나는 생각한다. 이 점을 유
념하면서 한국의 교육 당국이 '동아시아사'를 설정한 이유를 몇 가지 더
부연하면 다음과 같을 것이다.24)

첫째, 종래의 세계사 교육이 지역사적 인식에 기반을 둔 인과관계를
이해시키는데 취약했다는 점을 반성하면서, 한국사와 세계사를 통합하
는 한 방법으로서 '동아시아사'를 설정했다. 실제로 한국의 세계사 교육
은 유럽사 중심으로 진행되어 중국사와 일본사 등을 체계적으로 파악하
는 데 그다지 도움이 되지 않았다. 더구나 세계사 중에 한국사가 빠져
있어서 한국사와 세계사가 어떤 관련을 맺으며 전개되었는지를 파악하
기 어렵다. 교육과정 연구자들은 세계사 교육의 이런 결함을 개선하기
위한 방안으로서, 한국사보다 역사공간을 확대하여 지역권·문명권으로
서의 '동아시아사'를 구상한 것이다.

둘째, 역사교육이 한·중·일 삼국 사이에서 야기되고 있는 歷史葛藤을
주체적 처지에서 극복하고, 동아시아의 평화로운 미래를 열어나가는 데
기여해야 한다는 취지에서 '동아시아사'를 新設했다. 과거 한·중·일 삼국
은 서로 활발히 교류했는데, 그러한 경향은 현재는 물론이고 미래에는
더욱 확대될 것이다. 이러한 관계가 날로 심화되면 동아시아가 하나의
지역공동체로 발전할지도 모른다. 한국의 교육 당국이 그렇게 될 가능성
을 전망하면서 공통의 문화유산을 갖고 있는 동아시아를 하나의 역사 단
위로 설정한 것은 의미 있는 일이라고 하겠다. 한국이 一國史·民族史의
관점을 넘어 동아시아 지역의 역사 전개 과정을 객관적이고 거시적인 관
점에서 가르침으로써 역사갈등을 歷史和解로 昇華시키겠다고 나선 것은

---

24) 교육인적자원부, 『사회과 교육과정(별책 7)』, 2007 ; 안병우 외, 『동아시아사
   교육과정 시안 개발』(2006년도 동북아역사재단 학술연구과제 연구결과보고
   서), 2007.

성공 與否를 떠나서 대단히 전향적 姿勢라고 평가할 수 있다. 정부 출연 기관인 東北亞歷史財團의 출범은 그러한 경향을 보여주는 또 하나의 증거라고 할 수 있다.

셋째, 한국에서 최근 10여 년 동안 유행한 '동아시아론'이 '동아시아사'를 설정하는 데 힘을 보태주었다. 한국의 인문·사회학계에서는 그 동안 지나치게 국민국가를 중심으로 전개되어 온 '동아시아론'을 비판하고, 自國家·自民族 중심주의를 상대화함으로써 국가의 틀을 넘어 존재하는 자연, 인종, 경제, 문화 등의 교류에 의해 형성된 동아시아를 발견하고자 하는 논의가 활발했다. 論者에 따라 그것은 '동아시아공동체구상'으로까지 확장되었다. 중국과 일본이라는 강대국의 틈에 끼어 국토와 민족의 통일을 달성해야 하는 한국으로서는 이러한 '동아시아론'이 때로는 지극히 現實的·實踐的 성격을 띠고 있었다. 그리하여 盧武鉉 정부는 '동아시아론'의 일부를 借用하여 '동북아시대'의 到來를 선언하고, 한국이 이 지역, 이 시대에서 先導者·仲裁者·調停者의 역할을 해야 한다고까지 나섰다. 노무현 정부의 이러한 지향은 중국·일본·미국 등으로부터 별로 호응을 받지 못해 실효를 거두지 못했지만, 고등학교 교육과정에 '동아시아사'를 설정하는 데는 어느 정도 영향을 미친 것으로 보인다.

그런데 한국인이 쓰는 세계사가 어떤 것인지 확실하지 않은 만큼, 한국인이 쓰는 '동아시아사'도 어떤 것인지 아직 분명하지 않다. 그리고 그 해답도 금방 찾을 수 없을 것이다. '동아시아사'가 역사연구를 앞질러 나가 개설되었기 때문에, 역사학계가 그 실체와 내용에 대해 어떤 합의를 이루기는 상당한 기간 어려울 것이다. 그러다보니 자칫하면 전통적인 중국 중심의 시각이나, 연구가 많이 축적된 일본중심의 시각을 借用함으로써 한국사를 오히려 주변의 역사로 내모는 실수를 범할지도 모른다.

이런 상황에서 '동아시아사'가 제대로 교육현장에 뿌리를 내리게 하기 위해서는 연구자와 교육자가 좀 더 적극적으로 논의와 실천에 참여해야

한다. 먼저 동아시아 각국의 역사갈등을 해소한다는 현실적 필요를 넘어
서서, 역사학과 역사교육의 관점에서 '동아시아사'의 아이덴티티를 마련
해야 한다. 그리고 교과서 기술의 합리적인 준거를 만들어야 한다. 나아
가서 교사들이 수업에서 활용할 수 있는 '동아시아사'에 관한 교수-학습
자료를 개발할 필요가 있다.

한국의 역사교육에서는 자기와 다른 각 지역 사회의 발전 과정을 어
떤 왜곡된 고정관념에 얽매이지 않고 이해할 수 있는 세계관이 필요하
다. 전근대에 다극화되어 있던 지역 사회가 어떤 과정을 거쳐 근대 국민
국가로 발전해 오늘에 이르고 있는지를 다양한 지역 질서 속에서 해석하
는 능력을 기른다면 '동아시아사'에 대한 수평적이고 수직적인 이해의
폭을 더욱 넓힐 수 있을 것이다. 역사교과서 연구와 역사교과서 대화가
더욱 필요한 것은 이 때문이다.25)

5. 맺음말

최근 한국과 일본은 역사교과서 기술과 역사인식을 둘러싸고 정부레

---

25) 일본의 치바대학은, 역사교육에서 '동아시아사'를 설치한 한국의 난감한 처지
를 꿰뚫어보기라도 한 듯, 2009년 7월 31일, 대학 창립 60주년 기념사업의
하나로서 〈북동아시아사'의 지평-그 의의와 문제점〉이라는 심포지엄을 개최
했다. 이 대학은 최근 북동아시아에서 집합적 기억이 어떻게 생성·계승되어
사회집단의 정통 '역사'로서 인지되어갔는가를 연구해왔다. 이를 위해서는 각
각의 사회집단이 '역사'로 상정하는 마당 곧 공간에 대한 반성적 검토가 필요
다. 치바대학은 이것을 해명하기 위해 한국·중국·일본·미국의 처지에서 '동아
시아사'의 가능성과 문제점, 긍정적인 면과 부정적인 면을 다각적으로 논의
하는 자리를 마련한 것이다. 여기에서는 한국이 설정한 '동아시아사' 과목을
바탕으로 하여 발표와 토론이 전개되었다. 이에 대해서는 이 심포지엄에서
발표한 다음의 글을 참조하기 바란다. 鄭在貞, 「만들어가는 '동아시아사'-한
국 역사교육의 대담한 시도」 ; 孫歌, 「또 하나의 동아시아 視座」.

벨에서는 극도의 갈등과 대립을 보인 적이 있다. 그런 와중에서도 민간 레벨에서는 여러 가지 채널을 통해 활발하게 역사대화가 이루어졌다. 여기에는 양국의 역사연구자·역사교육자·시민은 물론이고 중국·유럽·미국의 관계자들도 참가했다. 그리하여 역사대화의 外的 둘레는 동아시아와 세계로까지 확장되었다. 이와 아울러 역사대화의 폭과 깊이가 아주 넓고 깊어지고, 그 내용과 수준도 비약적으로 향상되었다. 그리고 몇 종류의 공통역사교재가 출간되어 일반인과 학생들이 참고할 수 있게 되었다. 앞으로도 이런 상황이 지속된다면 역사교과서 기술과 역사인식을 둘러싼 한국과 일본의 상호이해는 적어도 민간레벨에서만큼은 괄목할만하게 진전될 것이다. 그리고 언젠가는 그에 힘입어 양국에 숙명처럼 드리워 있는 분열된 역사인식의 어두운 그림자를 걷어낼 수 있게 될 지도 모른다.

그렇지만 한국과 일본의 역사교과서 기술과 역사인식의 대립이 역사대화를 통해 一直線的으로 개선되리라고는 생각하지 않는다. 아직도 한국과 일본은 상대방의 역사교과서 기술과 역사인식을 서로 의심하고 걱정하고 있다. 한국과 일본의 歷史和解는 앞으로도 오랜 시간에 걸쳐 迂餘曲折을 겪으면서 점진적으로 이루어질 것이다. 아니, 경우에 따라서는 두 나라에서 利害得失을 따져가며 역사갈등을 부추기는 정치세력과 사회세력이 존재하는 한 한국과 일본의 歷史和解는 영원히 불가능할 지도 모른다.

이러한 상황에서 한국과 일본의 역사연구자와 역사교육자는 어떻게 생각하고 행동해야 할 것인가? 앞에서 소개한 사례를 디딤돌로 삼아 역사대화를 확대하고 역사공통교재를 개발함으로써 민간레벨의 상호이해를 촉진해야 할 것이다. 또 역사화를 통해 '역사의 멍에'를 '미래의 動力'으로 바꿔가야 할 것이다. 특히 한국과 일본에서 함께 사용할 수 있는 역사교재의 공동 제작은 필자간의 신뢰와 연대를 구축하고, 독자 사이의 이해와 공감을 넓힐 수 있다는 점에서 여러모로 시도해볼 만한 일이라고 할 수 있다.

　국가 사이의 역사인식의 개선과 상호이해의 증진은 저절로 이루어지는 것이 아니다. 知識人과 指導層이 意識的으로 이것을 牽引해야 한다. 그리고 정부와 언론도 이에 동참해야 한다. 더구나 '화해와 평화를 위한' 역사인식의 모색은 동아시아 또는 세계의 미래를 전망하는 큰 그림 속에서, 뚜렷한 목적의식과 실행의지를 가지고 추진해야 한다. 그런 의미에서, 최근 한국의 역사학계와 역사교육계가 국내외의 무대에서 역사교과서 연구와 역사교과서 대화를 활발하게 진행하는 것은 아주 바람직한 일이다. 또 한국 정부가 고등학교 역사교육에서 무모하리만치 과감하게 도입한 '동아시아사'라는 과목도 그 成敗 여하는 차치하고라도 신선한 시도라고 볼 수도 있다. 이 글이 한국과 일본 그리고 동아시아의 역사교과서 연구와 역사교과서 대화의 방향을 모색하는데 도움이 된다면 다행이라고 생각한다.

戰後 일본의 교과서 검정제와 역사 교과서
-家永교과서재판을 중심으로-

김 은 숙*

1. 머리말

올해도 일본 역사교과서의 검정 통과가 한일관계의 중요한 이슈로 부각되었다. 「새로운 역사교과서를 만드는 모임」이 扶桑社와 결별하고 새로 自由社에서 발행한 역사 교과서가 2009년 4월 검정을 통과하여 문제가 많은 교과서가 2종으로 늘어난 것이다. 일본에서 역사 교과서가 새로 검정을 통과할 때마다 한국의 매스컴에서는 관심을 기울이고, 한국정부는 일본 교과서의 한국관련 서술내용에 대해 수정을 요구하는 내용을 일본정부에서 보내기도 하였다. 거듭되는 한국정부의 교과서 수정 요구가 교과서 저자의 사상의 자유를 침해하고 내정을 간섭하는 것이라고 비판할 수도 있다.

그러나 이는 일본의 역사교과서가 매우 강력한 검정제도 하에서 쓰여지고 있다는 것을 잘 모르고 하는 말이다. 일본 정부는 1945년 패전 이

후 교과서 검정제도를 운영하여 교과서를 발행하였지만, 이 제도가 어떻
게 운영되는지는 알기 어려웠다. 이것이 드러나게 된 것은 家永三郎의
교과서 재판(1965 ~ 1997) 과정을 통해서였다. 원래 일본의 교과서 검정
은 「密室 檢定」으로, 문부성의 검정의견은 공표되지 않을 뿐만 아니라,
검정의견의 전달도 문서가 아니라 구두로 전달되었다. 家永三郎은 밀실
에서 운영되던 검정제도의 문제점을 소송을 통해 널리 알리고자 하였다.

家永재판 과정에서 문부성이 검정의견 등 관계문서를 법원에 제출하
게 되면서 비로소 문부성의 검정의도가 무엇인지 알려졌다.[1] 소송은 家
永三郎이 시작하였지만 교과서재판에는 역사학자, 역사교육자 뿐만 아
니라 변호사와 출판관계자, 학부모, 일반 시민까지 많은 사람들이 지원
활동을 하면서 많은 기록을 남겨 놓았다. 덕분에 일본 문부성의 검정 과
정의 구체적인 모습과 문제점을 알 수 있게 되어, 일본에서는 家永교과
서 재판에 대해 많은 자료와 연구가 축적되었다. 우리나라에서도 家永재
판이 종결한 1997년에 한동안 家永三郎과 그 재판에 관한 기사가 매스
컴을 뜨겁게 달구었지만 家永재판에 대한 본격적인 연구는 매우 적다.[2]
그러나 일본 역사 교과서의 내용 검토의 전제가 되는 검정제도의 구채적
인 운영 실태를 알아보기 위해서는 그 실태를 적나라하게 보여주는 家
永교과서 재판을 연구할 필요가 있다. 따라서 본고에서는 家永교과서 재
판을 중심으로 1945년 이후 1990년대 중반까지의 일본 검정제도와 역사
교과서의 관계를 검토해 보기로 하겠다.

---

1) 君島和彦, 「敎科書檢定と日本の敎科書」, 『敎科書を日韓協力で考える』, 大月書
   店, 1993, 52~53쪽.
2) 家永의 역사교과서 재판에 관해서는 李元淳(『韓國から見た日本の歷史敎育』, 靑
   木書店, 1994, 15~34쪽)과 정재정(「사법부의 심판을 받은 교과서 검정」, 『일
   본의 논리』, 현음사, 1998)이 소개하고 있다.

2. 제1차 교과서 공격과 교과서 검정제의 강화

제2차 세계대전 후 일본을 점령한 미군은 군국주의의 부활을 억제하기 위해 교육의 민주화를 꾀하였다.[3] 미군 점령 하에 1947년에 제정된 「학교교육법」 제21조에서는 "학교에서는 감독청의 검정 또는 인가를 거친 교과용도서 또는 감독청에서 저작권을 가지는 교과용 도서를 사용하지 않으면 안 된다"고 규정하였다. 舊教育委員會法 50조에 의하면 감독청은 원래는 주민 선거로 선출된 都道府縣 교육위원회에 의한 검정을 의미하였지만, 당시 用紙 사정 때문에 용지할당제가 폐지될 때까지 문부대신이 검정을 담당하도록 하였다(舊教育委員會法 86조).[4] 1947년 미국의 교육과정(course of study)을 모델로 『학습지도요령』이 만들어졌다.[5] 이 학습지도요령은 어디까지나 학습의 안내서로 제시된 것이었다.[6] 1949년 4월부터 검정교과서가 사용되었다.

1950년 6.25가 발발하자 7월 4일 일본정부는 한국전쟁에서 미군에게 협력하기로 하였고, 맥아더는 내각총리대신 吉田茂에게 7만5000명의 경찰예비대를 창설하고 해상보안청 8000명을 증원하도록 명령하였다. 이

---

3) 일본이 근대국민국가를 만들어가던 1886년에 처음 검정제가 실시되어 소학교에서는 1903년, 중학교에서는 1943년 국정제로 바뀌기 전까지 실시되었다. 大森直樹, 「日本の教育現場と歴史教科書問題」, 『일본우익의 동향과 역사교과서』(2007년 일본사학회 국제학술대회), 2007.
4) 浪本勝年, 「教科書裁判運動小史」, 『歴史評論』 278, 1973.7, 36쪽.
5) 김보림, 「일본 사회과 학습지도요령과 교과서 편찬」, 『일본역사교과서의 재조명』, 동북아역사재단, 2008, 104쪽.
6) 文部省, 『學習指導要領』 一般編(試案) 서론에서 "이 책은 학습지도에 대해 서술하는 것이 목적이지만, 여태까지의 교사용 책처럼 하나의 움직일 수 없는 길을 정하고 그것을 보여주려는 목적에서 만든 것은 아니다. 새롭게 아동의 요구와 사회의 요구에 응해 생긴 교과 과정을 어떻게 살려나갈지를 교사 자신이 스스로 연구해 가는 안내로 쓰인 것이다"라고 적고 있다.

러한 움직임 속에서 일본정부는 교육을 통해 전쟁을 지지하는 의식을 형성하는 일에 착수하였다. 1952년 4월 미군 점령이 끝나자 전쟁 책임자 대부분이 정계에서 부활하였는데, 이들과 그 계보를 잇는 후계자들은 이후 끊임없이 전쟁을 긍정하고 미화하는 발언을 이어가게 된다.

1952년 9월 自由黨 吉田茂내각 총리대신은 자유당 의원회의에서 재군비를 위해 애국심 교육을 부활할 필요를 말하면서 이를 위해 지리와 역사 교육을 이용해야 한다고 하였다.[7] 미일동맹체제 속에서 미국은 일본의 군사력 강화가 필요하였다. 1953년 10월 池田,로버트슨 회담에서 일본의 방위력 점증과 그러한 분위기를 만들기 위해 애국심 교육을 지향할 것이 논의되었다.

1953년에 교육에서도 이른바「역코스」가 진행되어 학교교육법, 교육위원회법이 일부 개정되어 문부대신이 검정권자가 되어,[8] 교육행정이 중앙집권화가 추진되었고, 문부대신도 學者文相制에서 黨人文相制로 바뀌어 교육의 정치적 중립을 우려하게 만들었다. 1955년 2월 헌법개정문제가 논점이 되었던 중의원총선거에서 일본민주당(현재 자민당의 전신)은「국정교과서의 통일」을 선거강령 속에 넣었다. 총선거에서 제1당이 된 일본민주당은 그해 8월부터 11월까지『우려할 만한 교과서 문제』라는 소책자를 만들어 검정교과서를 공격하여, 교과서의 국정화를 위한 여론을 조성하고자 하였다. 일본 보수, 우익의 제1차 교과서 공격이 시작된 것이다.[9]

그해 11월 15일 일본민주당은 자유당과 합당하여 자유민주당(자민당)

---

7) 大森直樹, 위의 논문.
8) 學校敎育法, 제2장 小學校, 제21조 "소학교에서는 문부대신의 검정을 거친 교과용 도서 또는 문부성이 저작 명의를 가진 교과용도서를 사용하지 않으면 안 된다."
9) 일본 보수 우익의 교과서 공격은 제1차 1955년, 제2차 1979~1982년, 제3차 자유주의 사관 등장 이후로 나누어 볼 수 있다(정재정, 위의 논문, 62쪽).

이라는 거대한 보수 정당을 만들어 헌법 개정을 추진하였다. 그해 12월 자유민주당 정부는 교과서검정제도를 강화하는 교과서 법안을 국회에 상정하였다. 전쟁의 기억이 아직도 생생히 남아 있었던 국민들의 활발한 반대운동과 反戰平和를 주장하는 日敎組, 總評, 社會黨, 共産黨의 활약으로 이 법안은 1956년 6월 3일 심의를 마치지 못 하고 폐기되었다.[10] 그러자 6월5일 문부대신은 "교과서제도 改變은 입법을 필요로 하지 않고 행정조치만으로 할 수 있다"고 발표하여, 법을 고치지 않고도 국민들의 의사에 반하는 교과서 제도를 운영할 수도 있다는 의지를 보여주었다.

문부성의 교과서 검정 강화는 교과서 조사관 제도를 통해 이루어졌다. 교과서 조사관제도는 1955년 12월 문부성의 자문기관인 중앙교육심의회가 「교과서제도의 개선에 관한 답신」에서 건의한 것으로, 1956년 10월부터 상근직 교과서 조사관제도가 발족하였다. 교과서 조사관은 임시직인 조사원과 문부대신이 임명한 교과용 도서 검정조사심의회 회원과 함께 검정을 담당하였다. 교과서는 교과용 도서 검정규칙에 의해 원고, 교정쇄, 견본본의 세 단계에서 심사가 이루어졌는데, 교정쇄부터는 문부성의 교과서 조사관이 전담하므로 검정에서 조사관의 비중이 매우 컸다. 교과서 조사관 제도는 정부가 교과서 내용을 통제할 수 있는 길을 터 준 것으로, 일본 교과서를 검토할 때 가장 중요하게 고려해야 할 사항이다. 교과서 조사관이 설치되자 검정이 강화되어, 1957년 4월 발표된 검정 결과에 의하면 家永三郎의 교과서를 포함하여 검정을 신청한 교과서의 3분의 1이 불합격되었다.

자유민주당과 문부성의 교과서 통제를 위한 시도는 계속 이어져 교과서 법안을 다시 제출하려는 움직임이 일어나자 1957년 9월에 日敎組,출판노조간담회,민간교육단체,학자문화인,부인단체가 모여 「교과서문제협

---

10) 藤原彰, 「戰後史の現段階と自由主義史觀」, 『歷史評論』 579, 1998, 11쪽.

의회」를 만들어 교과서운동을 계속 전개해가기로 하였다.

문부성의 교육에 대한 통제는 학습지도요령 개정에도 나타났다. 과거 문부성이 편집, 발행한 저작물이었던 소, 중, 고교의 학습지도요령을 官報 告示로 바꾸어 발표하여 법적 구속력을 부여한 것이다. 1958년 10월에 관보로 개정 고시된 소학교와 중학교의 학습지도요령의 「총칙」에서는 교육에서 참고자료로 여겨지던 학습지도요령을 교육기본법, 학교교육법 등과 함께 법적 구속력을 가진 국가기준으로 제시하고 있다.[11] 『소학교학습지도요령』에는 교육목표로 소학교 5학년에서 「국토에 대한 애정과 국민적 자각」을 강조하였고 『중학교학습지도요령』에서는 「향토와 국토에 대한 애정을 기른다」「국민으로서 자각을 높이고」 등이 교육목표로 제시되었다. 위에서 언급한 애국심 교육 부활을 주장한 吉田茂 같은 지배층의 생각이 반영되었다.[12]

문부성은 1958년에는 교과서 검정을 강화하기 위해 상근 조사관을 증원하였고, 1960년에는 長州一二 등의 중학교과서 『밝은 사회』를 불합격시키고, 1961년에는 上原專祿 등의 고교세계사 교과서를 불합격시켰다. 검정에 합격하기 위해 출판사가 정부의 기피대상이 된 교과서 저자들을 편집위원에서 제외하거나, 우파 인물을 편집위원으로 위촉하는 일이 일어났다.[13] 1958년부터 1961년에는 학교 현장에서도 반대를 무시하고 교원근무평정, 전국일제 학력테스트 등 교육에 대한 국가의 통제가 강행되었다.[14]

---

11) 『小學校學習指導要領』(昭和33年改訂)과 『中學校學習指導要領』(昭和33年改訂) 總則에서 "각 학교에서는 교육기본법, 학교교육법칙 동 시행규칙, 소학교학습지도요령, 교육위원회규칙 등에서 제시하는 바에 따라 지역과 학교의 실태를 고려하고 아동의 발달단계와 경험에 맞춰 교육과정을 편성할 것"이라고 적고 있다.

12) 大森直樹, 위의 논문.

13) 家永三郎, 『敎科書檢定』, 日本評論社, 1965, 34쪽.

14) 永原慶二, 「家永敎科書訴訟の32年」, 『歷史學硏究』 706, 1998, 5쪽.

이러한 움직임에 대해 일본 역사학계에서는 1960년 5월 역사관계 9학회(大阪역사학회, 大塚사학회, 사학회, 사학연구회, 사회경제사학회, 토지제도사학회, 일본사연구회, 역사학연구회, 早稻田대학사학회)가 문부대신에게 「현재의 검정방침이 사실의 틀을 넘어서 歷史事象의 해석에까지 미치고 있는 것은 아닌가 의심을 가지게 한다. 이와 같은 경향은 역사해석의 다양성에 제한을 하여 교과서를 획일화할 우려가 있다. 이것은 다음 대의 국민의 사상의 빈곤화를 가져오고 또 연구와 사상의 자유를 위협할 걱정이 있다고 하지 않을 수 없다」는 내용의 검정방침을 개선하라는 요망서를 제출하였다.[15] 중학교 역사교사 本多公榮은 1960년 검정에 합격한 7종의 소학교 6학년 사회과역사 교과서의 서술이 그전과 어떻게 변화하였는지 상세히 검토하여 개악되었음을 밝혔다.[16]

3. 제1차, 제2차 家永교과서소송

이렇게 교육에 대한 국가 통제가 강화되던 시기에 교과서 집필자인 家永三郎이 국가를 상대로 소송을 시작하였다. 家永은 일본사상사 전문

---

15) 菊池克美, 「教科書訴訟とは何か」, 『歷史評論』 487, 1990, 18쪽.
16) 개악의 경향은 (1)천황에게 유리한 사실의 극단적 강조와 불리한 사실의 교묘한 은폐, (2)교전상대국의 침략성의 강조와 일본의 침략성 은폐, (3)역사가 민중의 힘을 기초로 발전한 것을 나타내는 사실의 배제와 정치권력 장악자의 힘으로 역사를 발전시켰음을 강조, (4)민중의 생활과 노동의 실태와 구체적 기술의 배제, (5)민중운동 기술 배제, (6)민중의 실태에서 유리한 문화의 화려함만을 강조 등으로 정리하였다(本多公榮, 『歷史地理教育』 1960년 9월호~1961년 3월호). 永原慶二는 1960년대 초의 역사교과서 검정은 역사의 변혁주체로서 민중의 역할을 부인하고 국가주의적 역사관을 강요하는 데 주력하여 전체적으로 계급관계나 제국주의, 전쟁책임과 같은 일본 역사의 기본문제에서 눈을 돌리게 하려는 의도를 노골적으로 나타내었다고 하였다(永原慶二, 「教科書裁判と今日の教科書問題」, 『歷史學研究』 508, 1982, 10쪽).

가였지만, 모든 사람들에게 역사가 꼭 필요한 것이라는 생각을 가지고 통사와 교과서를 저술하였다.[17] 일본이 패전한 후 미군 점령 하에 있던 시기에 처음 나온 역사교과서 『나라의 발자취』(1946)의 공저자로 참가하였으며, 1947년에는 일본사 교과서 『新日本史』(富山房, 1947)를 간행하였다. 1949년부터는 동경교육대 교수로 재직하면서 1952년부터 고등학교용 사회과 교과서 『新日本史』(三省堂)을 단독집필하였다. 1956년 학습지도요령 개정 이후 그가 제출한 『신일본사』전면개정판이 1957년 4월 검정에서 불합격하자, 그는 그해 5월 내용을 수정하여 다시 제출하였다. 이번에도 불합격하자 그해 11월 다시 수정하여 제출하여 1958년 3월 조건부 합격 판정을 받았다.

그 후 家永은 1960년 10월에 改訂 告示된 『고등학교학습지도요령』에 의거하여 1962년 『新日本史』 全面改訂版을 저술하여 검정을 신청하였다. 1963년 4월 11일 家永三郎은 출판사 직원과 함께 문부성에 출두하여 「이 원고는 정확성, 내용의 선택에 현저한 결함이 있다」는 사유서가 달린 불합격통지서를 받았다. 이날 출판사 직원의 질문에 대해 문부성의 渡辺實 조사관은 내용 선택의 결함과 내용의 정확성, 표현상의 문제점에 관해 구두 설명을 하였다. 그는 교과서의 태평양전쟁 등과 관련된 내용이 전체적으로 너무 어둡다는 등 불합격 이유의 일부를 구두로 고지하면서 불합격처분 결과를 알렸다.[18] 家永三郎은 그후 내용을 수정하여 그

---

17) 菊池克美, 「敎科書訴訟とは何か」, 위의 논문, 15~16쪽.
18) 家永三郎, 『敎科書檢定』, 위의 책, 107~108쪽. 문부성은 불합격이 된 교과서에 대해 자세한 불합격이유를 설명하지 않았다. 1962년도 검정 家永교과서의 불합격 이유가 구체적으로 알려지게 된 것은 재판 과정에서였다. 1966년 11월 10일에 문부성이 제출한 「被告準備書面」에 의해 모두 323개소의 原稿 기술 내용이 「부적절한 이유」, 「교과용도서검정기준의 해당항목」과 함께 알려졌다 (敎科書檢定訴訟を支援する全國連絡會, 『家永·敎科書裁判(第1部 準備書面篇)』, 綜合圖書, 1967, 375~483쪽). 이 중에서 소송의 대상이 된 논점은 225개소였다 (君島和彦, 「敎科書裁判第1次訴訟の現狀と歷史學の論点」, 『歷史學硏究』616, 1991, 18쪽).

해 9월 다시 검정을 신청하였다. 1964년 3월 19일 家永三郎은 출판사 직원과 함께 문부성에 가서 교과서 심의관실에서 渡辺實조사관에게 조건부합격 판정과 함께 수정의견을 들었다. 渡辺實조사관이 제시한 수정의견을 家永三郎과 출판사 직원이 메모한 바에 의하면, 수정을 요구하였던 곳은 모두 303개소로, 그 중에는 태평양전쟁에 대해 '무모한 전쟁'이라고 서술한 것에서 '무모'를 빼라, 국가의 상징인 천황 사진이 책의 아래 쪽에 있는 것은 이상하니까 위로 올리라는 등의 지적이 있었다. 303개소의 수정의견에 대해 家永三郎은 일부 내용을 제외하고 대부분 수정하여 제출하였으나, 이렇게 고친 교과서 내용에 대해 渡辺實 조사관이 다시 38개소의 수정의견을 제시하였으므로 또 다시 수정하였다.[19]

이러한 문부성의 검정의 실태를 체감한 그는 교과서 검정의 강화가 헌법이념의 空洞化와 더불어 다시 일본에 전쟁의 참화를 가져올 것을 우려하였다.[20] 그는 「자발적 修正」이라는 형식으로 검정을 통해 문부성이 교과서 내용을 통제하고 있는 실태를 국민들에게 알려야 한다고 생각하여, 그가 겪은 검정의 실태를 『敎科書檢定』이라는 책으로 엮어내었다.[21] 그리고 1965년 6월 12일, 家永三郎은 1963년의 불합격처분과 1964년의 부당한 수정 요구는 모두 헌법에서 인정한 표현의 자유를 부정하는 것이며, 헌법에서 금지한 검열에 해당하므로 위헌이며 교육기본법을 위반하는 것이라고 주장하였다. 그리고 이로 인해 입은 정신적, 물질적 손해의 배상을 요구하는 손해배상 청구 민사소송을 국가를 상대로 제기하였다(제1차 소송).[22] 그는 소송을 제기하면서 다음과 같은 성명을

---

19) 家永三郎, 위의 책, 117∼164쪽.

20) 家永三郎, 「敎科書訴訟の當事者の立場から」, 『歷史學硏究』 706, 1998, 2쪽.

21) 家永三郎은 제소 이전에 그동안 자신이 쓴 『新日本史』의 검정과정의 실태를 상세하게 기록하여 검정의 부당성을 주장한 『敎科書檢定-敎育をゆがめる敎育行政』(日本評論社, 1965, 3)을 간행하였다.

22) 소송에서 대상이 된 것은 1962년도 검정의 225개 논점과 1963년도 검정의 34개 논점(뒤에 22개 논점으로 정리됨)이었으나, 이들 중에는 중복되는 것도

발표하였다.

"헌법, 교육기본법을 짓밟고 국민의 의식에서 평화주의, 민주주의의 정신을 짜르려고 하는 현재의 검정의 실태에 대해 그 비참한 체험을 해 온 일본인의 한 사람으로서도 잠자코 이를 간과할 수 없었습니다. 재판소의 올바른 판단으로 현행 검정이 교육행정의 정당한 틀을 벗어난 위법적인 권력 행사임이 명백하게 되는 것, 이 소송에 원고로서 제가 바라는 바는 단지 이 한 점입니다."23)

그는 이 소송의 주목적은 교과서 내용에 대한 권력의 개입, 특히 출판 전의 事前심사는 잘못이라는 재판소의 판결을 얻어내기 위한 것이었다고 하였다. 물론 「사법권의 독립」이 제대로 이루어지지 않아 재판소가 절대 「公正」한 기관이 아니라는 것도 그는 알고 있었다고 한다. 그러면서도 소송을 제기한 것은 연구자들의 항의나 국회 질문 등을 문부성이 계속 무시해버렸기 때문에 문부성을 법정에 억지로 세울 필요가 있었다고 하였다.24)

이 재판은 과거 정부와 자민당의 교과서 검정에 대해 방위 또는 저항의 자세를 취해 왔던 일본의 교과서운동을 전환시키는 계기가 되었다.25) 그전까지 교육재판에서는 헌법이나 교육기본법의 정신을 옹호하려던 교사들이 부당하게 피고석에서 형사소추를 받고 방위하는 변론을 전개하지 않을 수 없었다. 그러나 이번에는 국민의 한 사람 家永三郎이 원고가

있고 수정의견에 모순되는 것도 있어서 240개 정도의 역사학의 논점이 소송에서 겨루어졌다(君島和彦, 「敎科書裁判第1次訴訟の現狀と歷史學の論点」, 위의 논문, 18쪽).

23) 浪本勝年, 위의 논문, 37~38쪽.

24) 家永은 이 목적이 달성된 것은 杉本판결 때 뿐이라고 하였다(家永三郎, 「敎科書訴訟の當事者の立場から」, 위의 논문, 2쪽).

25) 浪本勝年, 위의 논문, 38쪽. 교과서 검정에 대해 역사학연구회 총회에서 1960년 5월 「교과서문제에 대한 성명」, 1965년 5월 「교과서 검정에 관한 성명」을 내서 문부성의 검정에 대해 비판하였다.

되었고 국가가 재판받게 된 것이다. 그의 용기있는 행동에 대해 지원활동이 뒤따랐다.

역사학계에서는 7월 12일의 준비모임을 시작으로 9월 18일 「교과서 검정소송을 지원하는 역사학관계자의 모임」을 결성하여 활발하게 지원 활동하였다. 대표위원으로 大久保利謙, 兒玉幸多, 芳賀幸四郎를 선임하고 발기인 203명의 명의로 입회를 권유하였고, 『역사학연구』와 『역사평론』에서는 선전과 계몽활동을 하였다.

각계각층의 지원조직도 만들어졌다. 1965년 8월 22일 東京大 宗像誠也 교수를 비롯한 교육학자, 역사학자, 교사, 변호사 등 약 40명이 모여 「교과서검정소송을 지원하는 전국연락회」를 만들기로 하고 그해 10월 창립총회를 열었다. 창립총회에는 교육학자, 역사학자, 국회의원, 각종 노조, 어머니회 등 민주단체의 대표와 출판관계자, 법조인, 교원, 배우, 「家永소송을 지원하는 시민의 모임 준비회」 대표 등 각 계층의 대표 80여인이 참가하였다.

창립총회에서 宗像誠也는 검정이 검열을 금지한 헌법21조 2항(「검열을 해서는 안 된다」)를 위반한 것일 뿐만 아니라, 헌법23조(「학문의 자유를 보장한다」)의 학문의 자유와 26조(「모든 국민은 법률이 정하는 바에 의해 그 능력에 따라 평등하게 교육을 받을 권리를 가진다」)의 교육을 받을 권리를 위반한 것이라는 점을 국민에게 널리 이해시킴으로써 지원 활동이 교과서제도 개혁 운동으로 발전하기를 기대하였다. 宗像誠也가 언급한 헌법23조와 26조는 家永 소송의 처음 소장에서는 없었지만, 이후 원고 측의 주장에서 이 문제를 언급하게 되었다.[26]

「전국연락회」를 중심으로 한 교과서 재판 지원운동이 활발히 진행되자 이에 대항하여 문부성 지지파의 사람들이 1965년 12월 「교과서문제협의회」를 만들었다. 이들은 「전국연락회」의 운동이 좌익혁명을 의도하

---

26) 浪本勝年, 위의 논문, 38~39쪽.

는 혁명교육운동이며 반체제활동이라고 비판하면서 교육의 정상화를 바라는 모임을 만들었다고 주장하였다.[27]

문부성은 1966년 1월 검정제도를 강화하고 내실을 기하겠다는 성명을 발표하였다. 家永은 1966년 4분의 1 개정에서 1964년에 할 수 없이 수정하였던 부분 중에서 가장 중요한 3건 6개소를 최초의 원고대로 고쳐서 제출하였다. 이 1966년 개정판 교과서의 개정 내용에 대해 문부성[28]이 불합격처분을 내리자 이를 취소하라는 행정 처분 취소 청구소송을 1967년에 동경지방재판소에 제소하였다(제2차 소송).

제1차 소송 제1심 재판 법정에서 문부성은 검정에서「결함」이라고 하였던 323개의 항목과 그 이유를 공표하였다. 과거 극비문서로 분류되던 검정 관련 문서가 드디어 처음으로 공개되어 밀실 검정의 실태가 일본 국민에게 알려졌다.[29] 교과서 검정제도에 대한 일본인들의 관심이 커지면서, 재판을 지원하고 공부하는 모임에 참가자가 늘어났다.

家永의 교과서 소송 중에서 재판 진행이 빨랐던 것은 수정 의견이 3건 6개소로 비교적 적었고 행정소송이었던 제2차 소송이었다. 그동안 눈에 띄는 활동을 하지 않았던 우익단체「교과서문제협의회」는 제2차 소송의 제1심 판결을 앞두고 1969년 6월 국가와 문부성을 응원하는「교과서를 지키는 모임」을 만들었다.[30]

1970년 7월 17일 동경지방재판소에서 家永의 제2차 소송의 제1심판결이 나왔다(杉本판결). 이 판결에서는 교과서 검정제도가 일본국헌법 21조의 1항(「집회, 결사 및 언론, 출판, 그 외 일체의 표현의 자유를 보장한다」)의 출판과 표현의 자유를 위반하여 위헌이라는 원고측의 주장

---

27) 浪本勝年, 위의 논문, 39쪽.
28) 행정처분취소청구사건이므로 피고는 문부성이 되었다.
29) 君島和彦은 불합격이유가 공개된 것이 교과서 재판의 성과의 하나라고 하였다(君島和彦,「敎科書裁判第1次訴訟の現狀と歷史學の論点」, 위의 논문, 18쪽).
30) 浪本勝年, 위의 논문, 39쪽.

에 대해 "교과서 집필, 출판의 자유가 제약을 받는다고 하더라도 그것은
공공 복지의 견지에서 필요하고 합리적인 제한으로 보아야하므로, 표현
의 자유의 침해가 되지 않는다"고 판시하여 교과서 검정제도 자체는 위
헌이 아니라고 하였다.31) 그러나 3건 6개소의 수정의견이 모두 일본국
헌법 21조 2항에서 금지한 검열에 해당하므로 위헌이며, 교과서의 誤記,
誤植, 그 밖에 저자의 학문적 견해와 관련없는 객관적으로 명백한 잘못
이라 할 수 없는 기술 내용의 적부에 개입하는 것이므로 교육기본법 10
조를 위반한다고 하여 위법이라고 하였다.32) 원고 승소의 杉本판결에
대해 7월 24일 문부대신이 항소하였다.

　杉本판결에 당시 자민당정부와 여당은 큰 충격을 받았다. 문부대신은
곧 전국의 교육위원회에 연락하여 杉本판결이 전국의 학교현장에 침투
하는 것을 방지하도록 하였다.33) 그러나 杉本판결은 「국민의 교육권」
「진리교육」 「교육과 학문의 불가분성」 등 가장 근본적인 문제점에 대해
법이론으로 명쾌하게 정리하였으므로,34) 이 판결을 계기로 교과서 문제
가 「국민의 교육권」 문제라는 점을 인식한 사람들이 늘어나게 되었다.
교과서 재판을 지원하는 움직임은 교과서 검정제를 폐지하고 교과서의
자유발행, 자유채택을 목표로 하는 운동으로 확대되었다. 학생의 학습권
을 기초로 한 「국민의 교육권」 문제는 헌법23조의 학문의 자유와 관련

31) 家永教科書訴訟辯護團은 杉本裁判部가 制度違憲을 확신하고 있으면서도 당시
　　의 司法 情勢 속에서 정치적으로 배려하여 運用違憲으로 결론을 내린 것을 아
　　쉬워하였다(家永教科書訴訟辯護團, 『家永教科書裁判』, 日本評論社, 1998, 132쪽).
　　한편 杉本판결의 제도위헌론 부정의 논리는 그 후의 판결에 영향을 끼쳤다(君
　　島和彦, 「敎科書裁判三二年と歷史學」, 『歷史評論』 582, 1998, 41~43쪽).
32) 이 법리는 적용위헌론, 적용위법론이라고 할 수 있다(君島和彦, 「敎科書裁判三
　　二年と歷史學」, 위의 논문, 41~43쪽).
33) 家永教科書訴訟辯護團, 『家永教科書裁判』, 日本評論社, 1998, 133~134쪽.
34) 永原慶二, 「家永教科書訴訟의 32年」, 위의 논문, 5쪽. 家永三郎은 杉本판결을 일
　　본 裁判史의 눈부신 정신적 유산으로 영구히 그 가치를 잃지 않을 것이라고
　　하였다(家永三郎, 「敎科書訴訟の當事者の立場から」, 위의 논문, 3쪽).

되면서 이를 국민의 지적 탐구의 자유로 내면화하려는 학문의 국민화운동이 일어났다. 落合延孝는 明治이래 교육은 위에서 주어진 것이라고 생각하여 국가의사에 속박당했던 국민이 교육을 권리로 의식하고 자각하기 시작한 사상 창조운동이 일어났다고 하였다.[35]

「국민의 교육권」은 학생의 학습권과 교사의 교육의 자유를 기둥으로 하고 있으므로, 이를 충족시키기 위해서는 학생 스스로 사물을 생각하는 사고능력과 통찰력을 기를 수 있어야 하며, 교사들은 학생들에게 필요한 교육 내용을 연구할 수 있어야 한다. 그런데 1958년 개정된 소, 중학교 학습지도요령으로 국가는 교육 내용을 법적으로 지배할 수 있게 되었다. 「국민의 교육권」을 주장하는 입장에서 본다면 이러한 학습지도요령의 존재는 받아들일 수 없는 것이었다. 교과서 재판은 1958년 이후의 학습지도요령(고등학교학습지도요령은 1960년에 개정)과의 전면적인 대결이기도 하였다.[36]

그 후 家永교과서 제1차 소송의 東京지방재판소 판결이 杉本판결이 나온 후 4년 후인 1974년 7월에 나왔다. 제소한지 9년만에 제1심 판결이 나온 것이다(高津판결). 高津판결에서는 검정은 사상 심사를 본래 목적으로 하지 않고 미리 심사하는 제도도 아니므로 검열이 아니라면서 교과서 검정제도는 합헌, 합법이라고 판시하였다. 이 판결에서는 杉本판결과는 달리 국가 측의 주장을 인정하여 교육 내용에 대해 국가권력의 개입을 거의 전면적으로 긍정하는 국가교육권론을 취하였는데 이후 교육재판의 판결에서는 이 高津판결의 국가교육권론이 계승되었다.[37]

그리고 家永의 원고와 문부성의 검정의견에 대해 각각 역사적, 교육적으로 어느 쪽이 올바른지 재판관 스스로가 재검정을 함으로써 국가가

---

35) 落合延孝, 「敎科書裁判運動の歷史」, 『歷史評論』 290, 1974.
36) 橫山伊德, 「敎科書裁判と學習指導要領」, 『歷史の法廷-家永敎科書裁判と歷史學』, 大月書店, 1998.
37) 君島和彦, 「敎科書裁判三二年と歷史學」, 위의 논문, 48쪽.

검정을 통해 학문, 사상, 교육 내용에 개입하는 것이 과연 올바른지를 묻는 소송의 본질을 왜곡하였다. 그러나 그 중 몇 군데에 재량권을 일탈한 위법이 있다면서 국가가 원고측에 10만엔을 배상하도록 명하였다. 문부성의 재량권 남용을 인정했다는 점에서는 부분적인 「승리」라고 볼 수도 있지만,[38] 당시 많은 역사학자와 법률학자가 이 高津 판결이 매우 부당하다고 비판하였다. 家永측은 곧 항소하였고 피고측도 附帶항소하였다.

高津판결이 나온 다음해 12월에 제2차 소송의 2심 판결이 나왔다. 東京 高等 裁判所는 문부성이 과거 합격시켰던 3건 6개소의 기술을 불합격시킨 것은 항소인(문부대신) 스스로가 정한 검정기준을 지키지 않고 '일관성과 안정성이 없고 매우 자의적인 처분'으로 재량권의 범위를 넘어섰다면서 불합격처분을 취소하도록 명하였다. 이 판결에서는 杉本판결에서 다루었던 교육권 문제와 헌법, 교육기본법 위반 주장에 대해서 판단을 회피하고 검정 행정의 자의성을 지적하는 데 그쳐 제1심 판결보다 많이 후퇴하였지만, 家永측의 승소판결을 내렸다(畔上판결). 그러나 이에 대해 문부대신은 다시 최고재판소에 상고하여 1976년 4월부터 심리가 시작되었다.

4. 보수·우익의 제2차 교과서 비판과 제2차 家永교과서소송 최고재판소 판결

1977년 5월에 家永三郎과 永原慶二 등 247명의 교과서 집필자는 교과서 검정 개선을 문부대신에게 신청하였다. 그러나 그해 6월 문부성은 소학교와 중학교의 학습지도요령을 새로 발표하고, 9월에는 「교과용 도

---

38) 君島和彦, 「敎科書裁判三二年と歷史學」, 위의 논문, 48쪽.

서검정규칙」과 新「교과용도서검정기준」, 「同 실시세칙」을 발표하여 검
정제도를 유지할 것을 밝히면서 '精選'이라는 이름으로 검정을 강화하였
다. 국가에 의한 교육 통제가 강화되는 속에서 「교과서 국가통제에 반대
하고 교사, 국민의 손에 의한 교과서 제작을 목표로 하는 제1회 교과서
심포지움」이 개최되었다.

1978년 8월에 문부성은『고등학교학습지도요령』을 고시하였고, 1979
년 7월에는 「고교 교과용도서 검정기준」을 개정하여 고시하였다. 그 해
10월에 石井一朝는「新 우려할 만한 교과서 문제」를『旬刊 世界と日本』
에 썼다. 보수·우익의 제2차 교과서 비판이 시작된 것이다.1980년 1월부
터 8월까지 자민당 기관지에서는 국어와 사회과 교과서 비판 캠페인을
벌였다.39)

교과서 비판 캠페인이 진행되던 1980년 6월에 실시된 중의원과 참의
원 동시선거에서 자민당이 압승한 후 자민당 우파의 발언권이 강해졌다.
1980년 7월에 奧野誠亮법무대신은 閣議 후의 기자회견에서 "현행 교과
서는 나라를 사랑한다는 말을 기피하고 있는 등 매우 문제가 있다"고
발언하였다. 그해 8월에 문부성은 총합안전보장에 대응하여 「나라를 지
키는 기개」를 교육하기 위한 연구에 착수하였다. 10월에는 자민당이 교
육문제연락회 속에 교과서 소위원회를 발족하였다. 그해 11월에는 일본
정부의 經濟廣報센타에서『경제교육』(I, II)를 발행하여 중학교의 새
『公民』교과서와 고등학교의『政治經濟』교과서를 비판하였으며, 12월에
는 자민당 政調會 文部部會가 전후교육 재검토 소위원회의 하나로 교과
서문제 소위원회를 설치하였다. 자민당 교과서문제소위원회는 교육 통
제를 위한 활동을 계속하였다. 1981년 3월에 國定化를 포함하여 교과서
제도를 재검토하기로 하였으며, 5월에는 검정제도의 법적 구속력을 강

---

39) 遠山茂樹는 이를 앞으로 나올 최고재판소 판결을 의식한 캠페인이었다고 보
　　았다(「あらためて敎科書裁判に學ぶこと」, 『歷史學硏究』508, 1982, 2쪽).

화하고 都道府縣 단위의 광역채택제를 확립하기 위해 교과서법을 제정하기로 방침을 정하였다. 6월에는 교과서제도개혁안을 만들었다. 그해 11월에는 제13기 중앙교육심의회가 발족하여 교과서 제도 재검토를 심의하였다.

이러한 자민당 정부의 교과서 공격에 굴복하여 1981년 4월 교과서회사로 구성된 교과서협회는 일련의 교과서 비판을 배려하여 이례적인 자주규제조치로 중학『公民』교과서를 전면 개정하겠다는 방침을 결정하였다. 이 방침에 대해 그해 5월 교과서 집필자 7명은 교육의 중립성을 해치는 것이라는 성명을 발표하여 반발하였다. 8월에는 교과서회사가 자민당에 7년간 1억엔의 정치헌금을 하고 있었던 것이 발각되었다.

자민당의 교과서 제도 개악 움직임에 대항하여 교과서 소송을 지원하는 역사학자들과 시민들이 활발히 움직였다. 1979년 5월에 역사학연구회총회는「최고재판소는 교과서 재판 제2차 소송의 국가측 상고를 기각하라」고 결의하였고, 1980년 1월에는 교과서 소송 관계자 모임에서 교과서 제2차 소송의 상고 기각을 요청하는 서명을 최고재판소에 제출하였다. 8월에는 학자, 문화인이 중심이 되어「교과서문제를 생각하는 시민 모임」을 발족하였다. 그해 3월과 11월에 자민당 정권의 교육과 교과서의 통제에 반대하는 대규모 국민집회를 열었다.

이렇게 교과서를 둘러싸고 보수 지배층과 진보 국민들의 치열한 공방이 전개되던 1982년 4월 8일에 家永 교과서 제2차 소송에 대한 최고재판소 판결이 나왔다(中村판결). 中村판결에서는 문부대신이 상고 이유로 든 세 가지 주장에 대해 심리하였다. 세 가지 주장은 첫째, 검정신청자는 발행인인 三省堂이지 家永이 아니라는 原告適格문제, 둘째, 2심 畔上판결에서 지적한 검정의 자의성과 위법성 여부, 셋째, 검정의 심사기준이 되는 고교학습지도요령이 전면 개정되었으므로 구 학습지도요령에 의한 검정을 거친 이 교과서의 부분개정검정은 불가능하므로 불합격처분의

취소를 요구하는 「소송이익」은 없어졌다는 것이다.[40]

최고재판소의 심리에서는 셋째 「소송이익」이 최대 논쟁점이 되었다. 판결문에서는 학습지도요령이 전면 개정되어 본건 검정불합격처분 취소는 원칙적으로는 소송이익이 없으나, 예외적으로 부분 개정 검정도 가능하기 때문에 「소송이익」이 소실되지는 않는다고 문부성의 상고 이유에 대해 반대하는 견해를 제시하였다. 그러면서 「소송이익」에 관한 심리를 마치도록 하기 위해 原판결을 파기하여 東京고등법원으로 환송한다고 판시하였다.[41] 문부성의 상고를 기각할 수 있었는데도, 6년을 끌다가 고등재판소로 환송한 점에서 매우 실망스러운 판결이었다.

이런 판결이 나온 것은 일본 사법부의 보수화와 관련이 있다. 1960년대 진보적인 판결이 이어지자 1969년 자민당 정권은 사법부 통제 방침을 정하고, 점차 사법부에서 진보적인 성향의 재판관을 배제하였다. 이를 위해 우선 사법행정권을 가지고 있는 최고재판소의 재판관을 보수적인 판결을 내린 소위 매파의 재판관으로 채워갔다. 자민당정권에 의해 최고재판관이 된 보수적인 사람들이 인사권을 중심으로 한 사법행정권을 악용하여 하급재판소의 재판에 영향을 끼치면서 점점 더 일본 사법부는 보수화되었다.[42] 실제로 원고 승소 판결을 내린 杉本良吉과 좌배석이었던 岩井俊 재판관은 인사상 불이익을 입었다.[43] 이렇게 사법권의 진정한 독립을 기대할 수 없는 구조 속에서 올바른 판결이 나오기는 어려웠다.[44]

---

40) 吉田武男, 「三つの教科書訴訟の現段階」, 『歷史學硏究』 531, 1984, 37쪽.
41) 遠山茂樹, 「あらためて教科書裁判に學ぶこと」, 위의 논문, 2쪽.
42) 家永三郎, 「教科書裁判の今日」, 『歷史評論』 487, 1990 ; 新井章, 「司法の反動化と敎科書裁判」, 『歷史評論』 487, 1990.
43) 宮崎章, 「現代史のなかの司法」, 『歷史學硏究』 616, 1991.2, 16쪽.
44) 宮崎章은 교과서 재판은 문부성 검정의 위법성을 명백히 했을 뿐만 아니라 현대 일본의 사법상황을 명백히 하여 사법의 민주화의 필요성을 알려주었다고 하였다(宮崎章, 위의 논문, 17쪽).

역사교육자협의회는 즉각 긴급성명을 내어 中村판결을 비난하였으며, 이날 밤 「4.8교과서재판 最高裁판결항의·교과서 반동화를 반격하는 국민대집회」가 열렸다. 그해 5월에 역사학연구회총회는 「교과서재판 제2차소송 最高裁판결에 항의한다」고 결의하였다.

5. 1982년 일본 역사교과서 파동과 「근린제국조항」

자민당 정권의 침략 전쟁 긍정 움직임은 표면화되어 1982년 4월13일 성립한 鈴木善幸 내각은 8월 15일을 「전몰자를 추도하고 평화를 祈念하는 날」로 결정하였다. 중앙교육심의회에서는 교과서채택에서 채택지구를 광역화하고 都道府縣 교육위원회의 개입을 강화하도록 하는 안을 만들어 교육에 대한 통제를 강화하고자 하였다. 자민당 우파의 압력은 문부성의 역사 교과서 검정에도 영향을 끼쳤다. 일본 문부성은 「精選」이라는 이름 하에 검정을 강화하였다. 1982년 6월 25일 소학교와 고등학교 교과서 검정 결과가 발표되었는데, 다음날 일본 고등학교 사회과 교과서 검정에서 「침략」이라는 용어를 비롯하여 일본 제국주의의 침략과 식민지 지배에 대한 서술을 수정하도록 일본 문부성이 권고하였다는 것이 일본 매스컴을 통해 알려졌다.

그러자 중국과 한국을 비롯한 아시아 각국에서 국민들이 항의하였다. 6월 30일 중국공산당 기관지 『人民日報』는 일본의 교과서 검정이 침략전쟁을 미화하였다고 비판하였고 우리나라에서는 7월 8일 『동아일보』 『조선일보』가 사설에서 이 문제를 다루었다. 7월 14일에는 모스크바방송도 일본이 「역사위조의 교과서」를 만들려고 하고 있다고 보도하였으며, 7월 20일 『동아일보』는 교과서 검정 결과를 「한일관계의 적신호」라

고 보도하였다.[45]

『인민일보』는 7월23일 일본 교과서 검정은 중국인민에 대한 도전이라고 반대 캠페인을 개시하였는데 마침 이날 小川문부대신이 日教組 위원장과 회담 중에 교과서 검정은 내정문제라고 발언한 것이 알려져, 7월 24일 『인민일보』에서는 이에 대한 문부대신의 釋明을 요구하였고 한국의 매스컴에서도 이를 망언으로 보도하였다. 북한도 7월 25일 『노동신문』을 통해 일본이 역사를 위조하려 한다며 비판하였으며, 7월 27일에는 홍콩의 『明報』가 일본의 검정을 오래된 보수세력이 온존하고 있음을 말해주는 것이라고 비판하였다. 8월 4일에는 필리핀에서도 『타임즈 저널』 등을 비롯한 신문에서 일본의 교과서 검정을 비판하였고, 8월 5일에는 싱가포르 영자지가 교과서 검정문제를 비판하였으며, 소련의 『프라우다』도 역사교과서 개찬을 비판하였다. 8월 6일에는 국영베트남 통신이 역사적 사실을 왜곡하는 것은 동남아시아 인민의 명예를 상처 주는 중대한 행위라고 비판하였다.

8월 8일에는 미국의 CBS방송이 「역사를 바꿔 쓰는 일본」에 대해 보도하였고, 8월 9일에는 말레이시아의 『브리타 하리안』이 일본을 비판하는 사설을 썼다. 8월 12일에는 북한의 『노동신문』이 일본반동의 교과서 개찬이라는 논설을 썼으며, 타이의 華字신문 기자협회가 항의문을 일본정부에 전달하였다. 8월 14일에는 타이의 네 종류 신문에서 침략의 역사 改竄을 비판하는 사설을 실었다. 8월 15일에는 필리핀의 『월드뉴스』에서 일본의 역사 개찬을 비판하였다.

아시아 각 지역의 국가들의 비판의 바탕에는 일본 정부, 문부성의 역사인식과 기본자세에 대한 불신이 있었다.[46] 이번 교과서 검정 문제를

---

45) 歷史學研究會科學運動部,「教科書裁判·教科書問題略年表II」,『歷史學研究』 531, 1984, 61쪽.
46) 三上昭彦,「教科書改善の國際協力と日本の敎育運動」,『敎科書を日韓協力で考える』, 大月書店, 1993, 237쪽.

계기로 아시아의 나라들은 일본정부가 과연 과거 침략사를 반성하고 사죄하는 마음을 가지고 있는지, 과거를 확실히 청산하려는 자세가 있는지 의심하게 되었다.

일본의 교과서 검정에 대한 정부의 공식적인 반응은 중국과 한국에서 나왔다.[47] 중국정부는 7월 26일에 교과서 改竄이 중일공동성명을 이반한다면서 유감이라고 정식으로 항의하였고, 8월 1일에는 중국측이 교과서 검정문제를 이유로 거부하여 일본 문부대신의 訪中이 연기되었다. 우리나라 정부도 8월 3일 일본의 교과서 검정 문제에 대해 정식으로 항의하면서 기술 내용의 수정을 요구하였다.

9월에 중국방문을 예정하고 있던 鈴木善幸 수상은 만약 방중이 거부된다면 가을에 있을 자민당 총재선에서 재선되기 어려울 것이라고 생각하여 8월 4일 정부 자민당 연락회의에서 교과서 검정문제를 조기에 해결하도록 지시하였다. 8월 5일 일본정부는 외무성 정보문화국장, 문부성 학술국제국장을 중국과 한국에 파견하기로 하였다. 같은 날 우리나라 국회는 일본교과서 내용의 왜곡을 즉각 시정하도록 조치를 취하라는 결의를 채택하였고, 중국은 「침략」이라는 용어는 원칙적인 문제라고 하면서 교과서 개정조치를 요구하였다. 8월 6일 우리나라는 일본정부가 파견하는 외무성 정보문화국장, 문부성 학술국제국장을 받아들이기 않겠다고 발표하였다. 이들 국장은 8월 7일부터 13일까지 중국에서 일본 정부의 입장을 釋明하였다. 일본정부는 釋明을 위해 8월 21일 한국에 자민당 교과서 문제 대책 소위원장과 자민당 전 문교부장을 보냈다. 이들이 한국

---

47) 辛珠柏은 경제협력자금 문제 때문에 일본역사교과서 왜곡 문제에 처음에는 미온적으로 대처하였던 제5공화국정부가 小川문부대신의 망언으로 촉발된 폭발적인 여론 때문에 강경대응으로 바뀌었다고 하였다(「일본의 역사왜곡에 대한 한국사회의 대응(1965~2001)」, 『한국근현대사연구』 17, 2001, 224~226쪽). 한편 북한은 7월 31일에 사회과학원 역사연구소장 명의로 교과서 문제에 대해 비판하는 담화를 발표하였다.

에 머물고 있던 8월 23일 鈴木善幸 수상은 교과서의 기술을 더 적절하게 수정하겠다는 의향을 표명하였다.

8월 23일 중국에 파견되었던 국장들과 8월 25일 한국에 파견되었던 자민당 교과서 대책 담당이 돌아오고 난 직후, 8월 26일 일본정부는 宮澤喜一내각관방장관의 담화48)(『역사교과서』에 대한 관방장관담화)를 발표하여, "우리나라로서는 아시아 근린제국과의 우호, 친선을 추진하면서 이들 비판을 충분히 경청하여 정부가 책임지고 시정하겠다"고 약속하는 한편, 앞으로 교과서 검정조사 심의회를 거쳐 검정 기준을 수정하겠다는 뜻을 표명하였다. 그리고 다음 검정을 1년 빨리 하겠다고 補足설명하였다. 이 담화에 대해 한국정부는 다음날 즉각 일본정부의 견해를 받아들여 양국 외교 문제를 수습하겠다고 하면서도 3년 후에 시정하겠다는 것은 불만이라고 하였다. 그러나 중국정부는 8월 28일 일본정부의 견해를 거부한다는 의사를 표명하였고, 8월 30일 『인민일보』에서 일본정부가 당장 잘못을 고쳐야 한다고 주장하였다. 일본정부는 宮澤담화의 틀 속에서 중국을 설득하기로 방침을 정하였다. 8월 31일 중국의 谷 국무위원이 「진출」을 언제 「침략」으로 고칠 것인지 확실히 하도록 요구하였고, 우리나라 외무부의 아시아국장이 後藤 일본공사를 불러 시정 공약을 즉시 실행하고 재검정 시기를 앞당길 것을 요구하였다.49)

9월 1일에는 주중 일본대사관의 渡邊공사가 일시 귀국하여 외무성 수뇌와 중국을 설득할 방법에 관해 협의하였다. 9월 4일부터 9일까지 주한 後藤공사가 우리나라 외무부 아시아국장과 만나고 중국에서는 鹿取 주중대사가 중국 외무차관을 만나 일본 정부의 견해에 대해 보족설명하였다. 한국정부와 중국정부는 9월 9일 불만은 있지만 보족설명을 평가한다고 하면서 이번 교과서 문제를 더 이상 외교 문제로 삼지 않겠다고 하였

---

48) 「歷史問題關連年表·資料」, 『世界』(別册) 696, 岩波書店, 2001, 188쪽.
49) 歷史學硏究會科學運動部, 「敎科書裁判·敎科書問題略年表II」, 위의 자료, 62쪽.

다. 9월 27일 일본의 鈴木善幸수상은 중국을 방문하여 趙紫陽 중국수상
과 회담하고 교과서 문제의 정치적 결착을 확인하였다. 같은 날 한국정
부는 「일본교과서 한국관계 내용 검토 및 의견」(1982.9, 대한민국문교
부)를 일본정부에 전하였다.

중국과 한국 정부의 강력한 항의 때문에 일본 문부성은 새로운 검정
기준을 만들 수 밖에 없었다. 교과서심의회 제2부회 역사소위원회에서
는 10월 15일 11항목에 검정의견을 달지 않기로 하는 방침을 정하였다.
11항목은 중국관계에서는 「침략」과 「南京사건」. 한국관계에서는 「침
략」, 「토지조사사업」, 「3.1독립운동」, 「신사참배」, 「일본어사용」, 「창씨
개명」, 「강제연행」, 그밖에 「동남아시아 진출」, 「沖繩戰」이다.[50)]

11월 24일에 문부성은 새 검정기준을 고시 발표하였는데, 여기에는
"근린 아시아 제국과의 사이의 근현대 역사적 事象을 취급할 때 국제이
해와 국제협조의 견지에서 필요한 배려를 할 것"라는 「근린제국조항」[51)]
이 추가되었다. 이 「근린제국조항」 때문에 근현대사에서 일본의 침략을
받았던 나라들이 일본의 역사교과서의 내용에 대해 발언하는 것을 일본
정부는 막을 수 없게 되었다.

1982년 한국정부의 수정 요구에 대해 일본 문부성은 1983년과 1984
년의 교과서 부분개정 검정 과정에서 교과서 검정 심의회 위원과 교과서
조사관의 재량권에 의거하여[52)] 어느 정도 반영하였다. 한국정부가 일본
정부에 보낸 「일본교과서 한국관계 내용 검토 및 의견」에서는 즉각 수
정이 필요한 19개 항목과 조기 수정이 필요한 19개 항목, 그 밖에 수정
이 필요한 7개항목이 들어 있었다. 즉각 수정이 필요한 19개 항목은 일
본의 한국침략, 제2차 한일협약, 고종 퇴위, 한일신협약, 의병, 안중근 의

50) 藤岡信勝, 『教科書採擇の眞相』, PHP研究所, 2005, 92쪽.
51) 『義務教育諸學校教科用圖書檢定基準』 第3章 各教科固有の條件, 社會科.
52) 坂井俊樹, 「一九八二年, 日本の歷史敎科書問題と韓國の對應」, 『現代韓國における
歷史敎育の成立と葛藤』, 御茶の水書房, 2003, 279쪽.

사 의거, 한국병합, 무단통치, 토지약탈, 3.1독립운동, 관동대진재, 신사
참배강요, 한국어 말살, 창씨개명, 징병, 징용, 정신대, 항일독립운동, 일
제의 강점연장에 관한 것이었다.[53]

일본 외무성 동북아시아과는 1983년 6월 30일 1984년도용 중, 고등
학교 교과서 검정 결과가 공표된 직후 1982년과 비교하여 변화한 것을
정리하여 한국의 외무부와 중국의 외교부에 전하였고 양국 정부는 통보
에 감사한다고 하였다. 이때 한국정부가 요구한 19개 항목 중에서 7개
항목이 수정되었다.

1984년 6월 30일에 고등학교 교과서의 검정 사례를 발표하였는데 출
판노동자연맹과 사회과간담회는 통제가 강화되었다고 비판하였다. 이번
에도 일본 외무성 동북아시아과는 1982년과 비교하여 새로 변화한 것을
중국과 한국 정부에 알렸다. 중국과 한국도 아직 불만이 있다는 견해를
발표하였다. 한국정부가 수정 요구한 항목 중에 8개 항목이 추가수정되
었으나 4개 항목은 수정되지 않았다. 4개 항목은 안중근의사의 의거(피
침략국의 애국 의거를 범죄시하는 시각에서 기술), 관동대진재(조선인
학살사건은 일본이 고의로 일으킨 사건인데 우발적 사건으로 표현하고
희생자 수를 일본정부기관의 발표에만 의거), 정신대(강제동원 사실을
약하게 표현), 항일독립운동(대한민국 임시정부의 존립을 무시)였다.

일본 외무성 동북 아시아과에서 보낸 검정 결과 보고를 한국 측에서
는 일본 정부의 「是正通告」로 이해하였던 듯하다. 당시 문교부 장관은
이러한 시정 노력이 앞으로도 계속되리라고 믿는다는 발언을 하고 있으
며,[54] 신문에서는 수정된 항목을 「시정통고」한 항목으로, 시정하지 않
은 항목을 「보류」한 항목으로 발표하였다.[55]

---

53) 『일본사회과 교과서에 나타난 한국관련 내용변화분석』, 한국교육개발원, 1991.
54) 坂井俊樹, 위의 논문, 279쪽.
55) 君島和彦, 「教科書檢定と日本の教科書」, 위의 논문, 46쪽.

1984년 9월 전두환대통령이 일본에 갔을 때 昭和천황은 궁중만찬회의 인사말에서 양국 사이의 불행한 과거에 대해 유감이라는 말을 하였다. 과거 한국을 식민지로 지배하며 한국인을 침략전쟁의 희생자로 만들었던 최고 책임자가 피해국에 한 최초이자 최후의 말이었다. 이 말을 한 것은 昭和천황이지만 이것은 일본 정부의 생각을 공식적으로 표현한 말이었다.

6. 1982년 교과서 파동 후 우익 역사교과서의 등장

그러면 1982년 일본 교과서 검정에 대한 국제적인 반발은 일본의 교과서 검정에 어떤 영향을 끼쳤을까? 일본의 교과서 검정에 대해 중국과 한국에서 비판이 시작된 7월 1일 문부성은 상근 조사관 2명을 증원하여 교과서 검정을 강화하였다. 검정 결과에 대한 일본 국내의 비판의 목소리가 높아지고 중국과 한국의 반발이 일본 신문에 보도되던 7월 21일, 日敎組 교육제도검토위원회는 교과서 검정은 문부성이 아니라 독립 기관에서 담당하고 교과서 채택 권한을 교사 개인에게 갖도록 하자는 교과서제도 개혁안을 발표하였다. 이는 都道府縣 광역채택제와 교과서 검정 강화를 추구하던 문부성의 움직임과 반대되는 것이었다.

7월 29일에는 沖繩 주민 살해 서술 삭제와 관련하여 沖繩에서 삭제 부분 부활을 요구하는 서명운동이 일어났다. 7월 30일에는 「일본 카톨릭 정의와 평화협의회」와 「일본기독교단」, 「일본크리스트교협의회」가 공동성명을 발표하였다.[56] 같은 날 역사학연구회도 「침략 역사를 개찬하는

---

56) 歷史學硏究會科學運動部, 「敎科書裁判·敎科書問題略年表II」, 『歷史學硏究』 531, 1984, 61~64쪽. 이하 1982년 일본역사교과서 파동 때 일본내 움직임은 주로 이 자료에 의거하였음.

교과서검정에 다시 항의한다」는 성명을 발표하여, 일본 정부와 문부성이
과거 역사에 대해 전혀 반성하지 않으면서 검정제도를 이용하여 교과서
집필자에 영향을 끼쳐 역사사실을 왜곡하여 교육하고자 하였다고 비판하
였다.57) 1982년 일본 역사교과서 문제의 본질을 말하고 있다.

7월 31일에는 「교과서 문제를 생각하는 시민의 모임」이 교과서를 수
정하라고 여야 국회의원에게 요구하였다. 終戰日인 8월 15일에는 「교과
서를 생각하는 시민의 모임」 집회가 열렸으며, 「민주교육을 추진하는
沖繩縣民會議」는 주민 학살 기술을 부활시키라는 10만명 서명운동을 시
작하였다. 8월 18일에는 사회과 간담회 준비회가 문부성에 검정 폐지를
포함한 교과서 개선을 요구하였다.

국제적인 반발 속에 8월 23일에 鈴木善幸수상이 교과서의 기술을 수
정할 의향을 나타내었는데, 이날 북해도 우타리협회는 문부성에 교과서
기술의 訂正을 요구하는 항의서를 전달하였다. 8월 29일에는 교과서문
제를 생각하는 역사연구자, 교육자의 집회가 있었다. 9월 4일에는 沖繩
縣의회가 일본군이 沖繩戰에서 주민을 학살하였다는 내용을 검정에서
삭제한 것을 다시 기술하도록 하라는 의견서를 만장일치로 채택하였다.
이날 사회과 간담회가 정식으로 발족하여 검정제도의 개선과 검정교과
서의 「正誤訂正」을 신청하기로 하였다. 9월 7일에는 우파 신문 『産經新
聞』이 8월 30일의 논설에서 침략문제에 대해 검정에서 사실을 말소한
예는 하나도 없었다고 쓴 것은 誤報라고 하면서 독자에게 사과하는 기
사를 게재하였다. 이날 沖繩縣 교육진흥회 대표는 문부성에 주민 학살기
술을 부활시키도록 요구하였다.

이러한 국내외의 움직임에 대해 문부성은 줄곧 검정에 문제가 없었다
는 입장을 견지하였다. 9월 10일 문부성의 심의관과 검정과장, 교과서
관리과장이 교과서협회 회장과 만나 그 해 검정에 잘못은 없었다고 강변

---

57) 『歷史學硏究』 508, 1982, 14쪽.

하면서 「正誤訂正」은 인정하지 않는다는 방침을 알렸다. 사회과 간담회는 9월 17일에 문부성에 「正誤訂正」을 수리해 줄 것을 요구하였으나 거절당하자, 9월 27일 교과서협회와 교과서회사에 「正誤訂正」 수속을 밟아달라고 요청하였다. 10월 14일 淸水書院의 『고등학교 세계사』가 처음으로 「正誤訂正」을 신청하였으나 문부성을 이를 접수하지 않았다.

검정의 잘못을 인정하지 않는 정부와 문부성을 비판하는 목소리가 높아져 10월 16일 「교과서를 생각하는 교사, 학생, 시민모임」이 탄생하였고, 10월 20일에 「일본학술회의 학문·사상의 자유위원회」는 총회에서 「교과서 문제에 관한 견해」를 발표하였다. 교과서 집필자의 모임이 10월 30일 만들어져, 11월 1일에 교과서 심의회 제2부회에 「正誤訂正」을 인정하도록 요구하였다. 11월 12일에 自由書房의 『高校新日本史』가, 11월 25일에는 實敎出版의 『高校日本史』『高校世界史』 각 2종이, 12월 2일에는 家永三郞의 三省堂 『新日本史』 등 고교 일본사 교과서 2종과 세계사 교과서 1책이 「正誤訂正」을 신청하였으나 문부성을 이를 받아들이지 않았다.58) 할 수 없이 사회과 간담회는 「正誤訂正」을 신청한 부분은 교사들이 현장에서 수업할 때 직접 정정해서 가르치길 호소하였다.

「正誤訂正」은 받아들여지지 않았지만, 일본 역사 교과서 문제에 대한 국제적인 관심과 압력 속에서 일본정부는 1982년 말에 새로 검정기준을 마련하였다. 「침략」에 대해 수정의견을 달지 않지만, 침략과 관련된 구체적 사실, 즉 「조선인 강제연행」이나 3.1독립운동에서 탄압당한 사람 수, 관동대진재 때의 재일한국인 학살자수 등은 근거를 제출하도록 한 것이었다.59) 당시 검정 중이었던 중학교 역사교과서에는 곧 만주사변과 중일전쟁에 대해 「침략」이라는 말이 등장하였다. 「근린제국조항」 덕분

---

58) 12월 3일 淸水書院의 『고교 세계사』가 「正誤訂正」을 재신청한 것만은 웬일인지 조선토지문제를 제외하도록 하고 수리하였다.
59) 德武敏夫, 『敎科書裁判はいま』, あずみの書房, 1991 ; 君島和彦, 「敎科書檢定と日本の敎科書」, 위의 논문, 45쪽.

에 교과서 저자들은 일본의 침략사실을 더 많이 적었고,[60] 새 검정 방침
은 일본의 침략에 대해 구체적으로 조사하고 연구하는 교육운동을 가져
왔다. 일본 각지에 퍼져있는 제2차 세계대전 말기의 군수공장 등 전쟁유
적을 조사하는 역사교육 실천운동이 일어나, 일본인들의 피해나 반전 저
항 사실이나 과거 한일 민중들의 우호관계에 관한 사실도 밝혀내었다.
전쟁 유적을 자료관으로 활용하는 시민들의 전쟁학습 운동도 발전하였
다. 한국과 중국의 연구자, 교육자와의 교류도 진전되었다.[61]

그러나 한편으로 보수·우익의 움직임도 활발해졌다. 1982년 10월 30
일 보수계 우익단체를 규합한 「일본을 지키는 국민회의」[62]가 역사교과
서 제작이라고 하는 중대한 사업을 좌익학자에게만 맡겨서는 안 된다고
하면서 직접 고등학교용 일본사 교과서를 제작하기로 결정하였다. 1984
년 3월에는 皇國史觀의 대표적인 학자 平泉澄의 제자로, 19년간 문부성
의 일본사 주임교과서 조사관으로 근무하면서 家永三郎 교과서를 불합
격시켰던 村尾次郎을 고문으로 맞이하여, 1984년 4월 고교 일본사 교과
서 편집위원회를 구성하였다. 저작자 9명[63] 중에 3명은 교과서 재판에
서 국가측 증인으로 나왔던 사람이고, 3명은 교과서 검정관 또는 「교과

---

60) 일본의 우익들은 이 「근린제국조항」이 일본국가의 교육주권을 외국에 팔아
 넘긴 것이라고 비난하면서 이의 폐지를 계속 요구하였다(小山常實, 『歷史敎科
 書の歷史』, 草思社, 2001, 149쪽 ; 藤岡信勝, 『敎科書採擇の眞相』, 위의 책, 92
 쪽).
61) 佐藤伸雄, 「歷史敎育の國際交流」, 『歷史敎育50年のあゆみと課題』, 未來社, 1997,
 297~304쪽.
62) 元號법제화실현국민회의의 운동을 계승하여 1981년 10월에 발족하여, 헌법개
 정, 나라를 지키는 국민의식 고양, 교육의 정상화를 주제로 운동을 벌였다.
 神社本廳 등의 종교 단체, 일본교사회(反日敎組 교사단체)등의 교육단체, 경제
 단체 등 민간의 약 1000정도의 단체와 개인으로 구성되었으며, 전국 都道府
 縣에 지부가 있다(『朝日新聞』 7月10日字 「復古調敎科書」(『軍國敎科書「新編日本
 史」を斬る(增補版)』, 福岡縣歷史敎育者協議會, 1986)에 수록).
63) 朝比奈正幸, 稻川誠一, 小笠原春夫, 小堀桂一郎, 坂本夏男, 宮田正彦, 村松剛, 山
 口康助, 結城陸郎

서정상화국민회의」의 회원이었다. 그 밖에 일본교사회 소속 교사가 있었고, 독어학자, 불문학자 등 역사학 전공자가 아닌 사람이 참가하였다.[64]

이 교과서는 『新編日本史』(原書房)로 1985년 8월 29일 문부성에 검정을 신청하였다. 그리고 이 교과서를 지원하기라도 하는 듯 그해 10월 森山欽司, 海部俊樹, 林健太郎 등 자민당 국회의원들이 「교과서문제를 생각하는 의원연맹」을 만들었다. 그 취지서에서는 "현재 교과서의 문제점을 빨리 시정하고 하루라도 빨리 올바른 교과서를 청소년에게 공급할 수 있는 체제를 정비하는 것은 오늘날 교육을 정상화하기 위한 긴급 과제이고 우리들 국회의원의 책임으로 생각한다"고 적고 있다. 이러한 자민당 보수·우익의 움직임은 『新編日本史』의 검정 합격과정에 영향을 끼쳤다.[65]

1986년 1월 31일 문부성 교과용도서 검정조사심의회 제2부회는 초보적인 오류 등 기술 내용에 문제점이 많은 『新編日本史』를 놓고 논란을 벌였다. 결국 많은 부분을 고쳐 쓰도록 하여 다시 심의회에서 검토하기로 하는 조건부합격 결정을 내렸다. 3월 20일 문부성이 무려 420개소의 수정, 개선 의견을 집필자에게 통달하여 집필자들은 4월 11일 고친 內閣本을 제출하였다. 그 후 문부성과 집필자 사이에 기술 내용 조정이 5월 19일까지 이어졌다. 검정작업이 이어지던 5월 24일에 『朝日新聞』에서는 『신편일본사』가 복고조의 매우 우익적인 교과서로, 문부성 교과용도서 검정조사심의회 내부에서도 이의가 나와 분규 중이라고 보도하였다. 『朝日新聞』이 검정 중인 교과서 내용을 보도한 것에 대해, 검정 결과에 영향을 끼치고 한국과 중국의 외압을 유도하기 위한 것이었다는 주장도

---

64) 山形洋, 「『新編日本史』の基本的問題點」, 『軍國敎科書「新編日本史」を斬る(增補版)』, 위의 책, 1∼2쪽.
65) 이 교과서의 검정과정에 대해 본고에서는 『朝日新聞』 7月10日字「復古調敎科書」 (위 기사)를 주로 참고하였다.

있다.[66]

5월 27일에 검정조사심의회 제2부회는 內閣本에서 30개소를 더 수정하도록 하는 조건으로 이 교과서를 일단 합격시켰고, 이 날 저자들이 그 내용의 일부를 공표하자 일본의 각 신문에서는 이를 보도하였다. 5월 30일 한국의 신문이 이 교과서를 검정에서 통과시킨 일본 정부를 비난하였다. 6월 4일에는 중국 외교부국장이 기자회견에서 "역사사실을 왜곡하고 침략전쟁을 미화하는 어떠한 언론, 행동에도 단호히 반대한다"면서 이 교과서에 대해 불만을 나타냈다.

당시 선거 유세 중이었던 中曾根康弘수상은 이 문제가 1982년 교과서 파동 때처럼 파문을 일으킨다면 선거에 영향을 끼칠 것을 우려하여 6월 6일 海部俊樹 문부대신에게 1982년의 宮澤 관방장관의 담화의 취지를 살려 근린국가에 대해 충분히 배려하도록 지시하였다.

6월 7일 중국정부는 『신편일본사』의 시정을 요구하였고, 한국 외무부도 이 교과서의 한국 관계 부분이 어떻게 기술되어 있는지 조사 중이라고 발표하였다. 일본 문부성은 6월 8일부터 10일에 걸쳐 집필자에게 「壯士 안중근」을 「지도자 안중근」으로 고치고 南京사건에 「대학살」을 부활시키도록 하는 등 6군데를 수정하도록 요구하였다. 그리고 집필자에게는 이 수정이 5월 30일 이전에 있었던 것으로 하고 비밀을 지키도록 요청하였다. 6월 10일 海部 문부대신은 기자회견에서 근린제국과의 우호관계에 입각하여 검정을 했다고 주장하였다.

문부성은 이미 최종심사가 끝나 합격한 내열본에 대해 6월 17일 근현대사의 중국·한국관계, 천황 관계 기술 등 38항목의 수정을 지시하는 「초법규적조치」를 내렸다.[67] 6월 18일 中曾根康弘수상은 일부 나라가 약간 의견을 전하였을 때 진지하게 받아들여야 한다고 생각하여 後藤田

---

66) 藤岡信勝, 『敎科書採擇の眞相』, 위의 책, 94쪽.
67) 「歷史問題關連年表·資料」, 위의 자료, 179쪽.

관방장관에게 대응을 지시하였다고 말하였다. 6월 20일에 일본 외무성 아시아국장이 原書房사장에게 『新編日本史』출판을 단념하도록 요청하였다는 것이 보도되자 외무성 수뇌는 단지 일반적인 의견교환을 한 것이라고 해명하였다.

6월 27일 문부성은 이례적으로 약 30항목 80개소에 걸쳐 구체적인 文例를 제시한 세 번째 수정요구를 집필자에게 보냈다. 6월 28일에 견본본 5000부 인쇄가 끝났고, 6월 29일 「일본을 지키는 국민회의」 간부와 집필자가 긴급회의를 열어 외압에 굴복하면서라도 어쨌든 교과서를 내는 것이 중요하다는 결론을 내렸다. 7월 1일 이 모임의 위원장이 7월1일 선거 유세 중이었던 海部문부대신과 연락하여 7월 3일에 만나 수정요구에 응하겠다고 하였다. 문부성은 7월 2일부터 교과서검정심의회 위원 20명을 개별적으로 방문하여 수정한 내용에 대해 설명하여 승인을 얻었다. 7월 3일 문부성은 다시 천황의 인간 선언에 관한 기술 등을 수정하라는 제4차 수정 요구를 하였다. 7월 4일 村尾次郎이 전권을 위임받고 문부성과 조정하는 작업을 하였다. 7월 7일 문부성은 교과서검정심의회 제2부회와 총괄부회를 개최하여 그 동안의 「초법규적 조치」에 대해 설명하고[68] 승낙을 얻어 이 교과서의 검정합격을 통지하였다.

7월 8일 「일본을 지키는 국민회의」의 위원장과 집필자들이 기자회견을 하여 그간의 경위를 설명하였다. 여기에서 "선거와 겹쳐 정부가 신경이 예민해졌던 것은 운이 나빴다. 자민당이 대승한 뒤였다면 정부가 대처하는 방법도 달랐을 것은 아닌가?" "우리들의 운동은 개헌을 궁극 목적으로 한다. 교과서 발행도 그 큰 흐름의 일환으로 생각하고 있다"고

---

68) 문부성에서는 "내각본 심사 합격 후에 기술 내용에 관련된 수정을 요구하는 것은 검정 규칙에 정한 바가 없지만 외국에서 비판이나 요청 등 특단의 사정이 있는 경우는 더 좋은 교과서를 만들기 위해 수속에 따르지 않는 조치를 취하는 것은 문부대신의 권한이며 책임이다"라고 설명하였다(「歷史問題關連 年表·資料」, 위의 자료, 188쪽).

발언하였다.[69]

　많은 부분에 문부성의 의견을 반영하여 여러 번 수정을 거쳐 나온 교과서는 처음과 많이 달라 이 교과서는 문부성이 함께 쓴 교과서라고도 할 수 있다.[70] 사실인식에 초보적인 오류가 많고, 역사 의식에도 문제점이 많은 교과서를 한국과 중국의 비난을 받아가면서 합격시키고 나서 이례적으로 여러 번 고쳐가면서까지 합격시킨 이유는 과연 무엇일까? 그것은 이 교과서가 보수·우익이 쓴 교과서라는 점, 그리고 천황중심사관, 독선적인 자국중심사관, 전쟁 무책임론 등 기본적인 관점[71]이 문부성의 마음에 들었기 때문이었다. 문부성의 마음에 들지 않으면 통설을 적지 않았다고 불합격처분을 내렸으나,『신편일본사』는 통설에 기초하지 않을 뿐만 아니라 그와 상반되는 기술까지 있음에도 합격시켰다. 이로서 문부성이 처음부터 이 교과서를 합격시키려는 의도를 가지고 있었음이 확실해졌다.『신편일본사』검정은 다시 한번 문부성이 검정제도를 얼마나 자의적으로 운영할 수 있는지 여실히 보여주었을 뿐만 아니라 그들의 역사의식의 저류에 어떤 것이 흐르고 있는지 짐작하게 하였다. 그리고 이러한 역사의식은 다시 2000년대의「새로운 역사교과서를 만드는 모임」의 교과서 검정에서 더 강화되어 나타나게 되었다.

---

69)『朝日新聞』7月10日字「復古調敎科書」, 위의 기사.
70) 扶桑社교과서의 저자 藤岡信勝은『新編日本史』검정에 대해, 외국에 일러바치기 잘하는 매스컴이 만들어낸「외압검정사건」이라고 하면서 이 사건은 일본정부의 사죄외교와 함께 일본이 독립국가로서 교육주권을 상실하고 있는 상태를 폭로하는 것이라고 비난하였다(藤岡信勝, 위의 책, 96쪽).
71) 山形洋, 위의 논문, 3～5쪽.

7. 제3차 家永교과서소송과 재판의 종결

1982년 교과서 파동 이후 1984년 1월 19일 家永三郎은 교과서 재판 제3차 소송을 제기하였다. 1979년 개정된 고교 학습지도요령에 따라 家永도 교과서를 전면 개정하여 1980년에 신규 검정을 신청하였으나, 420항목에 걸친 「수정의견」「개선의견」이 붙은 「조건부합격」 판정을 받았다.[72] 1982년에는 「正誤訂正」을 신청하였으나 수리되지 않았고 1983년도 부분개정 때에 검정을 신청하여 약 70항목의 「수정의견」「개선의견」이 붙은 조건부합격 판정을 받았다.[73]

家永三郎은 1979년부터 시작된 보수 우익의 교과서 공격과 문부성의 검정 강화의 실태를 알리기 위해 제3차 소송을 제소하였다. 소송의 대상이 된 논점만 225개소였던 제1차 소송의 경험에서 이번 소송에서는 논점을 적게 하기로 하였다. 1984년 1월 19일 家永은 1980년도의 검정 처분 중 3항목과 1982년 12월 2일 「正誤訂正」신청을 접수하지 않은 처분, 1983년도 부분 개정 검정신청에 대한 처분 중 3항목에 대해 손해배상을 청구하는 민사소송을 제소하였다. 제1차 소송, 제2차 소송과는 달리 제3차 소송에서 원고측은 문부성의 재량권 남용문제에 초점을 맞추어 학계의 연구 성과를 정리하여 재판을 준비하였다. 「교과서검정소송을 지원

---

72) 그 중에는 「侵略」을 「進出」로 고치라는 것이나, 「남경대학살」의 기술 내용을 수정하도록 요구한 것 등 일본의 침략을 은폐하려는 부분이 있었다(永原慶二, 「家永敎科書訴訟の32年」, 6쪽). 검정의견에서는 "침략이라는 것은 부정적인 가치평가를 포함하는 용어로, 자국의 행위에 대해 이와 같은 부정적인 가치평가를 포함한 말을 교과서 속에서 사용하는 것은 다음 세대의 국민에 대한 교육상 바람직하지 않으므로 예를 들면 「무력진출」과 같은 말을 사용해야 한다"고 하였다(君島和彦, 「敎科書檢定と日本の敎科書」, 『敎科書を日韓協力で考える』, 大月書店, 1993, 53쪽).
73) 家永三郎, 『密室檢定の記錄』(正·續), 全國連絡會, 1983.

하는 역사학관계자의 모임」이 중심이 되어, 연구회를 조직하여 소송의
논점 부분을 연구하였다.[74] 논점의 주된 내용은 천황제와 침략책임에
관한 것이었다.

1986년 3월 19일 家永의 제1차 소송에 대한 동경고등재판소의 판결
이 나왔다(鈴木판결). 제1심 판결이 나온 지 12년 만에 나온 제2심판결
이었다. 鈴木판결은 검정제도는 합헌·합법이라고 하면서, 그 운용실태에
대해서도 「상응하는 근거」가 없다는 평계로 제1심에서 인정한 재량권
남용까지도 인정하지 않고 원고측의 주장을 전면적으로 물리쳤다. 원고
全部敗訴 판결이었다. 이 판결에서는 검정의견에 「상응하는 근거」가 있
으면 위법이 되지 않는다고 하였는데, 이는 집필자가 학문적으로 여러
논문을 검토하여 쓴 교과서라도, 검정의견과 같은 주장을 하고 있는 논
문이 하나라도 있으면, 그 검정의견은 위법이 되지 않는다는 것을 말한
다.[75] 이 논리에 따르면 모든 검정의견은 합헌·합법이 되므로 國定制와
마찬가지가 된다.[76]

이 재판은 교과서 재판사상 최저, 최악의 판결로 평가되고 있다. 판결
문은 1976년 5월 21일의 旭川학력테스트사건에 대한 최고재판소 판결
의 틀을 유지하면서도 한 걸음 더 나아가 교육 내용에 대한 국가의 개입
을 인정하고 문부대신에게 재량권을 더 주어 검정 행정을 전면적으로 추
인하였다. 그런데 鈴木潔재판장 이하 3명의 담당재판관은 모두 최고재
판소의 조사관 또는 사무총국 소속이었던 경험을 가지고 있었다. 특히
주임판사로 鈴木판결을 기안한 우배석 吉井直昭판사는 이 재판의 종반
부에 최고재판소에서 전근한 사람이었다.[77] 사회적, 정치적 성격이 강한

---

74) 君島和彦, 「敎科書裁判三二年と歷史學」, 위의 논문, 51쪽.
75) 石山久男, 「敎科書裁判の問題と今日の課題」, 『歷史敎科書大論爭』, 『別冊 歷史讀本』 第26卷 第26號, 2001, 162쪽.
76) 家永敎科書訴訟辯護團, 『家永敎科書裁判』, 日本評論社, 1998, 94쪽.
77) 家永敎科書訴訟辯護團, 위의 책, 90쪽.

재판을 최고재판소 근무 경력이 있는 재판관이 담당하도록 인사배치를 하였을 가능성이 크다.[78] 鈴木판결 이후 일련의 교과서 판결은 보수화된 이러한 흐름을 이어받고 있다.

검정에 대한 판결의 보수화와 함께 검정제도에서도 문부성의 통제가 강화되었다. 1989년 3월 15일 고시된 새 학습지도요령에서는 소학교 6년의 사회과에서 일본의 역사를 천황중심의 역사로서 묘사하여 그것과 연결하여 현재 천황에 대해 이해와 경애의 마음을 가지고 國旗·國歌를 존중하도록 학생들에게 강요하려 하였다. 그리고 이러한 학습지도요령의 이데올로기를 관철시키기 위해 교과서 검정제도의 개악도 이루어졌다. 새 검정제도에서는 학습지도요령 속의 「내용 취급」 부분까지 검정기준으로 넣어 교과서 내용에 대해 속박을 강화하였다. 그리고 수정의견과 개선의견이 붙은 「조건부합격」이 없어진 대신 「合格保留」를 새로 설정하여, 문부성의 검정의견에 대해 수정문을 제출하여야 비로소 합격을 판정하도록 하였다. 교과서 저자와 출판사측은 최후까지 합격 여부를 알 수 없는 상태에서 문부성의 의향에 따라 수정을 하지 않을 수 없게 되었다.[79] 교과서 채택제도도 현장의 의견을 반영할 수 있는 수단이었던 學校1票 투표제를 중지함으로써 교사의 발언권을 약화시키는 방향으로 개악되었다.

1989년 6월 27일에는 제2차 소송 환송심의 판결이 東京고등재판소에서 나왔는데(丹野판결), 원고에게 소송 이익이 없다면서 원고 全部敗訴 판결을 내렸다. 丹野達재판장과 우배석이 모두 최고재판소 조사관과 사무총국 소속이었던 사람들이었다는 점에서 앞의 鈴木판결과 마찬가지로 판결에 최고재판소의 영향이 미쳤음을 짐작할 수 있다.[80] 일본 사법부

---

78) 新井章, 위의 논문, 36~37쪽.
79) 石山久男, 「教科書裁判25年と歷史教育」, 『歷史學研究』 616, 1991, 8쪽 ; 同, 「1990年の歷史教育·社會科教育の動向」, 『歷史教育·社會科教育年報 1991年版 歷史教育と世界認識』, 三省堂, 1991, 234쪽.

의 현황을 고려한다면 이 환송심의 판결을 뒤집을 리가 없다고 판단하여 家永측은 상고를 포기하고 다른 소송에 전력을 다하기로 하였다.[81]

1989년 10월 3일에는 제3차 소송의 제1심 판결이 東京지방재판소에서 나왔다(加藤판결). 이 판결도 앞의 鈴木판결과 마찬가지로 큰 틀에서 국가측의 주장을 인정하여 국가의 교과서 검정제도와 그 운용이 헌법과 교육기본법에 위반하지 않는다고 하였다. 加藤和夫재판장과 右陪席이 최고재판소 조사관과 사무총국 소속이었던 경험을 가지고 있다[82]는 점에서 鈴木판결과 丹野판결 때와 마찬가지로 최고재판소의 영향을 추측할 수 있다. 그리고 침략전쟁 등 대부분의 검정 의견이 「합리적 근거가 없고 매우 부당한 것이라고까지 할 수는 없다」고 하여 재량권 남용을 인정하지 않았다.[83] 그러나 「草莽隊와 年貢半減令」에 대한 검정 의견만은 「사회통념상 매우 타당성을 결하여 재량권의 범위를 넘어섰고 또 이를 남용한 것이 위법」이라고 판결하였다. 재량권의 남용을 일부 인정한 家永측의 一部勝訴 판결이었다. 이에 대해 家永은 항소하였다.

1993년 3월 16일 家永교과서 제1차 소송에 대해 최고재판소 판결이 나왔다(可部판결). 可部판결에서는 鈴木판결을 추인하여 검정제도는 합헌이라고 하였고, 국가가 검정 제도를 운용하면서 「간과하기 어려운 과오가 있었는가?」[84]라는 점에 초점을 맞추어 재량권 남용도 인정하지 않았다. 家永側 全面敗訴 판결이었다. 문부성 측에 「간과하기 어려운 과오」가 없다면 재량권 남용으로 인정할 수 없다는 것은 다소의 과오가 있더라도 처분을 받는 측은 참으라는 것이었다. 그럼에도 불구하고 이것은 제

---

80) 新井章, 위의 논문.
81) 家永教科書訴訟辯護團, 위의 책, 156~157쪽.
82) 新井章, 위의 논문, 37쪽.
83) 『人民日報』에서는 이 加藤판결을 일본의 대외침략 역사를 粉飾하는 것이라고 비판하였고, 서울에서는 加藤판결에 대해 항의하는 집회가 열렸다(歷史學硏究會科學運動部, 「教科書裁判·教科書問題略年表III」, 『歷史學硏究』 616, 1991, 30쪽).
84) 家永教科書訴訟辯護團, 위의 책, 1998, 104쪽.

3차소송의 판결에서 재량권을 제한하는 논리로 활용되었다.[85]

1991년부터 시작된 경기 후퇴와 자민당 부총재의 부정축재사건 발각으로 자민당정권이 무너지고 1993년 8월 9일 非自民 細川護熙 내각이 성립한 직후 8월 10일 細川護熙 수상이 과거의 전쟁이 침략전쟁이었다고 발언하여, 전후 처음으로 일본정부가 침략전쟁을 인정하였다. 이어서 8월 23일에는 침략행위와 식민지지배에 대해 반성하고 사죄한다고 하였다.[86] 細川護照 수상의 침략전쟁 인정과 식민지지배에 대한 사죄 발언 후에 1993년 10월 20일 동경 고등재판소에서 제3차 소송의 제2심 판결이 나왔다(川上판결). 이 판결에서는 可部판결과 학력테스트대법정판결을 인용하여 교과서 검정제도나 검정처분이 헌법과 교육기본법에 위반되지는 않는다고 하였다. 그러나 제1심에서 위법성을 인정한 「草莽隊」외에 「南京大虐殺」과 「일본군의 잔학행위(부녀폭행)」의 일부에 「간과하기 어려운 과오」가 있다면서, 재량권 남용의 위법성을 인정하고 30만엔의 손해배상을 지불하도록 국가에 명령하였다.[87] 원고측의 一部勝訴였다. 10월 25일 家永은 나머지 부분 기술에 대한 검정의 위법성을 즉시 최고재판소에 상고하였다.

제3차 소송의 최고재판소 판결만을 남겨 놓고 있던 1994년 4월, 일본의 근현대사 교육이 자학적이고 반일적이라고 비판하기 시작한 藤岡信勝는 1995년 1월 자유주의사관연구회를 만들었다. 자유주의사관의 특징으로 건강한 내쇼날리즘, 전략론적 리얼리즘, 탈이데올로기, 관료비판을 내걸었지만, 점차 대동아전쟁긍정론에 가까워졌다. 1995년 2월에는 新進黨의 「올바른 역사를 전하는 국회의원연맹」이 결성되었고, 1996년 6

85) 家永敎科書訴訟辯護團, 위의 책, 111쪽.
86) 細川護熙수상은 1993년 11월 7일에도 식민지지배에 대해 가해자로서 반성한다고 발언하였다.
87) 細川내각의 문부대신이 상고하지 않아 1994년 5월 세 군데의 검정에 대해서는 위법임이 확정되었다.

월에는 자민당의 중의원과 참의원 116명이 「밝은 일본국회의원연맹」을 만들어 그해 9월 3일 교과서에서 南京대학살과 종군위안부 기술을 삭제하도록 요구하는 결의를 하였다. 이에 호응하여 자유주의사관연구회가 교과서공격에 앞장을 섰다. 그리고 교과서공격을 하던 여러 세력이 모여 1996년 12월에 「새로운 역사교과서를 만드는 모임」을 발족하였다. 제3차 교과서공격은 처음에는 南京대학살과 종군위안부에 초점을 맞추었지만, 목표는 교과서에서 침략과 가해 사실을 지워, 국민의 역사인식을 바꾸고, 전쟁을 긍정하도록 하여 헌법을 개악하는 길을 여는 데 있었다.[88]

문부성의 검정도 강화되어 1995년 5월 30일 교과서검정규칙을 개정하여 검정의견을 통지받은 사람이 수정표를 제출하지 않으면 불합격처분을 내리기로 하였다. 6월 28일 문부성이 다음해 사용할 소학교고학년용 교과서의 검정결과와 사례를 공표하였는데, 학습지도요령에 충실한 기술이 눈에 띄게 늘어났다.[89]

1997년 8월 29일 제3차 소송의 최고재판소 판결이 나왔다(大野판결). 이 판결은 4년 전의 제1차 소송 최고재판소 판결과 마찬가지로 검정은 헌법 26조 등을 위반하지 않았다고 하여 검정합헌론을 취하였다. 검정에서 불합격되더라도 일반 도서로서 발행할 수 있어, 발표금지 목적이나 발표 전의 심사 등의 특질이 없으므로 검열에 해당되지 않는다고 하여 검열을 금지한 헌법 21조 2항도 위반하지 않는다고 판결하였다.[90]

그러나 문부성의 검정 의견의 재량권 남용여부에 대해서는 이미 제2심에서 위법 판결이 난 「草莽隊와 年功半減令」, 「南京대학살」, 「(南京점령시)일본군의 부녀폭행」의 3건 이외에 새로 「731부대」에 대해 교과서 서술을 전면 삭제하도록 요구한 것은 '재량권을 일탈한 위법적인 것'이라고 판

88) 藤原彰, 위의 논문, 11~12쪽 ; 俵義文, 『敎科書攻擊の深層』, 學習の友社, 1997, 68쪽.
89) 江里晃, 「資料 敎科書裁判·敎科書問題略年表 IV」, 『歷史學硏究』706, 1998, 24쪽.
90) 君島和彦, 「敎科書裁判三二年と歷史學」, 위의 논문, 45쪽.

정하여, 국가가 모두 40만엔의 손해배상을 지불하도록 명하였다.

이 판결에서 제1차 소송 이래 家永측이 일관해서 견지해온 교과서 검정의 위헌성 주장을 각하한 것은 문제라고 할 수 있다.[91] 그러나 제1차, 제2차 소송의 최고재판소 판결이 별다른 성과를 내지 않았던 것에 비해, 제3차 소송에서는 최고재판소에서 교과서 검정의 위법성을 일부 인정하여 문부성의 恣意的 검정을 제한할 수 있게 되었다는 점은 높이 평가되었다.[92] 그러나 재량권남용의 기준이 된 「간과하기 어려운 과오」론은 위법판단의 기준으로서 안정성이 부족하다는 것이 명확해졌으며, 그리고 제1차, 제2차, 제3차 소송의 최고재판소의 판결을 통해 재판관에 따라 판단이 차이가 남을 확인할 수 있었다.[93]

8. 결 론

이상 일본의 검정제도 하의 역사교과서 문제를 家永교과서소송을 중심으로 1997년까지 살펴보았다. 일본의 교과서 검정제도는 일본이 패전으로 GHQ의 지시를 받고 있던 시기에 만들어졌다. 패전 후 일본의 구지배층은 미국의 점령정책의 전환과 함께 살아남아 과거의 국정제와 같은 생각으로 검정제를 운영하고자 하였다.

이러한 일본의 교과서 검정제도에 대해 정면으로 대결한 사람이 家永三郎이었다. 그는 교과서 저자로서 검정제도의 문제점을 절실하게 느꼈다. 그는 과거 교과서 내용이 정부 마음대로 되어 그 교과서로 교육받은 결과 일본인이 주체적 판단력을 잃고 그 결과 침략전쟁을 저지할 수 없

---

91) 歷史學硏究會委員會, 「第3次家永教科書檢定訴訟最高裁判決についての聲名」, 『歷史學硏究』706, 1998, 3쪽.
92) 歷史學硏究會委員會, 위의 글, 3쪽 ; 家永教科書訴訟辯護團, 위의 책, 216쪽.
93) 家永教科書訴訟辯護團, 위의 책, 216~217쪽.

었던 역사를 돌아보고, 국가의 교과서 검정제가 일본국 헌법을 위반하고 있다는 것을 알리고자 하였다.

　1965년에 시작되어 1997년에 끝난 교과서재판을 돌이켜 본다면, 원래 교과서 소송에서 원고측이 추구했던 검정제도가 위헌이라는 판결은 획득하지 못한 채 끝났다. 최초의 판결로, 가장 높은 평가를 받고 있는 杉本판결조차 家永교과서에 대한 검정은 국민의 교육권과 사상의 자유를 침해하였기 때문에 違憲·違法이라고 하면서도, 검정제도 자체는 合憲·合法이라고 판결하였다. 그 후의 모든 판결은 모두 국가측의 입장을 받아들여 검정 제도를 합헌·합법으로 인정하고, 검정 의견에서 재량권 남용이 있었는지에 초점을 맞추었다.

　판결에서는 바라던 성과를 얻지 못하였지만, 교과서 재판 과정을 통해 역사학자들이 현실정치와 대치해야 한다는 치열한 문제의식을 가지고 연구에 매진하여, 전쟁 책임을 기술하게 되었던 것은 성과라고 할 수 있다.[94] 특히 전쟁 책임에 관한 논의는 1989년 1월 昭和천황의 죽음으로 昭和시대가 끝나고 「종군위안부」 할머니들의 증언이 이어지면서 더욱 활발해졌다. 제국주의 일본이 아시아에 끼친 가해를 인식하여 전후 보상 문제에 대해 관심을 촉구하는 교육 실천도 이루어졌고, 소 ,중, 고교의 교과서에서도 아시아에 대한 가해 사실, 한국에 대한 식민지지배 실태에 대해 지면이 늘어났다. 그리고 재판에 관한 신문 보도 등을 통해 일본 국민들이 국가, 문부성, 법원의 실체를 알게 되어, 재판에 관심을 가지고 지원하면서 국민적인 사상, 문화운동을 전개할 수 있었다는 점도 家永재판의 중요한 성과라고 할 수 있다.[95] 일본정부가 검정을 통해 일본제국주의와 군국주의의 사실을 은폐하기 위해 노력하고 있다는 것을

---

94) 歷史學硏究會委員會, 위의 글, 3쪽 ; 君島和彦, 「歷史學·歷史敎育と敎科書裁判支援運動」, 『歷史評論』 695, 2008, 11쪽.
95) 菊池克美, 「敎科書訴訟とは何か」, 위의 논문, 25쪽.

외국이 알게 된 것도 이 재판을 통해서였다.[96)]

그러나 이러한 움직임에 대해 자민당정부와 문부성은 검정을 강화하는 한편, 신 황국사관과 침략전쟁 미화라는 특징을 가진 우파의 교과서를 검정에서 통과시켜, 헌법 개악의 목표를 달성하고자 하였다. 1986년에는 고등학교 교과서 『신편일본사』를 검정에 통과시킨 적이 있는 문부성(2001년부터 문부과학성)은 1990년대 중반부터 시작된 제3차 교과서공격과 함께 등장한 「새로운 역사교과서를 만드는 모임」의 중학교 역사교과서를 2001년과 2005년(이상 扶桑社)과 2009년(自由社)의 검정에서 통과시켜 「근린제국조항」을 무색하게 하였다. 그리고 2007년의 검정에서 군부의 沖繩縣民의 집단자결 강요를 검정에서 수정하도록 한 것이 알려져, 沖繩縣民들의 거센 항의로 다시 수정되는 일이 벌어졌다.[97)]

이러한 움직임은 1997년 家永교과서 재판이 종결된 후에 1998년 「역사학관계자의 모임」이 해산하고 그 후 교과서 집필자 간의 연계도 없어지는 등 검정을 감시하는 운동이 약화된 것과 관련이 있다.[98)] 이것은 끊임없이 관심을 가지고 감시하지 않는 한 교과서 검정제도는 문부(과학)성에 의해 얼마든지 자의적으로 운영될 수 있다는 것을 말해주는 것으로, 이러한 검정제도 하에서 家永교과서소송이 일본의 역사 교과서에 얼마나 큰 영향을 끼쳤는지 다시 생각하게 한다. 家永三郎은 제1차 소송의

---

96) 永原慶二는 1990년까지의 소송의 판결을 되돌아보면서, 이 점에서 법적으로는 국가측의 승소처럼 보이지만 윤리적으로는 패배한 것이라고 하였다(「敎科書檢定の思想と『國』の歷史認識」, 『歷史評論』 487, 1990, 9쪽).

97) 일본군이 沖繩戰에서 沖繩縣民에게 집단자결을 강제하였다는 기술에 대해 1994년, 1997년, 2002년의 검정에서는 아무런 검정의견이 없었다(坂本昇, 「敎科書檢定の現況と問題點」, 『歷史評論』 695, 2008, 37~38쪽). 林博史는 文部省이 검정에서 沖繩戰에 대한 교과서 기술을 고치도록 강제한 배경으로 역사학연구회조차 「慰安婦」문제나 沖繩戰 등과 같은 전쟁범죄와 전쟁책임연구에 소홀하였던 것을 들고 있다(「沖繩戰『集團自決』への敎科書檢定」, 『歷史學硏究』 831, 2007, 32쪽).

98) 石山久男, 「『軍の强制』認めなかった訂正申請」, 『歷史學硏究』 839, 2008, 41쪽.

제1심판결 때에 "붉은 해는 지지만 '최후의 법정'을 믿는 마음 우울하지 않네"라는 和歌를 읊었는데, 그의 오랜 동지 菊池克美는 家永이 생각한 최후의 법정은 역사의 법정일 것이라고 추측하였다.[99] 그 역사의 법정은 현재 開廷 중이다.

---

99) 菊池克美, 「最高裁·敎科書訴訟判決私觀」, 『歷史學硏究』 508, 1982, 29, 31쪽.

'새역모' 발간 교과서의 검정실태에 나타난 일본 교과서 검정제도의 문제점

남 상 구*

1. 머리말

일본 정부는 2009년 4월 9일 '새로운 역사교과서를 만드는 모임'(이하, '새역모'로 표기)이 지유샤(自由社)를 통해 검정을 신청한 중학교 역사교과서에 대해 합격판정을 내렸다. 한국 정부는 외교통상부 대변인 명의의 성명을 통해 즉각 과거의 잘못을 합리화하고 미화하는 그릇된 역사인식에 기초한 역사 교과서가 일본 정부의 검정을 통과한 데 대해 항의하고 이 문제의 근본적인 시정을 촉구했다.[1] 그러나 시오노야 류(塩谷立) 일본 문무과학상은 4월 10일 "(검정은) 엄정하게 실시되었음을 이해해 주기 바란다."[2]고 일본 정부의 견해를 밝혔다. 2001년, 2005년 검정 결과 발표 시에도 일본 정부는 검정기준과 '근린제국조항'[3]을 적용하여

---

* 동북아역사재단 연구위원

1) 한국 외교통상부 홈페이지(http://www.mofat.go.kr/main/index.jsp)
2) 『産経新聞(인터넷 판)』 2009.4.10.
3) 1982년 교과서 검정에서 일본 정부가 '침략전쟁'을 '진출'로 수정하도록 지시한 것이 국제적인 파문을 불러일으켰다. 이에 일본 정부는 동년 11월 24일 사

엄정하게 검정을 실시했다는 점을 강조한 바 있다. '새역모'도 2009년 4월 9일 성명을 통해 "문부과학성의 꼼꼼한 검정을 통해 사실(史實)의 정확성이 높아졌고 표현이 개선되었다"고 검정을 통해 객관성이 인정된 교과서라는 점을 부각시켰다.

'새역모' 교과서(扶桑社版)의 내용에 대해서는 2001년 발간 이후 다양한 분야에서 많은 연구가 이루어졌다. 2005년판 교과서 내용에 대해서도 많은 선행연구가 이루어졌는데, 이번 검정을 통과한 교과서(自由社版)가 2005년판과 내용이 대동소이하다는 점에서 선행연구는 2009년판 교과서를 비판하는데 있어서도 유효하다고 할 수 있다.[4] 그러나 일본 정부가 검정제도를 내세워 일본 정부의 책임을 회피하고 있고 '새역모'가 검정을 들어 객관성을 확보했다고 주장하고 있음에도 불구하고 '새역모' 교과서의 검정의 실태 및 검정과정을 구체적으로 분석한 연구는 없는 실정이다.[5]

본고의 목적은 첫째, 일본의 교과서 검정제도의 문제점을 교과서 조사관제도에 초점을 맞추어 검토하는 것이다.[6] 둘째, 2001년 이후 '새역

회과 교과서 검정기준에 "근린 아시아 여러 나라와 관련된 근현대의 역사를 기술하는 부분에서는 국제이해와 국제협조의 견지에서 필요한 배려를 해야 한다"는 조항을 신설했다. 이를 일반적으로 '근린제국조항'이라고 부른다.
4) 선행연구 목록은 동북아역사재단 편, 2009, 『한일 역사현안관련 연구논저 목록 일본 역사교과서』를 참조하기 바란다.
5) 2007년도 일본 고등학교 일본사 교과서 검정에서 문부과학성이 오끼나와 주민 집단자결에 관한 기술에 대한 수정을 요구한 것을 계기로 교과서 검정제도의 현황과 문제점에 대한 지적이 제기되었다. 대표적인 연구로는 石山久男, 「沖繩戰檢定問題が明らかにした教科書檢定システムの問題点」 『歷史學硏究 (増刊)』 第846号, 2008 ; 坂本昇, 「教科書檢定の現況と問題点-「集団自決」檢定を中心に」, 『歷史評論』 第695号, 2008 ; 林博史, 「沖繩戰『集団自決』への教科書檢定」 『歷史學硏究』 第831号, 2007이 있다.
6) 2007년도 일본 고등학교 일본사 교과서 검정문제가 조사관이 작성한 조사의 견서가 발단이 된 것을 계기로 교과서 조사관의 문제점에 대한 지적이 각주 5에서 소개한 연구 등을 통해 활발하게 제기되었다.

모'가 발간한 교과서에 대한 검정실태를 분석하고 이를 통해 일본의 역사교과서 왜곡을 수정하는 데 있어 검정제도가 갖는 의의와 한계를 명확히 하는 것이다. 셋째, 2001년 이후 한국 정부와 시민단체는 '새역모'의 교과서 왜곡을 시정하기 위한 하나의 방법으로 일본 정부에 '수정 요구서'를 전달해 왔는데, 이 방법이 갖는 유효성에 대해 검토하는 것이다.

2. 일본의 교과서 검정제도와 교과서 조사관

일본의 교과서제도는 검정제도이다. 문부과학성은 교과서 검정제도의 목적에 대해 '교과서의 저작·편집을 민간에 맡김으로써 저작자의 창의성을 기대함과 동시에 검정을 통해 적절한 교과서를 확보'하는 것[7]이라고 설명한다. 그러나 일본 정부는 적절한 교과서 확보라는 명분하에 교과서 기술내용을 통제해왔는데, 이에나가 사부로(家永三郎)의 교과서 소송은 이러한 사실을 상징적으로 보여준다.[8]

문부과학성이 어떤 시스템을 통해 교과서 기술을 통제하는지 살펴보도록 하겠다. 교과서 검정의 구체적인 절차는 <표 1>과 같다.

검정절차를 보면 먼저 출판사가 학습지도요령 및 해설서와 도서검정기준에 기초하여 자율적으로 교과서를 제작하여 문부과학성에 검정을 신청한다.[9] 도서검정기준에는 '교과용도서검정규칙'(1989.4.4 문부성령 제20호), '의무교육제학교교과용도서검정기준'(1999.1.25 문부성고시 제

---

7) 문부과학성 홈페이지(http://www.mext.go.jp)
8) 家永敎科書訴訟弁護團, 『家永敎科書裁判─三二年にわたる弁護団活動の總括』, 日本評論社, 1988.
9) 검정주기는 일반적으로 4년을 단위로 실시된다. 단 학습지도요령 개정으로 인해 이 주기가 바뀌는 경우도 있다. 4년을 단위로 할 경우 2009년 이후의 검정은 2013년이 되나, 개정된 학습지도요령(중학교)이 2012년부터 적용되기 때문에 다음 검정은 2011년에 이루어진다.

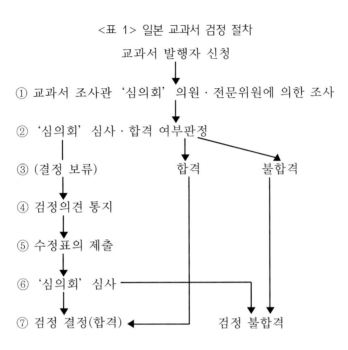

<표 1> 일본 교과서 검정 절차

교과서 발행자 신청

① 교과서 조사관 '심의회' 의원 · 전문위원에 의한 조사

② '심의회' 심사 · 합격 여부판정

③ (결정 보류)   합격   불합격

④ 검정의견 통지

⑤ 수정표의 제출

⑥ '심의회' 심사

⑦ 검정 결정(합격)   검정 불합격

15호)이 있다. '의무교육제학교교과용도서검정기준'의 사회과에는 앞에
서 언급한 '근린제국조항'이 포함되어 있다. 검정을 신청한 도서는 문부
과학성 산하기구인 '교과용 도서 검정조사 심의회'(이하, '심의회')가 상
기 검정기준을 근거로 검정을 실시한다. '심의회'는 신청된 교과서에 대
해 교과서 조사관과 '심의회' 위원이 사전에 실시한 조사 내용을 근거로
심사를 진행한다.[10] 전문적 사실에 대해 조사할 필요가 있을 경우에는
'심의회'에 전문위원을 둘 수 있다.

1년차	2년차	3년차	4년차
4월~다음해 3월	4월~다음해 3월	4월~다음해 3월	4월
편집	검정	채택, 공급	사용

10) '심의회'에는 대학교와 초·중·고등학교 교원 등으로 구성된 위원과 임시위원
이 있다. 2008년 8월 20일 현재 위원 30명, 임시위원 99명이 활동하고 있
다.(문부과학성 홈페이지, http://www.mext.go.jp)

교과서 조사관은 문부과학성의 직원으로 검정 신청을 한 교과서를 조사하고 부적절한 기술에 대해서는 교과용도서검정기준을 근거로 조사의견서(검정의견서)를 작성하여 '심의회'에 제출하는[11] 등 교과서 검정에서 결정적인 영향력을 행사한다.[12] 2007년 일본 국내에서 커다란 파장을 불러일으켰던 고등학교 일본사 교과서의 오끼나와전 주민 집단자결 기술 수정요구도 교과서 조사관이 작성한 조사의견서가 발단이었다.[13] 사카모토 노보루(坂本昇, 고등학교 일본사 교과서 집필자)에 따르면 조사관이 작성한 조사의견서가 '심의회'에서 논의 없이 그대로 검정의견서로 결정되었다고 한다.[14] 그리고 교과서 저자가 '심의회'의 검정의견에 대해 이의를 신청할 수 있는 제도는 있으나 검정 일정상 현실적으로 이의를 제기하는 것이 불가능하다고 한다.[15]

문부과학성의 발표에 따르면 현재 교과서 조사관은 51명으로 사회 과목은 일본사4, 정치경제4, 세계사3, 지리3, 윤리2 총 16명이다.[16] 교과서 조사관의 선발기준(2009.4.1 이후 적용)은 ① 담당교과에 대해 대학의 교수 또는 준교수의 경력을 갖거나 이에 준하는 고도의 전문적 학식 및 경험을 갖는다고 인정되는 자, ② 시야가 넓고 인격이 고결한 자, ③ 초등 및 중등 교육에 관한 이해와 식견을 갖고 있으며 관련 법령에 정통한

---

11) 「審議會委員と敎科書調査官の役割や選任について」(문부과학성 홈페이지, http://www.mext.go.jp)

12) 교과서 조사관의 의견이 교과서 검정에 그대로 반영된 사실은 이에나가 사부로 교과서 재판에서도 증명된다.(家永敎科書訴訟弁護團, 『家永敎科書裁判―三二 年にわたる弁護団活動の總括』, 日本評論社, 1988, 244쪽)

13) 『しんぶん赤旗』 2007.10.14.

14) 坂本昇, 「敎科書檢定の現況と問題点―「集団自決」 檢定を中心に」 『歷史評論』, 第695号, 2008, 42쪽.

15) 坂本昇, 2008, 앞의 글, 41쪽.

16) 문부과학성은 3.31, 처음으로 교과서 조사관의 이름, 담당교과, 직력 등을 공표했다. 앞으로 조사관이 작성한 의견서와 심의회 의사록 개요 등도 공표할 예정이라고 한다.(『朝日新聞 (인터넷 판)』 2009.4.1)

자, ④ 현재 발행되고 있는 교과용 도서 및 교사용 지도서의 저작이나 편집에 종사하지 않은 자, 기타 교과서의 발행자와 밀접한 관계가 없는 자로 되어 있다.[17] 1969년부터 적용되어 온 '교과서 조사관 선발기준'도 '사상이 온건 중성으로 신체 건전한 자'라는 조항을 제외하면 상기 선발 기준과 대동소이하다.

문부과학성이 공개한 구체적인 선발과정을 보면[18] 먼저 담당 교과와 관련된 학회 회원이나 그 교과서에 고도의 학식경험 또는 담당교과의 지도경험을 가진 사람 등으로부터 후보자를 인선한다. 문부과학성 교과서과에 의하면 정년 퇴직자가 나오면 그 분야의 조사관 OB와 학회 관계자, 심의회 위원 등으로부터 추천을 받는다고 한다.[19] 그 후 담당교과와 과목에 관한 연구업적, 교육업적 등에 대한 서류심사를 실시하고 심사를 통과한 사람에 한해 면접을 실시한다. 면접은 대신관방심의관(초중등교육국 담당)과 교과서과장이 한다. 면접심사 후에는 대신관방심의관(초등중등교육국 담당), 주임 시학관, 초등중등교육기획과장, 교과서과장으로 구성된 '교과서 조사관 선고 검토위원회'를 개최한다. 초등중등교육국장이 상기 검토위원회의 결과를 토대로 최종 결정을 한다.

교과서 조사관의 선발기준과 선발과정을 보면 문부과학성의 입맛에 맞는 사람을 고를 수 있는 구조로 되어 있다. 즉 교과서 선발기준은 인격이 고결한 자, 이해와 식견을 갖춘 자, 정통한 자 등 그 기준이 매우 애매모호하며, 선발은 문부과학성 관료에 의해 이루어지고 있다. 따라서 조사관이 독립적으로 교과서를 조사하고 의견서를 작성한다고 하지만 여기에는 문부과학성의 의견이 반영되고 있다고 보는 것이 타당할 것이다.

---

17) 「敎科書調査官選考について」(문부과학성 홈페이지, http://www.mext.go.jp)
18) 앞의 글.
19) 『しんぶん赤旗』 2007.10.14.

또한 편향된 역사인식을 갖고 있는 사람이 교과서 조사관에 임명될 수도 있다는 점도 문제이다. 1998년 일본사 담당 주임 교과서 조사관으로 임명되었던 후쿠치 아츠시(福地惇)는 월간지 『MOKU』(默出版, 1998년 8~10월호) 좌담회에서 "교과서 검정 시 근린제국조항이라는 것이 있어서 일본은 침략전쟁을 해서 미안하다고 기술하지 않으면 안 된다", 현행 초등학교 6학년 사회과 교과서는 "거의 다 전쟁에 대한 속죄 팸플릿이다"고 발언했다.[20] 후쿠치는 이 발언으로 1998년 11월 26일 해임되었다.[21] 현재 후쿠치는 '새역모'의 부회장이다.

또한 현재 일본사 교과서 조사관으로 근현대사를 담당하는 데루누마 야스다카(照沼康孝)와 무라세 신이치(村瀬信一)는 '새역모' 교과서(扶桑社版)의 감수인 이토 다카시(伊藤隆)와 밀접한 관계에 있다. 둘 다 이토의 제자로 데루누마는 이토와 공저(共著)를 발간했고, 무라세는 이토가 총괄 책임자였던 공동연구를 수행한 적이 있다.[22] 이러한 경력을 가진 조사관이 교과서 검정에서 결정적인 역할을 수행하고 있는 것이다.

한편 교과서 검정문제를 검토하는 데 있어서는 하야시 히로후미(林博史)가 "아시아에 대한 가해 행위에 대한 기술에 검정의견이 붙으면 국제문제화되기 때문에 여러 가지 압력을 넣어 신청단계에서 기술을 줄이는 교묘한 방법이 지금 '효과'를 발휘하고 있다"[23]고 지적하고 있듯이 공식적인 검정제도 이외의 정치적 압력이라는 변수도 고려할 필요가 있다.

20) 『讀賣新聞』 1998.11.24.
21) 『讀賣新聞』 1998.11.27.
22) 『しんぶん赤旗』 2007.10.25.
23) 林博史, 「沖繩戰『集団自決』への教科書檢定」 『歷史學研究』, 第831号, 2007, 10쪽.

3. '새역모' 교과서 검정 결과에 대한
일본 정부의 견해

'새역모' 교과서는 2001년, 2005년, 2009년 3차례에 걸쳐 문부과학성의 검정을 통과했다. 검정 결과에 대한 문부과학성의 공식적인 견해를 정리하면 다음과 같다.[24]

첫째, 교과서 검정에서 집필자의 역사인식 등의 시비를 판단하는 것은 사상과 양심의 자유를 보장한 헌법에 저촉된다. 즉 역사교과서 검정은 국가가 특정한 역사인식과 역사사실 등을 확정한다는 입장에서 실시하는 것은 아니다. 둘째, 교과서 검정은 교과서의 구체적인 기술에 대해 그 시점에서의 객관적인 학문적 성과와 적절한 자료 등을 근거로 결함을 지적하는 것을 기본으로 하고 있으며, 최종적인 기술은 교과서 편집자의 권한이다. 셋째, 1982년 관방장관 담화와 1995년 무라야마 총리담화를 문부과학대신도 답습하고 있으며, 교과서 검정에 있어서 '근린제국조항'을 충분히 배려했다.

문부과학성은 2001년 한국 정부의 '새역모' 교과서 왜곡내용 시정요구(25개 항)에 대해서는 아래와 같은 이유로 거부했다.[25] 첫째, 교과서 수정요구에 대한 답변에서 현재의 학설에 비추어 볼 때 명백한 오류라 할 수 없는 내용에 대해서는 제도상 수정을 요구할 수 없다. 또한 다양한 학설 등이 존재하기 때문에 그 해석이 결정되지 않은 사항에 대해 일정한 해석을 바탕으로 기술하도록 요구할 수도 없다는 것이다. 그러나 일본 정부는 2006년 검정을 신청한 고등학교 일본사 교과서 검정에서는

---

24) 2001.4.3 문부과학성대신 담화, 2005.4.5 문부과학성대신 담화.(문부과학성 홈페이지, http://www.mext.go.jp)
25) 교육인적자원부 일본역사교과서왜곡대책반 편, 『일본 중학교 역사 교과서 한국 관련 내용 수정 요구 사항 및 일본 정부 답변 자료』, 2001, 70~71쪽.

객관적인 학문적 성과를 무시하고 오키나와전 '집단자결'이 일본군의 강요에 의해 이루어졌다는 기술을 수정·삭제할 것(5개사 7책)을 요구한 사례가 있다.[26]

둘째, 학습지도요령의 범위 내에서 구체적으로 어떤 역사적 사실을 취급하고 어떻게 기술할 것인지는 집필자의 판단에 맡겨져 있기 때문에 학습지도요령에서 반드시 다루어야 할 내용으로 지정되어 있는 사항 이외의 사항에 대해 추가로 기술하도록 지시할 수 없다는 것이다. 일본군 '위안부' 문제 등이 이에 해당된다. 단, 문부과학성도 명확한 사실의 오류인 '야모토 군세(軍勢)는 백제와 신라를 도와 고구려와 싸웠다'는 기술에 대해서는 정정이 필요하다고 인정했고 출판사가 자체 정정을 신청하는 형태로 정정하였다.

문부과학성 주장의 핵심은 교과서의 구체적 기술에 대해서는 현 시점에서의 객관적인 학문적 성과를 토대로 시정을 요구하는 것이 가능하나 역사인식의 문제에 대해 시정을 요구하는 것은 사상과 양심의 자유를 보장한 헌법에 저촉된다는 것이다. 따라서 '새역모' 교과서에 대해서도 구체적인 사실에 명백한 오류가 있을 경우에는 시정을 요구할 수 있지만 역사인식에 대해서는 시정을 요구할 수 없다는 것이다.

4. '새역모' 교과서 검정실태

1) 개요

2001년, 2005년, 2009년 문부과학성의 '새역모' 교과서에 대한 검정의견(지적사항)을 정리하면 아래 <표 2>, <표 3>과 같다.[27]

---

26) 林博史, 2007, 앞의 글.

<표 2> '새역모' 교과서에 대한 지적사항 분류

	2001년	2005년	2009년
① 일면적인 견해를 충분한 배려 없이 기술	14	3	
② 사료적으로 충분히 증명되지 않은 사실을 배려 없이 기술	1		
③ 오해할 수 있는 우려가 있는 표현임	54	62	40
④ 이해하기 어려운 표현	23	24	21
⑤ 부적절, 적절한 사항이 엄선되지 않음	14	2	7
⑥ 특정한 사항을 지나치게 강조	2		
⑦ 조화를 이루지 못함	2		
⑧ 부정확·오류	22	31	49
⑨ 표기가 통일되지 않음			17
⑩ 학생 발전단계에 비해 수준이 너무 높음	4		
⑪ 기타	1	2	2
계	137	124	136

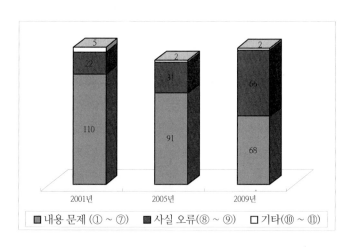

<hr/>

27) 2009년의 경우 1차 신청본에 대해서는 불합격 판결을 내렸다. 본고에서는 2차 신청본에 대한 검정의견을 검토했다.

　　<표 2>를 보면 2001년에는 '일면적인 견해를 충분한 배려 없이 기술' 등 기술 내용에 대한 지적이 80%를 차지하나, 2005년 73%, 2009년 50%로 점차 감소한다. 특히 2009년도에는 기술 내용에 대한 지적보다도 구체적인 표현 등을 문제 삼는 지적이 대부분을 차지한다.

<표 3> '새역모' 교과서에 대한 시대별 지적사항

	2001년	2005년	2009년
① 서장	3	3	10
② 고대	18	24	29
③ 중세	5	11	15
④ 근세	3	9	20
⑤ 근대	28	30	22
⑥ 제1차 세계대전 이후	80	47	40
계	137	124	136

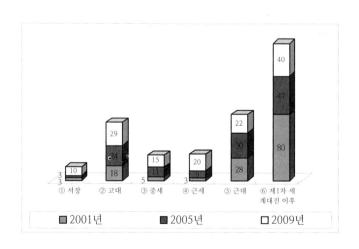

　　<표 3>를 보면 지적사항이 2001년도에는 근대와 제1차 세계대전 이후 부분에 집중되어 있다. 제1차 세계대전 이후 부분을 보면 2001년

58%, 2005년 38%, 2009년 29%로 점차 축소되고 있다. <표 2>과 <표 3>를 보면 2005년 검정과정에서 문부과학성과 '새역모'가 교과서 기술 내용에 대해 어느 정도 타협점을 찾은 것으로 보인다.

2) 근현대사 기술

'새역모' 교과서의 근현대사 기술에 대한 검정실태를 제1차 세계대전 이후를 대상으로 살펴보도록 하겠다. 먼저 내용별 지적사항과 시기별 지적사항은 <표 4>, <표 5>와 같다. 검정의견의 특징은 일면적 견해를 충분한 배려 없이 기술, 오해할 수 있는 우려가 있는 표현 등 기술 내용을 문제 삼은 지적이 급속하게 감소했다는 점과 제2차 대전시기의 기술에 대한 지적이 감소했다는 점이다.

<표 4> '제1차 세계대전 이후' 부분에 대한 내용별 지적사항

	2001년	2005년	2009년
① 일면적인 견해를 충분한 배려 없이 기술	7	1	
② 오해할 수 있는 우려가 있는 표현임	28	33	12
③ 이해하기 어려운 표현	15	6	8
④ 부적절, 적절한 사항이 엄선되지 않음	10	1	3
⑤ 특정한 사항을 지나치게 강조	1		
⑥ 조화를 이루지 못함	2		
⑦ 부정확·오류	13	5	10
⑧ 표기가 통일되지 않음			5
⑨ 학생 발전단계에 비해 수준이 너무 높음	4		
⑩ 기타		1	2
계	80	0	0

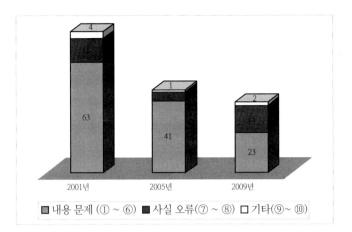

<표 5> 시기별 검정의견

	2001년	2005년	2009년
① 제1차 세계대전의 시대(1904~1927)	19	7	9
② 제2차 세계대전의 시대(1928~1945)	41	30	16
③ 일본의 부흥과 국제사회(1945~)	20	10	13
④ 기타	0	0	2
계	0	0	0

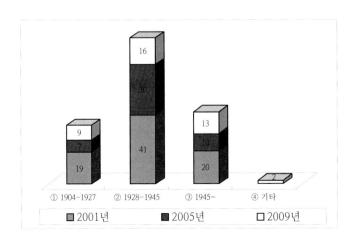

　또한 같은 오해할 수 있는 우려가 있는 표현이라고 해도 2001년은 내용 자체를 문제 삼은 데 반해 2009년은 단순한 표현의 문제를 지적하고 있는 경우가 대부분이다. 교과서 내용의 문제를 지적한 검정의견은 2001년 73곳, 2005년 39곳, 2009년 10곳으로 급격하게 감소한다. 이러한 경향은 검정의견을 반영한 수정기술의 분량에도 드러난다(<표 6> 참조). 즉 '새역모' 교과서의 내용은 2001년 검정과 2005년 검정을 통해 그 틀이 완성되었고 2009년 검정은 이를 확인한 것이라고 평가할 수 있다.

<표 6> 연도별 검정사례 비교(태평양전쟁의 성격에 대한 기술)

	신청 내용	검정의견	수정 내용
2001년	일본의 전쟁목적은 자위자존과 아시아를 구미의 지배로부터 해방하고 '대동아공영권'을 건설하는 것이라고 선언했다.	자위자존과 아시아의 해방을 목적으로 하여 싸운 전쟁의 실태에 대해 설명부족으로 이해하기 어려운 표현이다.	검정의 지적사유인 '실태'에 대해서는 284~286쪽의 번호 110~113쪽의 검정에 대응한 '대동아회의와 아시아 여러 나라'에 엮어 넣었다. ※ 신청본의 원문은 그대로 유지되고 아래 내용이 추가됨.
			그러나 대동아공영권 하에서는 일본어 교육과 신사참배가 강요되었기 때문에 현지인들의 반발이 커졌다. 또한 전쟁의 국면이 악화되고 일본군이 현지 사람들을 가혹한 노동에 종사시키는 경우도 자주 일어났다. 그리고 필리핀과 말레시아 등처럼 연합군과 연계된 항일 게릴라활동이 활발하게 전개된 지역도 등장했다. 일본은 이에 대해 가혹하게 대처했고 일본군에 의해 죽거나 다친 사람도 다수에 이르렀다. 이 때문에 패전 후 일본은 이들 국가들에게 배상을 했다. 그리고 대동아공영권의 발상도 일본의 전쟁과 아시아의 점령을 정당화하기 위해 내세운 것이라고 비판받았다.
2005년	① 일본의 남방진출은 원래는 일본의 '자위자존'을 위한 것이	① 일본의 전쟁목적에 대해 오해할 우려가 있는 표현이다.	일본의 남방진출은 원래 자원의 획득의 목적으로 한 것이었지만, 아시아 여러 나라에서 시작되었던 독립의 움직임을

	었지만, ②아시아 여러 나라가 독립하기까지의 시계추를 빨리 돌리는 효과를 가져왔다.	② 아시아 여러 나라의 독립경위에 대해 오해할 우려가 있는 표현이다.	빠르게 하는 하나의 계기가 되었다. 각주② 이 때문에 패전 후 일본은 이들 국가들에 배상을 했다. 그리고 대동아공영권의 발상도 일본의 전쟁과 아시아의 점령을 정당화하기 위한 수단이었다고 비판을 받았다.
2009년	[대동아회의] 이 회의 이후, 일본은 구미세력을 배제한 아시아에 의한 대동아공영권 건설을 전쟁의 목적으로 보다 명확하게 내세우게 되었다.	'대동아회의'에 대해 오해할 우려가 있는 표현이다.	[대동아회의] 이 회의 이후, 일본은 "구미세력을 배제한 아시아인에 의한 대동아공영권 건설"을 전쟁의 표면적 목적으로 강조하게 되었다.

3) 근린제국조항

　근린제국조항은 '의무용 교육 제 학교 교과용 도서 검정기준(1999. 1.25, 문부성고시 제15호)' 제3장 사회과('지도'를 제외)'의 <2. 선택 취급 및 조직·분량> (4)에 "근린 아시아 여러 나라와의 근현대 역사적 사실을 취급함에 있어 국제이해와 국제협조의 견지에서 필요한 배려를 할 것"이라고 명시되어 있다. 그런데 문부과학성이 발표한 교과서 검정의 견서의 검정기준 항목을 살펴보면[28] 근린제국조항이 구체적으로 어떻게 적용되었는지 알 수 있는 자료는 없다.

　검정기준으로 적용한 것은 '의무용 교육 제 학교 교과용 도서 검정기준' 제2장 각 교과 공통의 조건 <1. 범위 및 정도(3항), 2. 선택·취급 및 조직·분량(16항), 3. 정확성 및 표기·표현(4항)>이었다. 아래 <표 7>의 지적사항은 국제이해와 국제협조의 견지에서 필요한 배려를 한 것으로 볼 수도 있다. 그러나 이러한 지적사항은 근린제국조항을 적용한 것이 아니라 '의무용 교육 제 학교 교과용 도서 검정기준' 2장의 '3. 정확성

---

28) 문부과학성 홈페이지(http://www.mext.go.jp)

및 표현·표기의 (2) 도서의 내용에 아동 혹은 생도가 그 의미를 이해하기 어려운 표현과 오해할 우려가 있는 표현이 없을 것'이라는 항목을 적용한 것이다.

<표 7> 교과서 검정의견서 사례(2001년)

검정의견서(2004)

수리번호	학교	교과	종목	학년
16-35	중학교	사회	사회(역사적 분야)	1·2

번호	지적 부분 쪽	지적 부분 줄	지적 사항	지적 사유	검정기준
110	207	9~12	일본의 남방진출은, …아시아 여러 나라가 독립하는 데 필요한 시계 바늘을 빨리 돌리는 효과를 가져왔다.	아시아 여러 나라의 독립경위에 대해 오해할 우려가 있는 표현이다.	3-(2)
111	208	14~18	한반도에서는 일중전쟁 개시 후 일본식 성명을 사용하는 것을 인정하는 창씨 개명이 행해져…	전시하의 식민지 등의 실태에 대해 오해할 우려가 있는 표현이다.	3-(2)

* 3-(2) : 도서의 내용에 아동 혹은 생도가 그 의미를 이해하기 어려운 표현과 오해할 우려가 있는 표현이 없을 것

일본 정부는 근린제국조항을 고려하여 검정을 실시했다고 주장하지만 근린제국조항이 어떻게 적용했는지는 불투명하다. 즉 근린제국조항은 일반적인 권고사항이라 할 수 있다. 그럼에도 불구하고 근린제국조항을, 일본 정부는 교과서 왜곡에 대한 국제적 비판을 비켜나가기 위한 수단으로, 한국 정부는 일본 정부에 대해 교과서 왜곡 시정을 요구하기 위한 정치적 수단으로, 일본 우익은 교과서 검정체제 아래서 기술할 수밖에 없는 負의 역사를 기술한 것에 대한 변명의 수단으로 사용해 온 측면

이 있다. 다만 '새역모'를 비롯한 일본 우익세력이 '근린제국조항' 자체의
철폐를 끊임없이 요구하고 있다는 점에서 이 조항이 교과서 왜곡을 견제
하는 기능을 하고 있다는 점 또한 무시할 수는 없다. 따라서 '근린제국조
항'의 이중성을 염두에 두면서 그 취지를 살려나갈 수 있는 방안을 모색
하는 것이 필요하다고 여겨진다.

5. 일본 교과서 검정제도의 의의와 한계

일본의 교과서 검정제도는 앞서 검토한 바와 같이 많은 문제점을 안
고 있다. 그러나 그럼에도 불구하고 검정제도가 부분적으로는 편향된 기
술에 대한 수정을 통해 교과서의 역사왜곡을 시정하는 기능을 했다는 점
은 인정할 필요가 있을 것이다. 검정에 의해 시정된 내용을 예로 들면
아래와 같다.

<표 8> 2001년

신청 내용	검정의견	수정 내용
1910(메이지43)년 일본은 한국을 병합했다(한국병합). ① 이것은 동아시시아를 안정시키는 정책으로 구미열강으로부터 지지를 받았다. ② 한국병합은 일본의 안전과 만주의 권익을 방위하기 위해서는 필요했지만, 경제적으로도 정치적으로도 꼭 이익을 가져오는 것만은 아니었다. 단 실행되었던 당시로서는 ③ 국제관계의 원칙에 따라 합법적으로 진행되었다. ④ 그러나 한국 국내에서	① 일본의 한국병합 시 서구열강이 병합에 대해 지지를 표명한 것으로 오해할 우려가 있는 표현이다. ② 한국병합에 대해 일면적으로 '필요'성과 '이익'이 기술되어 병합과 통치의 실태에 대해 오해할 우려가 있는 표현이다. ③ "국제관계의 원칙에 따라 합법적으로 이루어졌다"고만 기술하는 것은 병합과정의	② 일본 정부는 한국병합이 일본의 안진과 만주의 권익을 방위하기 위해 필요하다고 생각했다. ① 영국, 미국, 러시아 3국은 조선반도에 영향력을 확대하는 것을 서로 경계하고 있었기 때문에 이에 대해 이의를 제기하지 않았다. 이리하여 1910(메이지43)년 일본은 한국내의 반대를 무력을 배경으로 억압하고 병합을 단행했다(한국병합). ④ 한국 국내에서는 일부 병

는 당연히 병합에 반대하는 찬비양론이 있었고 반대파의 일부로부터 격렬한 저항이 있었다.	실태에 대해 오해할 우려가 있는 표현이다. ④ 한국 국내의 병합 반대파의 '격렬한 저항'이 일부밖에 없었다고 오해할 우려가 있는 표현이다.	합을 받아들이는 목소리도 있었지만 민족의 독립을 상실하는 것에 대한 극렬한 저항이 일어나 그 후에도 독립 회복을 위한 운동이 끈질기게 전개되었다. 한국병합 후 일본은 식민지로 만든 조선에 철도·관개시설을 정비하는 등 개발을 하고 토지조사를 개시했다. 그러나 이 토지조사사업에 의해 경작지에서 쫓겨나는 농민도 적지 않았다. 또한 일본어 교육 등 동화정책이 실시되었기 때문에 존선 사람들은 일본에 대한 반감을 강화했다. ③ 삭제
[국민의 동원](전체)	대만과 조선의 상황에 대해서는 거의 언급하고 있지 않아 전체적으로 조화를 이루지 못하고 있다.	〈아래 내용 추가〉 이러한 징용과 징병 등은 식민지에서도 실시되어 조선과 대만의 많은 사람들에게 여러 희생과 고통을 주었다. 이 밖에도 다수의 조선인과 점령하의 중국인이 일본의 광산 등에 끌려와 열악한 조건 아래서 노역 당했다. 또한 조선과 대만에서는 일본인으로 동화시키는 황민화정책이 강화되어 일본식 성명을 사용하게 하는 정책 등이 실시되었다.
[남경사건] 이 도쿄법정은 일본군이 1937(소화12)년 남경공략전에서 중국 민중 20만 명 이상을 살해했다고 인정했다. 그러나 당시 자료에 의하면 그 당시 남경 인구는 20만 명이었으며, 게다가 일본군 공략 1개월 후에는 25만 명으로 늘어났다. 이 밖에도 이 사건의 의	남경사건의 사실 여부와 희생자 수에 대한 연구 상황에 비추어 오해할 우려가 있는 표현이다.	이 도쿄재판에서는 일본군이 1937(소화12)년, 일중전쟁 시 남경을 점령했을 때, 다수의 중국인 인민을 살해했다고 인정했다(남경사건). 여전히 이 사건의 실태에 대해서는 자료상의 의문점도 제기되었고 여러 견해가 있어 현재도 논쟁이 계속되고 있다.

<u>문점은 많으며 현재도 논쟁</u> 이 계속되고 있다. <u>전쟁 중이</u> <u>었기 때문에 가령 살해가 있</u> <u>었다고 해도 홀로코스트와</u> <u>같은 종류는 아니었다.</u>		* 원문의 밑줄 부분은 삭제

<표 9> 2005년

신청 내용	검정의견	수정 내용
한국병합 후에 설치된 조선총 독부는 철도·관개시설을 정 비하는 등의 개발을 하고 토 지조사를 시작하여 <u>근대화에</u> <u>노력했다.</u>	식민지 정책의 일환이라는 것 이 이해하기 어려운 표현이 다.	한국병합 후 설치된 조선총독 부는 식민지 정책의 일환으로 철도·관개시설을 정비하는 등 의 개발을 하고 토지조사를 시작했다.
이 혼란 속에서 조선인들 사 이에 불온한 움직임이 있다는 소문이 퍼져, 주민이 만든 자 경단 등이 사회주의자와 조선 인을 살해하는 사건이 발생했 다.	사회주의자가 살해된 이유에 대한 설명부족으로 이해하기 어려운 표현이다.	이 혼란 속에서 조선인과 사 회주의자들 사이에 불온한 움 직임이 있다는 소문이 퍼져, 주민이 만든 자경단 등이 조 선인·중국인과 사회주의자를 살해하는 사건이 발생했다.
조선반도에서는 중일전쟁 개 시 후, <u>일본식 성명을 사용하</u> <u>는 것을 인정하는</u> 창씨개명이 행해져 조선인을 일본인화 하 는 정책이 <u>실시되었다.</u> 전쟁 말기에는 징병과 징용이 조선 과 대만에도 적용되어 다수의 조선인이 일본의 <u>광산 등에서</u> 열악한 조건 아래서 노역 당 했다.	전시 하 식민지 등의 실태에 대해 오해할 우려가 있는 표 현이다.	조선반도에서는 중일전쟁 개 시 후, <u>일본식 성명을 사용하</u> <u>게 하는</u> 창씨개명 등이 행해 져 조선인을 일본인화 하는 정책이 <u>강화되었다.</u> 전쟁말기 에는 징병과 징용이 조선과 대만에도 적용되어, <u>현지 사</u> <u>람들이 여러 희생과 고통을</u> <u>당했다.</u> 또한 다수의 조선인 과 중국인이 일본의 <u>광산 등</u> <u>에 끌려와</u> 열악한 조건 아래 서 노역 당했다.
공습의 피해 …메이지 이후, 일본의 국민 이 <u>처음으로</u> 체험한 패전이었 다.	학습지도요령에 제시된 '내 용'(5)의 가 "또한 (세계)대전 이 인류전체에 참화를 끼쳤다 는 것을 이해시킨다."에 비추 어 볼 때 일본인의 피해만을 기술하고 있어 취급이 부적절 하다.	…메이지 이후, 일본의 국민 이 처음으로 체험한 패전이었 다. <u>일본의 항복에 의해 제2차 세</u> <u>계대전은 종결되었다. 대전</u> <u>전체의 전사자는 2200만 명,</u> <u>부상자는 3400만 명이라고 추</u>

		정된다.
		(또한 206쪽에 중국의 희생, 207쪽에 동남아시아의 희생을 상기 검정에 대한 대응으로 추가했음.) *206쪽 : <u>이 전쟁은 전쟁터가 되었던 아시아 여러 지역의 사람들에게 커다란 손해와 고통을 주었다. 특히 중국의 병사와 민중은 일본군의 침공에 의한 다수의 희생자를 냈다.</u> *207쪽 : <u>일반 시민도 포함한 다수의 희생자가 나왔다.</u>

<표 10> 2009년

신청 내용	검정의견	수정 내용
[조선반도로부터 밀려오는 위협] 동아시아의 지도를 살펴보자. 일본은 유라시아 대륙에서 조금 동떨어진 바다에 떠있는 섬나라이다. 이 일본을 향해 대륙으로부터 한쪽 팔뚝과 같이 조선반도가 돌출되어있다. 양국의 이러한 지리적 관계는 오랜 역사 속에서 중요한 의미를 지녀왔다. 고대, 중국에 대제국이 등장했을 때 그 위협은 늘 조선반도를 경유하여 밀려들어왔다. 일본은 중국 대륙과 조선반도의 동향에 주의를 기울여야만 했다. <u>일본이 조선반도의 백제와 깊은 관계를 맺고 있었던 것은 그 하나의 사례이다.</u> 일본이 고대율령국가를 형성한 것도 동아시아에서의 자립을 지향한 것이었다.	〈불합격 사유〉 일본과 조선과의 관계에 대해 조선의 실태를 고려하지 않고 일면적인 견해를 충분한 고려 없이 기술하고 있다.	[일본의 독립과 조선반도] 동아시아의 지도를 살펴보자. 일본은 유라시아 대륙에서 조금 동떨어진 바다에 떠있는 섬나라이다. 이 일본을 향해 대륙으로부터 한쪽 팔뚝과 같이 조선반도가 돌출되어있다. 양국의 이러한 지리적 관계는 오랜 역사 속에서 중요한 의미를 지녀왔다. <u>고래(古來)로부터 조선반도에서 중국 등의 앞선 문명이 일본에 전해졌다.</u> 그러나 동시에 일본의 안전을 위협하는 세력이 조선반도까지 뻗치기도 했다. 일본이 고대율령국가를 형성한 것도 동아시아에서의 자립을 지향한 것이었다. 가마쿠라시대에 원구(元寇)의 거점이 된 것도 조선반도였다. 반대로 도요토미 히데

일본이 느꼈던 위협은 중세에 들어서 원구(元寇)에 의해 현실화 되었다. <u>그 공포의 기억은 일본인들 사이에 긴 세월동안 전해져 왔다.</u> 반대로 도요토미 히데요시가 조선반도에 출병한 일도 있었다. 에도시대에는 쓰시마를 통해서 도쿠가와 막부와 양호한 관계가 지속되었다.		요시가 조선반도에 대군을 보낸 적도 있다. 에도시대에는 쓰시마를 통해서 도쿠가와 막부와 양호한 관계가 지속되었다.
[조선의 근대화를 도운 일본] 이에 일본은 조선 개국 후, 조선의 근대화를 원조했다.	〈불합격 사유〉 조선의 근대화에 대해 오해할 우려가 있는 표현이다.	[조신의 근대화와 일본] 이에 일본은 조선 개국 후, 근대화를 시작한 조선에 대해 군제개혁을 원조했다.
[제2차 세계대전] 실제 전쟁에서 비무장인 사람들에 대한 살해와 학대를 전혀 자행하지 않은 국가는 없었다. 일본군도 <u>미국도</u> 전쟁 중에 침공한 지역에서 포로로 잡힌 적국 병사와 비무장 민간인들에 대한 부당한 살해와 <u>학대를 완진히 막지는 못했다.</u> ■ 공습·원폭투하와 시베리아 억류 한편, 2차 세계대전 말기에는 미국이 도쿄대공습을 비롯해 일본과 독일의 다수 도시에 무차별 폭격을 가하였고, 히로시마와 나가사키에 원폭을 투하했다.	〈불합격 사유〉 제2차 세계대전의 참화와 일본과의 관계에 대해 이해하기 어려운 표현이다.	[제2차 세계대전] 실제 전쟁에서 비무장인 사람들에 대한 살해와 학대를 전혀 자행하지 않은 국가는 없었다. 일본군도 전쟁 중에 침공한 지역에서 포로로 잡힌 적국 병사와 비무장 민간인들에 대한 부당한 살해와 학대를 자행하여 <u>엄청난 참화를 남겼다.</u> ■ 공습·원폭투하와 시베리아 억류 한편, 2차 세계대전 말기에는 미국이 도쿄대공습을 비롯해 일본과 독일의 다수 도시에 무차별 폭격을 가하였고, 히로시마와 나가사키에 원폭을 투하하여 <u>민간인을 무차별적으로 살해하였다.</u>

상기 내용을 보면 검정과정에서 원문의 편향된 내용이 어느 정도 시정되었음을 알 수 있다. 그러나 이러한 개별 내용에 대한 시정이 전체적

인 흐름을 바꾸지는 못한다는 한계를 안고 있다. '일본의 독립과 조선반
도'에 관한 기술을 보면, "고래(古來)로부터 조선반도에서 중국 등의 앞
선 문명이 일본에 전해졌다."는 기술이 추가되어 한반도 위협론 일변도
에서 벗어나고 있다. 그러나 한반도가 지리적으로 일본에 위협이 되었고
그 위협을 해소하기 위해 식민지화했다는 논리를 지탱하는 '팔뚝론'은
여전히 건재하다. 또한 <표 6>에 보이는 '태평양전쟁=아시아 해방론'
의 문제점은 니혼쇼세키신샤(日本書籍新社)가 대동아공영권을 '허구의
대동아공영권'이라고 제목으로 그 문제점을 비판한 것과 비교하면 명백
하게 드러난다.

2009년 지유샤판 교과서의 특공대와 공습에 대한 설명 및 사진도 검
정제도의 한계를 극명하게 보여준다. <표 11>은 특공대와 일본 공습에
사용된 B-29의 사진이다. <표 11>의 두 사진에 대한 설명에 오류와
왜곡은 없다.

그런데 두 사진은 설명하기에 따라 커다란 역사왜곡을 가져오고 잘못
된 역사인식을 심어줄 위험성이 있다. 즉 특공기에 의한 자살공격의 배
경으로 미국의 B-29에 의한 무차별 도시 폭격의 피해를 내세움으로써
특공기에 의한 공격에 역사적 정당성을 부여하고 있는 것이다. 이 교과
서 어디에도 일본이 1938년 2월부터 1943년 8월까지 중국의 도시 중경
(重慶)을 무차별 폭격했다는 내용은 나오지 않는다.[29] 상기 사진·설명과
교과서 본문의 "그러나 이러한 어려움 속에서 많은 국민은 열심히 일했
고 열심히 싸웠다. 이것은 전쟁의 승리를 바라고 한 행동이었다."(209쪽)
는 기술은 '새역모'가 교과서를 통해 무엇을 말하고자 하는지를 명백하
게 보여주고 있다. 또한 개별 사실에 대한 왜곡 없이 단순한 트릭만 사
용하여도 역사를 왜곡할 수 있다는 사실을 보여주고 있다.

---

29) 일본군에 의한 중경폭격에 대해서는 戰爭と空爆問題硏究會 編, 『重慶爆撃とは
何だったのか-もうひとつの日中戰爭-』, 高文硏, 2009를 참조하기 바란다.

<표 8> 특공대와 일본 공습(B-29) 관련 사진 및 설명

(우상) 아메리카 군함에 몸체공격을 하는 특별공격기. 1944년 10월 이후 막다른 골목에 몰린 일본군은 세계에서 유래를 찾아볼 수 없는 작전을 감행하기에 이른다. 폭탄을 탑재한 비행기를 승무원이 탄 채로 적의 군함에 돌진하는 자살공격으로 '특별공격대'(특공)라 명명하였다. 이 작전은 종전일까지 계속되어 약 3900명의 장병들이 사망했다. 사진 중앙에는 부딪히기 직전의 특공기가 보인다.

(좌하) 일본의 도시를 폭격하는 아메리카의 B-29
　　　장거리를 비행하고 대량의 폭탄을 탑재할 수 있었다. 3월 10일의 도쿄 대공습에서는 동서 5km 남북 6km의 구역에 정확히 소이탄을 투하하여 불의 장벽으로 사람들의 퇴로를 차단하였다. 이를 비롯해 일본의 도시들을 연이어 불태웠다. (209쪽)

　　문부과학성은 이러한 전체적 흐름에 대한 시정은 헌법에 규정된 사상의 자유를 들어 거부하고 있다. 그러나 위에서 검토했듯이 전체적인 흐름을 대상으로 하지 않고 개별 기술의 사실여부만을 따지는 현행의 검정 방법으로는 교과서 왜곡을 막지 못한다는 것은 명백하다.

6. 맺음말
-2011년 일본 중학교 역사교과서 문제 전망-

2006년 12월 22일, 아베 신조(安倍晋三) 내각의 '교육재생' 정책에 따라 교육기본법이 개정되었다. 신교육기본법은 '교육의 목표(제2조)'에 "전통과 문화를 존중하고 그것을 키워온 우리나라와 향토를 사랑함과 동시에 타국을 존중하고 국제사회의 평화와 발전에 기여하는 태도를 기를 것"이라고 '애국심' 교육을 명문화시켰다. 그리고 개정된 교육기본법에 따라 학습지도요령 개정이 추진된 결과 2008년 3월 28일, 초·중학교 학습지도요령이 개정·고시되었다. 개정된 교육기본법의 이른바 '애국심 조항'이 신학습지도요령 총칙에도 반영되어 '우리나라(일본)와 향토를 사랑하고'라는 문장이 추가되었다. 또한 2009년 3월 4일에는 '의무교육 제 학교 교과용도서 검정기준'이 개정되었다. 새 검정기준에는 '교육기본법에 명기된 교육의 목표 및 학교교육법 및 학습지도요령에 명기된 목표를 달성하기 위해, 이러한 목표에 기초해서 제2장 및 제3장에 게재된 각 항목에 비추어 적절한지 어떤지를 심사한다'는 내용이 추가되었다.[30] 따라서 일본 정부가 강조하는 '애국심 조항'이 2012년부터 사용되는 교과서 제작에 커다란 영향을 미칠 것으로 전망된다.

'새역모'는 2005년 검정을 통과한 후소샤판 교과서에 대해 "학습지도요령에 지시된 '우리나라의 역사에 대한 애정을 깊게 하고 국민으로서의 자각을 기른다.'는 '목표' 및 그에 기초한 '내용'을 가장 충실하게 반영한 교과서"[31]라고 주장했다. 2009년 검정을 통과한 지유샤판 교과서에 대

---

30) 새 검정기준에 대해 일본 우익은 "결론부터 말하자면 이번에는 문부과학성이 상당한 결의를 갖고 검정기준을 개정했다고 말할 수 있다."고 높이 평가했다 (村主眞人 「新檢定基準で敎育は蘇るか」『正論』2009.5, 263쪽).

31) '새역모'의 교과서 검정결과에 대한 성명 2005.4.5.

해서도 "개정된 교육기본법에서는 제2조에 '교육의 목표'를 새로 설정하고 그 안에 '공공의 정신', '전통과 문화의 존중', '우리나라와 향토를 사랑하는'(애국심·애향심) 등의 항목을 명기"했는데, 이러한 내용을 이번 교과서에도 권두 화보와 쇼와천황 특집을 통해 반영했다고 주장했다.[32] '새역모'가 만든 교과서는 학습지도요령에 충실히 따랐고 문부과학성의 검정을 통과했기 때문에 문제가 없다는 것이다. 시오노야 류(塩谷立) 문부과학성대신도 국회에서 하세 히로시(馳浩) 자민당 의원의 '지유샤 교과서가 개정교육기본법의 이념이 반영되어있다고 생각하는가'라는 질문에 대해 '그 나름 교육기본법의 개정을 토대로 작성했다고 생각한다'고 답변했다.[33] 따라서 2011년 검정에서는 '새역모'가 자신의 색깔을 분명히 드러내기 위해 좀 더 애국심을 강조하는 방향으로 기술할 가능성이 높다.

또한 2012년부터는 중학교 역사과목 학습시간이 연간 105단위(1단위 50분)에서 130단위로 증가되고, 학습지도요령의 '근현대사' 항목이 '근대사'와 '현대사'로 분리된다. 따라서 2012년부터 사용되는 역사교과서에는 한일 과거사 관련 기술이 양적으로 늘어날 가능성이 높아졌다.

교과서 왜곡을 시정하는 것은 현실적으로 가능한 것일까? '새역모'의 2005년판 교과서는 2001년판 교과서에 비해 반미적 기술이 대폭 삭제·수정되었다. 이것은 외교관 출신 오카자키 히사히코(岡崎久彦)의 "나는 초판 집필에는 전혀 관여하지 않았지만 우연한 기회에 현재 사용하고 있는 제2판에 관여했고 반미적인 서술은 전부 삭제했다"[34]는 발언에 나타

('새역모' 홈페이지, http://www.tsukurukai.com)

32) '새역모'의 교과서 검정결과에 대한 성명 2009.4.9.
('새역모' 홈페이지, http://www.tsukurukai.com)

33) 중의원-문부과학위원회-14호(2009.6.10)
(일본국회 홈페이지, http://kokkai.ndl.go.jp/)

34) 岡崎久彦, 「遊就館から未熟な反米史觀を廢せ」 『産経新聞』, 2006.8.24.

나있듯이 오카자키 개인의 역량에 의한 것이었다. 즉 현 검정체제 아래
서는 교과서 저자의 역사인식이 바뀌지 않는 한 교과서 기술을 바꾸기는
어렵다.

일본 정부는 앞으로도 교과서 검정에 대한 기존의 정책과 입장을 고
수할 것으로 보인다. 문부과학위원회에서 하세 히로시(馳浩) 의원의 교
과서 문제 대응에 관한 질의에 대한 이시카와 카즈히데(石川和秀) 외무
성대신 관방심의관의 답변은 이를 잘 보여준다.

> "(외교통로를 통해 한국 정부에게) '우리나라의 교과서 검정은 문부과학성
> 이 민간에서 저작, 편집한 도서를 학습지도요령과 검정기준에 기초하여 교과
> 서검정심의회의 학술적, 전문적 심의를 거쳐 엄정하게 실시하고 있으며 2008
> 년도 검정에서도 신중한 심사가 이루어졌다'고 답변하고 있다. 어쨌든 여러
> 외교통로 등을 포함해 말씀드리지만, 지금 말씀드린 입장을 누차 한국측에 전
> 달했습니다. 앞으로도 이러한 노력을 계속해 나가고자 합니다."[35]

2001년 이후 한국 정부와 시민단체는 '새역모' 교과서의 역사왜곡을
시정하기 위한 수단으로 일본 정부에게 '수정 요구서'를 전달했다. 그러
나 앞에서 검토한 바와 같이 일본 정부는 사상과 양심의 자유, 교과서
편집자의 권한 등을 내세워 시정요구를 거의 받아들지 않았다. 또한 지
유샤 교과서의 특별공격대 기술 사례를 통해 살펴보았듯이 일본 정부가
개별적인 사실의 적합성 여부만을 판단하는 현재의 검정방법 자체를 고
수하는 한 우익 교과서의 역사왜곡은 시정되기 어려울 것으로 보인다.
따라서 일본 교과서의 역사왜곡을 막기 위해서는 보다 다양한 방안이 모
색되어야 할 것이다.

---

35) 중의원-문부과학위원회-14호(2009.6.10) (앞의 글).

『신편 새로운 역사교과서』의 歷史觀과 향후의 展望

연 민 수*

1. 서언

지난 4월 9일 일본정부는 지유샤(自由社)판 '신편 새로운 역사교과서'의 검정합격을 공식 발표하였다. 2001년 일본에서 우익교과서가 문부과학성의 검정에 통과한지 만 8년만에 제2의 우익교과서가 출현한 것이다. 이번에 나온 교과서는 후소샤(扶桑社)판 '새로운 역사교과서'를 만든 '새로운 역사교과서를 만드는 모임'(이하 '새역모')에서 집필한 것이다[1].

4년마다 검정을 받는 일본교과서는 작년 3월이 검정신청의 해였지만, 개정된 신학습지도요령의 적용을 받는 2012년에 새로운 교과서를 출판할 예정이어서, 지유샤판을 제외하고 모든 역사교과서는 검정을 신청하지 않고 현행본을 그대로 사용하는 방침을 정했다. '나홀로' 검정신청한 '새역모'의 『신편 새로운 역사교과서』는 후소샤판『改訂版 새로운 역사

---

* 동북아역사재단 연구위원

1) '새역모'교과서는 2001년 한국교육개발원에서 분석집을 발간하였고, 2005년에는 역사연구단체협의회의 이름으로 학술회의를 개최하여『한국사연구』129집(2005)에 특집으로 출간하였다.

교과서』를 계승한다는 입장에서 『3訂版 새로운 역사교과서』로 했으나 후에 판권 등의 문제가 야기될 우려가 있어 '신편'이라는 용어를 관칭했다고 생각된다.

그러나 동일한 단체에서 편찬한 까닭에 일부 보완된 부분은 있으나 당초 예상한대로 대부분 일치하고 있다. 외형상으로 도판, 사진 등을 추가, 재배치하여 애써 차이점을 부각시키려는 의도가 보이는 정도이다. 문제는 이 교과서가 추구하는 이념이나 방향성에서 얼마만큼 진보했는지 혹은 후퇴했는가의 차이를 가늠해 볼 필요가 있다.

특히 戰後 連合國軍最高司令官總司令部(GHQ)에서 만든 교육기본법이 60년만에 개정되고 이에 기초하여 학교교육법, 학습지도요령도 개편되었다. 일본정부가 추구하고 있는 21세기 교육이념과 역사인식은 무엇이며, '새역모'교과서가 추구하는 역사관에 얼마나 영향을 주고 있는지 점검해 보고자 한다.

2. 『신편 새로운 역사교과서』의 출현과 배경

'새역모'가 출판사를 달리하여 유사한 교과서를 재차 만든 이유는 무엇일까. 이미 알려진대로 '새역모'는 과거 2번에 걸친 검정통과에도 불구하고 채택률에서는 각각 0.039%, 0.39%라는 제로에 가까운 수치에 머물렀다. 우익성향의 정재계, 언론, 시민그룹 등의 지원을 받아 전국적 조직망을 형성하면서 채택전략과 운동을 전개했지만, 의도한만큼 교육현장에까지 침투시키지는 못했다.

이러한 와중에서 책임의 소재를 둘러싸고 자체분열이 일어나 일부세력이 이탈하게 되고 집권당 우파의 지원을 받아 2006년 10월 日本敎育再生機構를 발족하였다[2]. 동 기구의 설립취지서에 '구교육기본법은 자국에의 사랑과 도덕심, 공공의 정신, 전통이 결여'되었음을 지적하고, 기본 방침으로 역사교과서 편찬 등 전통문화의 계승, 도덕교육의 충실, 성차별 부정교육과 과격한 성교육 반대 등을 5개 교육목표를 내걸었다. 교육재생기구의 발족식에는 당시 일본정부의 핵심 인물들이 축하메세지가 전달되는 등 정부측의 후원이 작용하고 있었음을 알 수 있다. 발족 직후 교육재생기구는 '교육재생'이란 격월간 잡지를 발행하는 등 활발한 홍보활동을 하고 있다.

교육재생기구의 활동은 한발 더 나아가 전위기구로서 '07년 7월 '교과서개선의 모임'(정식명칭은 '개정교육기본법에 기초한 교과서 개선을 추진하는 유식자 모임')을 조직하였다[3]. '07년 당시 아베내각이 성립시킨 '공공의 정신을 존중'과 '우리나라와 향토를 사랑하는 태도를 기른다'는 취지로 만든 「개정교육기본법」(2006 법률제120호)에 기초한 역사교과서 및 공민교과서 출판을 목적으로 해서 동 모임을 결성한 것이다. '교과서개선의 모임'은 교육재생기구의 교과서운동 조직으로 이른바 제2의 '새역모'의 출현을 의미한다고 할 수 있다.

'새역모'가 분열함에 따라 잔류세력은 새로운 활로를 모색하지 않을 수 없었다. 후소샤측이 '새역모'와 결별을 선언하고 이탈세력에 합류하였기 때문이다. 고립에 빠진 '새역모'는 자신들의 정체성 확립을 위해 새로이 지유샤라는 우익계열의 출판사와 손을 잡고 검정신청을 위한 교과서 집필에 들어갔다.

'새역모'측의 '07년 9월에 거행된 총회 의안서에 따르면, 차기 교과서에 대해 '역사교과서에 대해서는 전체 3할 정도 개정을 목표'로 하고 설립취지에 기초한 내용의 기본선은 견지하면서, 공민교과서는 백지에서

---

2) '日本教育再生機構'에 대해서는 웹사이트(http://www.kyoiku-saisei.jp/kiko/kiko.html#k03) 참조.

3) '教科書改善의 모임'에 대해서는 웹사이트(http://kyoukashokaizen.blog114.fc2.com/) 참조.

기획, 편집교과서 외장 등을 쇄신하여 새로운 상품으로서 시판할 것임을
표명하였다.

　양파로 나눠진 '새역모'와 '교과서개선의 모임'의 대립은 저작권을 둘
러싼 대립으로 전개되었다. 원래 '새역모' 소속의 집필진이 후소샤라는
출판사를 통해 교과서를 편찬했지만, 필자들이 갈라서고 출판사도 제각
기 달리하는 상황에서 저작권 분쟁은 간단히 해결되기 어려운 법적은 절
차가 필요하였다.

　'새역모'측은 2007년 6월 초대 대표집필자의 명의로 후소샤에 통지문
을 보내, '새역모' 역사교과서의 초판 및 개정판의 대표집필자로서 동시
에 저작권자 일동을 대표해서 현행판의 배급 및 귀사에 대한 저작권 사
용허가를 중지하고', 동시에 '교과서개선의 모임'측이 이쿠호샤(育鵬社)
에서 발행하는 교과서는 내용·형식·이념 등에서 '새역모' 교과서의 모방
을 허용할 수 없다는 입장을 표명하였다. 나아가 '08년 7월에는 후소샤
에서 발행한 『새로운 역사교과서』에 대해 2010년 3월 이후 출판 금지할
것을 법원에 가처분 신청을 했으나 동경지방재판소는 지난 3월 17일 '새
역모'측의 주장을 기각하였다[4]. 한편 '교과서개선의 모임'측에 따르면,
동 모임의 결성 당시 '새역모'의 후소샤 판권도 계승한다고 주장하고 있
어 이탈파에 의한 '새역모'측에 역제소가 예상되고 있어 저작권을 둘러
싼 양측의 대립은 더욱 격화될 것으로 보인다.[5]

---

4)『産經新聞』, 2009년 3월 17일자 조간. 이 결정에 불복한 '새역모'는 知的財産
　高等裁判所에 즉시 항공했으나 3월 27일 기각되었다.
5) '새역모'의 분열과 그 과정 등에 대해서는 '새역모' 웹사이트(http://www.
　tsukurukai.com/) 및 俵義文,『つくり會分裂と歷史僞造の深層』, 花傳社, 6~
　48쪽, 2008 참조.

3. 개정교육기본법·신학습지도요령과 '새역모'교과서

일본의 패전후 연합국군사령부가 천황제 군국주의 잔재인 1890년에 반포된 教育勅語를 폐기하고 평화헌법에 기초한 교육기본법을 제정한 것이 1947년이었다. 이 법이 오랜 진통 끝에 60여 년만인 2006년에 개정되었다. 개정된 교육기본법에 입각하여 학습지도요령도 개정되어 2008년 2월에는 중학교학습지도요령과 동 7월에 그 해설서가 공포되었다. 일련의 교육에 대한 법령의 개정으로 일본정부의 교육의 이념과 역사인식을 반영하고 있고, 모든 교과서는 이 기준에 따라 편찬해야 할 의무가 주어진다.

개정 교육기본법의 주요 목표는 애국심과, 공공의 정신, 전통의 존중이다. 단순히 생각하면 이것은 국민교육에 있어 지극히 당연하고 보편적 가치를 가진 이념으로 보일 수도 있다. 하지만 개정전의 교육기본법에서는 '진리와 정의', '개인의 가치', '근로와 책임', '자주적 정신'이 강조되어 있어 분명한 차이를 보이고 있다. 구법은 일본의 행한 침략과 전쟁범죄에 대한 역사적 경험을 다시는 되풀이해서는 안 된다는 취지로 만들어졌다. 개정교육기본법에 나타난 정신은 복고적 내셔널리즘 국가에의 봉사 강요라는 비판이 제기되고 있다. 戰前의 국가권력에 의해 강제적으로 국가가 필요로 하는 인간군 양성이라는 '국가전략'이 숨겨져 있는 것은 아닌가 생각된다.

실제로 교육기본법의 개정을 주도한 당시 安倍晋三 총리는 "국가를 유지하는데 어울리는 국민의 육성을 교육의 목표로 하고, 그 결과 나라를 사랑하는 태도가 교육의 목표"로서 거론하고, 애국심에 대한 평가에 대해 "일본의 전통과 문화를 배우는 자세와 태도는 평가의 대상이 된다"는 인식을 표명한 바 있다.

새로 개정된 학습지도요령도 이 신교육기본법에 따라 애국심과 전통문화의 존중이 반영되어 있다. 신학습지도요령의 학습 '목표'에는 '우리나라의 전통과 문화의 특색을 넓은 시야에 서서 생각하게 하고, 우리나라의 역사에 대한 애정을 깊게하고 국민으로서의 자각을 키운다'라고 하고 있다. 그 학습의 '내용'에 대해서는 역사상의 인물을 이해시켜 '존중하는 태도를 기른다'라고 하여 교육기본법의 취지를 충실히 따르고 있다.

검정결과가 발표된 직후 '새역모웹뉴스'에서는 다음과 같은 의견을 게재하였다. '새역모'교과서가 기타 교과서와 다른 점으로 개정된 교육기본법에 입각한 유일의 역사교과서로서, '교육의 목표'인 '공공의 정신', '전통문화의 존중', '우리나라와 향토를 사랑하는 마음'을 을 충실히 따르고 있고, 또 신학습지도요령의 방침을 앞서서 실현한 최초의 역사교과서임을 밝히고 있다. 이미 '새역모'는 1997년 취지서에서도 '전후의 역사교육은 일본인이 계승해야 할 문화와 전통을 잊어버리고 일본인의 자랑을 상실하였다'로 하듯이 일본정부의 교육의 이념을 체현하는 전위기구임을 자처하고 있다고 생각된다.[6]

---

6) '새역모'가 분열함에 따라 잔류해 있던 주류세력은 신임 회장에 藤岡信勝를 선임하고 차기 교과서 대표집필자로 역사에 藤岡信勝, 공민에 小山常美 이사를 선임하는 등 조직 개편을 단행하였다. 특히 공민교과서의 대표집필자로 선임된 小山常美의 현행 일본국헌법에 대한 인식을 보면 심각하다. 그의 주장을 요약해 보면 다음과 같다. 첫째, 헌법 전문에 일본의 역사도 전개하지 않고 일본의 신불에 대한 경의도 표시하지 않고 있다. 둘째, 헌법 제9조에서 자위방위전쟁의 권리와 자위전력을 포기하여 일본국협법은 보호국을 지향한 헌법이다. 셋째, 천황을 최고권위로 하는 것이 일본국가의 영속성, 독립성을 보장하는 것이다. 넷째, 일본국헌법 유효론이 교과서에 침략전쟁, 남경대학살, 일본군위안부와 같은 역사위조를 초래했다고 주장하고 역사위조를 정지한 역사교육을 재건하기 위해서는 일본국헌법을 무효화 하는 일이다(小山常美,「占領管理基本法としての『日本國憲法』歷史敎育再建のための必要な日本國憲法』の無效」 『史』, 2007년 7월호, 新しい歷史敎科書をつくる會). 이러한 주장은 향후 교과서 편찬에 반영될 것이고 집필의 방향성을 엿볼 수 있다.

4. 문부성 검정의 제1차 불합격 기사

'새역모'의 검정신청이 문부성에 정식으로 수용된 것은 작년 3월 말이었다. 지유샤를 통해 신청된 교과서는 국가공무원인 문부성 교과서조사관이 1차적으로 심사에 들어간다. 심사를 끝낸 교과서조사관은 조사의견서를 작성하여 전문가로 구성된 '교과서도서검정조사심의회'에 보내 교과서로서 적합한지에 대한 적법여부를 판단한다. 여기서 승인받은 조사의견서는 '검정의견서'란 명칭으로 출판사 및 집필자에 통지되고, 출판사 등은 검정의견서에 따른 수정표를 제출하여 받아들여지면 합격판정을 받게 된다.

이것은 정상적인 경우에 해당되고 1차 신청때 불합격 판정을 받으면 재신청해야 한다. 이번 지유샤판 교과서는 무려 516개소에서 문제점이 발견되어 재신청한 도서이다. 지적사항의 상당부분은 오탈자를 비롯한 용어, 문장의 부자연성, 사실관계의 오류 등 기초적인 문제였다. 그러나 이것이 1차 신청에서 불합격한 주요 요인은 아니고 역사관에 관련된 내용이 문제가 되었다. 1차 신청도서에 담겨져 있는 불합격 판정을 내린 내용을 살펴보자.

「朝鮮半島와 日本」(163쪽)이라는 특집칼럼을 설정하여 「朝鮮으로부터 오는 威脅」이라는 제목을 부쳐 다음과 같이 기술하고 있다.

　　동아시아의 지도를 보자. 일본은 유라시아대륙에서 조금 떨어져 바다에 떠 있는 섬나라이다. 이 일본을 향하여 대륙으로부터 하나의 팔뚝과 같이 조선반도가 돌출해 있다. 양국의 이 지리적 관계는 오랜 역사상에서 중요한 의미를 가져왔다.
　　고대 중국에 대제국이 출현할 때 그 위협은 언제나 조선반도를 경유해 왔다. 일본은 중국대륙과 조선반도의 동향에 주의를 기울이지 않으면 안 되었다. 일본이 조선반도의 백제와 깊은 관계를 맺은 것은 그 하나의 현상이다.
일본이 고대율령국가를 형성했던 것도 동아시아 중에서 자립을 위한 것이었
다. 일본이 느낀 위협은 중세가 되어 元寇에 의해 현실이 되었다. 그때의 공포
의 기억은 일본인 사이에 오랫동안 전해져 왔다. 반대로 豊臣秀吉이 조선반도
에 병력을 보낸 일이 있다. …

　검정에서 문제삼은 것은 밑줄친 부분이다. 문부성의 검정불합격 사유
서에는 "일본과 조선반도와의 관계에 대해서 조선의 실태를 고려하지
않고 일면적인 견해를 충분히 배려없이 거론하고 있다"고 지적하고 있
다. 이에대해 재신청본에서는 「朝鮮으로부터 오는 威脅」을 「日本의 독
립과 朝鮮半島」로 바꾸고, 내용에서는 "조선반도에 일본의 안전을 위협
하는 세력이 미친 일도 있었다. 일본은 중국대륙과 조선반도의 동향에
주의를 기울이지 않으면 안된다"라는 기술로 수정하였다. 그러나 지정
학적으로 한반도는 일본에 있어 위협이 되는 지역이라는 이른바 한반도
'팔뚝론'은 그대로 살아있다[7]. 일부 문장을 수정했지만, 기본적인 논리는
수정전이나 큰 차이가 없다. 이미 국내학계에서는 이 부분에 대해 강하
게 비판했던 사례가 있어 문부성으로서도 의식하지 않을 수 없어 불합격
판정을 내렸지만, 재신청본 역시 기본논리는 그대로 내포하고 있다. 문
부성의 입장도 '새역모'측의 논리에서 그다지 벗어나지 않음을 알 수
있다.

---

7) 2001년도 '새역모'교과서의 검정신청본의 '한반도와 일본의 안정보장'이란 항
　목에서 다음과 같이 서술하고 있다. "동아시아의 지도를 보자. 일본은 유라
　시아대륙으로부터 조금 떨어진 섬나라다. 이 일본을 향하여 대륙으로부터 가
　늘고 긴 팔뚝이 돌출되어 있다. 그것이 한반도이다. 한반도가 일본의 적대적
　인 대국의 지배 하에 들어가면 일본을 공격하는 절호의 기지가 되고 배후지
　를 갖지못한 일본은 자국 방위가 곤란하게 된다. 이 의미에서 한반도는 일본
　에 끊임없이 위협하는 흉기가 되기쉬운 위치관계에 있다". 여기서는 '흉기'라
　는 말을 사용하여 한반도를 '흉기'로 보는 인식을 보여주고 있다. 최종본에서
　는 삭제되었지만, 이들의 기본인식을 보여주는 용어라고 생각된다.

다음은 상기 칼럼의 「朝鮮의 近代化를 도운 日本」에서 라는 제목에서 "일본은 조선의 개국 후 조선의 근대화를 원조했다"라고 한 기술이다. 이 부분에 대해 문부성의 의견은 "조선의 근대화에 대해서 오해할 우려가 있는 표현이다"라고 하여, 재신청본에서는 제목을 '조선의 근대화와 일본'으로, 본문은 "일본은 조선의 개국후 근대화를 시작한 조선에 대해 군제개혁을 원조했다"로 수정하여 별문제없이 수용되었다.

「韓國併合」의 항목(172쪽)에서는 "조선총독부는 철도, 관계시설 등의 개발에 힘썼다"로 되어있던 신청본에 대해 "조선총독부의 시책에 대해서 오해할 우려가 있는 표현이다"라고 지적받아 이 내용을 삭제하고 한국 국내의 민족저항 운동의 내용으로 수정하였다.

위 2개의 내용은 이른바 일제에 의한 이른바 식민지근대화론인데, 직설적인 표현은 피했지만, 식민지근대화론의 잔영은 남아있고 그 외의 근대사 서술 부분에는 곳곳에 간취되고 있다.

「戰時國際法과 戰爭犯罪」라는 칼럼(214쪽)에서 "실제로 전쟁에서 비무장인에 대한 살해와 학대를 일체 범하지 않은 나라는 없었다. 일본군도 미국도 전쟁 중에 침공한 지역에서 포로가 된 적국의 병사와 비무장 민간인에 대해 부당한 살해와 학대를 방지하지 못했다"라고 서술하고 있다. 이 서술에 대해 불합격판정을 내린 문부성은 "제2차세계대전에 관한 참화와 일본과의 관계에 대해 이해하기 어려운 표현이다"라는 의견을 제시하였고, 재신청본에서는 "전시 국제법에서는 전투원 이외의 민간인을 학살하거나 포로가 된 적국의 병사를 학대하는 일은 전쟁범죄로서 금지되었다"로 수정하였다. 요컨대 전쟁중에 일어난 민간인 학살은 어느 국가도 예외일 수 없다는 불가피성을 주장하여 일본의 행위에 대한 정당성을 말하고 싶었던 것이다. 표현의 수정에도 불구하고 집필자의 근본 생각은 불변이라고 생각된다.

「大東亞會議」라는 항목(206쪽)에서 다음과 같이 기술하고 있다.

　　일본은 이들 아시아제국에 전쟁에의 협력을 구하고 아울러 그 결속을 표시
하기 위해 1943년(昭和18) 11월 동경에서 대동아회의를 개최했다. 회의에서는
연합국의 대서양헌장에 대항해서 대동아공동선언이 발효되고 각국의 자주독
립, 상호제휴에 의한 경제발전, 일종차별 철폐를 강조했다. 이 회의 이후 일본
은 구미세력을 배제한 아시아인에 의한 대동아공영권의 건설을 전쟁의 목적
으로서 보다 명확하게 내걸게 되었다.

　　이 기술에 대한 문부성의 검정불합격 이유는 "대동아회의와 戰後의
국제정세에 대해서 오해할 우려가 있는 표현이다"라고 지적하였다. 그
러나 2차 검정신청본에서도 1차 신청본의 기술을 그대로 제출하자, 문부
성은 "대동아회의에 대해서 오해할 우려가 있는 표현이다"라고 수정을
요구해, "이 회의 이래 일본은 구미세력을 배제한 아시아인에 의한 대동
아공영권의 건설을, 전쟁을 추진하는 목적으로서 강조하게 되었다"로
바꿔 검정 결정이 내려졌다. 또 「5장의 정리」항목의 「대동아회의」(228
쪽)에서는 1차 신청본에는 "이 회의에서 내건 이상의 일부는 戰後가 되
어 실현되었다"란 기술도 검정불합격 판정에 의해 삭제되었다.

　　대동아회의는 일본의 침략전쟁이 극에 달했던 1943년 11월에 개최된
것으로 일본의 세력하에 들어간 지역의 이탈을 막고, 전쟁수행에 필요한
물자의 공급을 원활하기 위해 당시 軍權을 장악하고 있던 東條英機 수
상에 의해 추진된 것이다. 문부성이 "대동아회의에 대해서 오해할 우려
가 있는 표현이다"라고 지적이 완전히 해소되 않은 채 '구미세력을 배제
한 아시아인에 의한 대동아공영권의 건설'이 강조되어 있다. 특히 1차
신청때의 기술이 2차 신청때 그대로 제출됐음에도 불구하고 불합격 판
정이 아닌 수정권유에 의해 검정통과를 결정한 것은 처음부터 합격을 염
두에 둔 배려라고 할 수 있다.

　　문부성의 검정의견은 1차 신청시에 516개소였으나, 2차때는 136개소
로 줄어들었다[8]. 지적사항의 대부분은 '표현의 부적절', '부정확', '이해

하기 어려운 부분', '앞뒤 문장의 불통일', '오류' 등이 많았다. 이상의 절차를 거쳐 '새역모' 교과서는 최종 합격판정을 받았지만, 문부성이 지적하지 않은 많은 부분에서 오류와 잘못된 역사관이 확인되고 있어 교과서로서 적절한 지에 대해 의연 문제점을 남기고 있다.

5. 교과서가 추구하는 역사관

1) 천황중심사관

개정된 중학교 신학습지도요령에 의하면 '역사상의 인물'을 이해시켜 '존중하는 태도를 기른다', 이어 '계승되어 온 전통과 문화에 대한 관심을 높힌다'라고 되어 있다. 바로 '역사상의 인물'의 대표는 천황이다. '새역모' 교과서에서 가장 중점을 둔 것은 천황이라는 인격체이다. 또 전통 문화이라는 말은 천황 그 자체를 규정하고 있다고 과언이 아닐 정도로 천황에 대한 역사적 평가와 배려를 적극화하고 있다. 일본에서 우익세력의 지향점은 천황제의 존속이고, 우익세력의 존립의 가치이고 기반이기도 하다. 이들은 '세계에서 가장 오래된 家系'라는 점에서 천황의 이용가치를 높게 평가하고 세계에 자랑할만한 일본문화의 상징으로 인식하고 있다. 지난 20세기의 식민지지배, 침략전쟁이 가능했던 것은 '일본=일본인=천황'이라는 삼위일체가 놀랄만큼 잘 기능했기 때문이고 일본국의 나아가야 할 방향성도 천황과 결부시키고 정도로 천황중심주의를 지향하고 있다.

이러한 점은 우선 일본의 건국신화에서 나타난다. 「神武天皇과 東征

---

8) 문부성의 '새역모' 교과서에 대한 검정의견은 2001년도에 137건, 2005년도 124건이고, 기타 교과서는 평균 51건으로 나타나 있다.

傳乘」(31쪽), 「日本의 神話」(44~45쪽) 등 2개의 항목에 3면을 할애하여 특집형으로 기술하고 있다. 「신무천황과 동정전승」에서는 초대천황으로 되어 있는 신무천황의 즉위사정에 대해 상세히 기술하고 있다. 천상계를 다스리는 天照大神의 직계자손을 지상으로 내려보내 강림지점인 日向의 高千穗에서 동방의 大和에 이르는 과정을 설명하고, 大和國을 평정하고 이곳에 궁전을 짓고 초대천황으로 즉위했다고 한다. 여기에 신무천황의 東征의 모습을 삽화로 넣고 2월 11일이 건국기념의 날이라고 설명문을 부치고 있다. 「日本의 神話」에서는 천지창조로부터 일본국이 만들어지는 과정을 신들의 세계를 통해 기술하고 天照大神이 일본국을 세운 천황가의 조상신임을 강조하고 있다. 그리고 신화에 등장하는 신들을 모시는 신사가 일본 각지에 존재하고, 특히 천조대신을 모시는 伊勢神宮의 사진을 삽입하여 천황가의 혈통이 천손강림하여 만세일계로 이어진다는 점을 부각시키고 있다. 본문이 시작하는 목차의 앞부분에는 「거기에 잠들고 있는 역사」라는 코너에 일본신화 중에 나오는 出雲大社에 대해 2면에 걸쳐 설명하고 있는데, 이 신사의 기원이 바로 천조대신이 지어준 것에서 유래하고 있음을 밝히고 있다. 건국신화와 관련된 서술이 무려 5쪽에 걸쳐 있어 다른 교과서에서는 볼 수 없는 기이한 현상이다.

일본의 건국신화는 『古事記』, 『日本書紀』 등 일본의 고문헌에 등장하는 이야기이다. 이들 사서는 천황가에 의한 일본고대국가 성립에 즈음하여 편찬한 것으로 천황가의 정통성 확립을 위해 국가 주도의 관찬서이다. 여기에는 천황이라는 권력자의 정치적 이념이 강하게 반영되어 있다. 예컨대 천황통치의 정당성, 천황가의 신성성, 주변제국에 대한 우월성 등 권력의 절대성을 과시하기 위한 이데올로기 사서이다. 신무천황이 즉위했다는 기원전 660년은 推古朝인 601년(辛酉年)에서 1260년을 역산한 것이다. 간지가 21번(60×21=1260년) 신유년에 국가적 혁명이 일어난다는 중국의 참위설에 근거해서 정했다.[9] 이 해에 건국기념의 날이라

고 규정한 2월11일 역시 후대에 조작임은 말할나위 없다. 건국신화는 문
자 그대로 신화이고, 정치적 이데올로기로서 만들어진 허구의 이야기이
다[10]. 교과서에 많은 지면을 할애하여 현실의 천황가와 혈통적인 연관
이 있는 듯이 기술하는 것은 감수성이 예민한 청소년들에게 사실의 역사
로서 받아들여질 우려가 있다. 이는 과거의 역사에 대한 기술이면서 현
실의 천황가에 대한 인식을 깊게 하려는 의도된 서술이다.

  '천황'호에 대한 기술에서도 이러한 점이 엿보인다. 「천황호의 시작」
이라는 표제어를 달은 항목(36~37쪽)을 보자. 중국황제에 보낸 편지에
"동방의 천황이 삼가 서방의 황제에게 말씀드린다"라고 기록되어 있다,
"일본의 자립의 자세를 표시하는 천황의 칭호는 그 후에도 계속적으로
사용되어 끊어지는 일없이 오늘날에 이르고 있다"라고 한다. 천황호의
사용에 관한 인용사료는 『日本書紀』推古朝 8년(608)조의 기사인데, 여
기에 나오는 천황호는 『日本書紀』편자의 윤색이라는 것은 학문적 상식
에 속한다. 木簡 등의 출토자료에 의해 빨라야 680년대인 天武朝에 비로
서 확인된다[11]. 또한 천황호의 사용하게 된 이유로 "중국에 자국의 지배
권을 승인받는 길을 택하고 싶지 않았다. 일본이 대륙에 흡수되어 고유
의 문화를 잃어버리는 일을 피하고 싶었기 때문이다"라고 서술하고 있

---

 9) 메이지시대의 역사학자 那珂通世가 「上世年紀考」(『那珂通世遺書』, 大日本圖書株
    式會社, 1915, 34쪽)에서 지적한 이래 일본사학계의 통설화되어 있다.
10) '새역모' 교과서의 신화의 서술에 대해 문제점을 지적한 논고로서, 李成市, 「古
    代史の問題點は何か」『歴史教科書何が問題か』, 岩波書店, 2001 ; 高橋明裕, 「古
    代史研究の視點から」原田敬一·水野直樹編 『歴史教科書の可能性』, 青木書店, 2002
    참조.
11) 1985년 飛鳥淨御原宮址의 외곽으로 부터 출토된 壬申의 亂 관계의 인명을 기록
    한 木簡 중에 辛巳의 干支가 새겨진 削片과 「大津皇」, 「津皇」, 「皇子」 등이 쓰여
    진 것이 발견되었다. 辛巳는 天武10년(681)이고, 大津皇은 大津皇子 즉 천무천
    황의 第3子에 해당한다. 요컨대 皇子의 문자가 확인된 것으로 부터 천황호는
    늦어도 천무10년에는 사용되었고, 아마도 동년 淨御原令의 편찬개시와 더불어
    채용되었을 것으로 보인다.

다. 실로 이해하기 어려운 자의적인 해석으로 편협한 황국사관의 표본을 그대로 보여주고 있다.

다음은 「중국의 황제와 일본의 천황」이라는 칼럼(37쪽)을 보자.

> 황제는 힘이 있는 자가 전쟁에서 구왕조를 쓰러뜨리고 전 황제를 죽음으로 몰아넣는 혁명에 의해 그 지위을 얻었다. 중국에서는 자주 혁명이 일어나 왕조가 교체되었다. 이에 대해 천황의 지위는 황실의 혈통에 기초해서 계승되어 갔다. 황제는 권력을 한손에 쥐었지만, 일본의 천황은 역사상 권력으로부터 떨어져 있던 기간이 길었다. 정치의 실력자는 시대가 바뀌어도 천황을 대신한 자는 없었다. 일본에서는 혁명과 왕조교대는 일어나지 않았다.

역사적으로 중국왕조와 비교하여 혁명에 의한 전왕조가 타도되고 황제가 죽음으로 내몰리는 중국역사에 비해 일본의 천황은 혈통에 의해 계승되는 이른바 존엄성 때문에 권력의 주체가 바뀌어도 황실이 존속하여 안정성을 유지할 수 있었다는 논리이다. 이것은 이른바 황국사관의 이념에 빠져있는 천황주의자들의 주장이기도 하다. 천황권이 가장 발달했던 古代에 있어서도 천황의 외척에 의해 권력이 좌지우지된 적이 많았고, 鎌倉시대는 물론이고 室町, 戰國, 江戶시대를 거쳐 근대천황제가 들어서기까지 천황의 존재란 일개 지방의 군소 大名보다도 못한 명목적인 존재에 불과했던 사실은 어떻게 설명할 것인가. 시대의 권력자들이 천황을 정치적으로 이용하기 위해 존속시켰던 역사적 사실을 애써 외면하고 있다는 느낌이다. 천황제 찬미가 노골화되어 있어 특정한 이데올로기를 주입시키려는 의도가 분명히 나타난다.

중학교 신학습지도요령의 시대별 서술 지침에 따르면, 고대사 부분에서 '聖德太子의 정치, 大化改新'을 '율령국가에 이르기까지의 과정'으로 자리매김하여 고대국가의 형성과 성립과정을 명확하게 할 것을 명기하고 있다. 성덕태자는 일본고대사에서 聖人으로 추앙받는 전승을 갖는 인물이지만, 상당부분은 후대의 윤색이다. 그가 생존했던 飛鳥시대는 정치적으로 蘇我氏라는 호족이 4대에 걸쳐 왕실의 외척으로서 왕권을 능가하는 권력을 행사하고 있었다. 이 교과서는 「성덕태자의 새로운 정치」라는 절을 2쪽에 걸쳐 설정하여 그의 치적을 소개하고 있다. 이에 반해 蘇我氏에 대해서는 제한된 지면을 이용하여 권력을 전횡한 惡人으로 묘사되어 있다. 蘇我氏의 타도에는 중대형황자라고 하는 왕실의 인물이 주도한 정변이다. 정변 이후 행해진 대화개신에 대해 "성덕태자 이래의 나라의 이상을 실현하기 위해 천황과 신하의 구별을 명확히 해서 일본독자의 국가질서를 수립하려고 한 것이다"라고 한다. 이것은 문부성 학습지도요령의 방침에 에 충실한 서술이다. 이 시대를 주도한 인물이 蘇我氏였음에도 불구하고 성덕태자만을 부각시킨 것은 왕실에 중심을 둔 천황중심사관에서 나왔다고 생각된다.

이번 검정본에 추가된 부분이 昭和天皇에 관한 내용으로 종전의 「昭和天皇」의 항목에 새로이 「昭和天皇의 말씀」을 추가하여 2개의 특집으로 기술하고 있다. 일본국을 건국했다는 신무천황과 더불어 가장 많은 지면을 할애하고 있다. 이른바 건국의 시조와 천황제가 부활하는 근대천황의 시조를 교과서의 전반부와 후반부에 배치시키고 있는 것이다. 2600년의 시공을 넘어 천황가의 혈통이 이어지고 있다는 만세일계의 사상을 두 인물을 통해 말하고 싶었던 것이다. 그에 대한 인물평은 국민을 사랑하는 평화주의자로 묘사되어 있다. 쇼와천황이 포츠담선언을 수락하고 항복을 선언하는 기술에서도 「聖斷을 내리다」라는 표제를 붙이고, 「聖斷 후의 昭和天皇의 발언」에서는 마치 전쟁의 종결이 일본국민을 사랑하는 마음에서 나온 천황의 '성단'에 의해 이루어진 듯 묘사하고 있다. 게다가 역사적 인물에 적합하지 않는 '말씀', '성단' 등 경어를 붙이는 등 이른바 왕조국가에서나 쓸 수 있는 복고적 용어가 등장하고 있다12).

---

12) 小學校學習指導要領에서는 「천황의 지위」에 대한 내용 설명 중에 대해 "천황에

「일본국헌법」의 항목을 보면, "정부는 GHQ가 제시한 헌법초안의 내용에 충격을 받았으나, 그것을 거부할 경우, 천황의 지위가 존속할 수 없게 될 우려가 있다고 생각하여 할 수 없이 이를 받아들였다"라고 서술한다. 만세일계의 천황이 통치하는 것을 國體로 삼은 戰前의 이념이 패전 이후의 평화헌법의 작성시에도 일본국과 일본국민에 앞서 천황의 지위를 논하고, 이를 정당한 것으로 받아들이고 있다. 주권재민이라는 새로운 국가원리에 기초한 지금의 민주주의 국가에서는 실로 부적합한 역사인식이라 아니할 수 없다.

2) 침략주의사관

천황중심사관과 더불어 이 교과서에 일관되게 나타나고 있는 역사관으로서 타국 침략과 지배를 정당화하고 일본국을 지키기 위한 불가피한 일로서 묘사하고 있다. 고대로부터 동아시아는 크고 작은 전쟁의 소용돌이에 휘말렸다. 특히 한반도에서 일어난 전란은 중국대륙과 일본열도에 연동되어 국제전의 양상을 띤 일이 있고, 근대에 들어서는 한반도는 열강들의 패권싸움의 戰場이 되고 식민지로 전락하는 민족적 수난을 받기도 하였다. 동아시아에서 일어난 전쟁은 자국의 이해관계에서 비롯된 것이고, 전쟁의 정당성을 주장하는 논리는 국익우선주의라는 배타적 역사관에서 나온 것임은 말할나위 없다.

우선 일본사에서 말하는 白村江전투에 대해 살펴보자. 이 전쟁은 나당연합군의 백제침공 때 백제의 요청을 받고 일본이 참여한 전쟁이다. 동아시아제국이 휘말린 이 대규모 전쟁에서 최후의 승자는 신라였고 한반도는 통일된다. 이때의 왜의 파병에 대해 이 교과서에서는 "반도남부

대해서의 이해와 경애하는 마음을 깊게 하도록 할 것"이라고 하여 초등학생에 대한 천황 교육의 지침을 내리고 있다.

가 당의 지배하에 들어가는 일은 일본에 있어서도 위협이었다"라고 서술하고 있다. 일본군 파병 이유에 대해서는 다양한 측면에서 견해가 제시되어 왔다. '일본열도 위기론'도 그 중의 하나이다. 이러한 논리를 과도하게 제시할 경우, 방위론적 전쟁이 아니라 일본군의 출병에 의해 한반도남부를 당의 지배로부터 해방시켜 일본열도의 안정을 꾀한다는 이른바 제국주의 전쟁론을 상기시킨다. 이 전쟁에 왜군의 참전을 "장렬한 싸움"으로 표현한 것도 애국주의 역사관의 표본이다[13].

이러한 인식은 근대사 서술에서 노골적으로 나타난다. 앞에서 언급한 「조선반도와 일본」이라는 컬럼의 「일본의 독립과 조선반도」(163쪽) 부분을 다시 한번 살펴보자. 동아시아의 지도를 보면, 일본은 동아시아의 바다에 떠있는 섬나라로서 이 일본을 향하여 대륙으로부터 하나의 팔뚝과 같이 한반도가 돌출해 있어, 이러한 양국의 이 지리적 관계는 오랜 역사상에서 중요한 의미를 가져왔다고 한다. 이어서 한반도에 일본의 안전을 위협한 세력이 미친 일이 있어 한반도의 동향에 주의를 기울이지 않으면 않된다, 한반도가 러시아의 지배하에 들어가면 일본을 공격하는 절호의 기지가 되어 섬나라인 일본은 자국의 방위가 곤란하게 된다는 구체적인 상황설정을 한다. 「조선을 둘러싼 日淸의 대립」에서도 "청은 최후의 유력한 조공국인 조선만은 상실하지 않는다고 하여, 일본을 적으로 간주하게 되었다. 일본이 日淸, 日露 두 전쟁을 하게 된 배경에는 이러한 동아시아의 국제관계가 있었다"고 서술하고 있다. 이것은 외부세력이 한반도에 들어오기 전에 일본이 선점해야 한다는 발상이다. 침략의 논리를 방어의 논리로서 포장한 자기본위의 주장이다.

이러한 서술태도는 일본의 한국강제병합 직후인 1910년에 발행된 국정교과서의 논리를 그대로 답습하고 있다. 여기에 의하면, "우리 천황폐

---

13) 졸고, 「일본중학교 역사교과서의 고대사 서술과 역사인식」『한국사연구』129, 2005.

하는 한국이 늘 전란의 연원이 되는 것을 염려하여 日韓 상호의 행복을
증진하고 동양의 평화를 영원히 확보하기 위해 한국병합의 필요성을 인
정하시고. 이해 8월 한국황제로부터 일체의 통치권을 영원히 양도하시
는 것을 승낙하시었다. 이로서 한국을 조선이라 칭하고 총독부를 두어
정무를 통활하게 되었다"고 서술한다[14]. 明治期의 정치가 山縣有朋는
1890년 총리재임 당시 제1회 帝國議會의 시정방침연설에서 主權線을
지키고 利益線을 보호하기 위해 군사예산을 확대할 필요가 있다고 주장
한 바 있다[15]. 주권선은 일본영토이고 '이익선'은 한반도임을 명시하고
있다. '새역모'의 「한국병합」의 항목을 보면 "일본의 안전과 만주의 권
익을 위해서는 한국병합이 필요하다"고 하여 확대된 팽창주의의 논리를
전개하고 있다. 이것은 한반도 위협론의 실체가 방위론이 아닌 침략주의
에 있음을 단적으로 보여주고 있다. 바로 지금의 '새역모'는 과거 제국주
의시대의 한국침략의 논리를 그대로 재연하고 있는 것이다.

　침략주의사관은 아시아태평양전쟁과 대동아회의, 동경재판, 식민지근
대화론 등에서도 나타나고 있다. 1941년 12월 8일 일본군의 진주만 기
습공격에 의해 시작된 아시아태평양 전쟁을 '대동아전쟁'으로 명명하고,
이 전쟁은 '자위자존'을 위한 전쟁으로 선언하였다. 이른바 대동아전쟁
이란 앞서 살펴본 대동아회의에서도 나타나듯이 "구미세력을 배제한 아
시아인에 의한 대동아공영권의 건설", "일본의 서전의 승리는 동남아시
아와 인도인들에게 독립에의 꿈과 희망을 주었다", 이보다 앞선 러일전
쟁에 대한 서술에서도 "백인 제정러시아에 승리했던 일은 식민지되어
있던 민족에게 독립에의 희망을 주었다"라고 한데서도 나타난다. 「아시
아인들을 일깨운 일본의 행동」, 「일본을 해방군으로 맞이한 인도네시아

---

14) 『尋常小學日本歷史』 第2期 國定敎科書, 1910 ; 『日本敎科書大系』 근대편 제19권
　　역사2, 1963.
15) 伊藤之雄, 『山縣有朋』, 文藝春秋, 2009, 254쪽 참조.

인들」(207쪽)이란 컬럼기사에 이르러서는 할말을 잃게 만든다. 아시아제 민족의 해방과 제국가의 독립은 일본에 의해 추진된 것이 아니라 일본제 국주의의 패망에 의해 비로서 가능했던 것은 잘 알려진 사실이다. 침략 군을 해방군으로 호도하는 '새역모'의 인식은 국제적으로 통용되지 않는 최악의 역사인식이다.

일본의 침략전쟁의 주모자, 참여자들을 단죄하는 동경재단에 대해 「국제법상으로 본 동경재판」이라는 표제를 붙여 다음과 같이 서술하고 있다. 자위전쟁이 아닌 전쟁을 일으켰다고 국가의 지도자를 단죄하는 일은 "그때까지 국제법의 역사에는 없었다. 그 행위를 금하는 법률이 없 었던 시점의 사건을 나중에 만든 법률로서 재판할 수 는 없다고 하는 것도 그 당시까지의 세계 법률학의 일치된 이해였다"라고 하고, 동경재 판의 국제법상의 정당성에 대해서는 지금도 그 평가가 엇갈리고 있다고 한다. 이 서술에 따르면 일본의 지도자들은 연합국의 일방적 재판에 의 해 억울하게 희생당했다는 피해자로서 인식이다. 일본의 강제에 의해 동 원되어 전쟁에 협력했다는 죄로 B급, C급 전범으로 몰려 희생된 수많은 한국인 등에 대해서는 누가 책임져야 할 것인지, 이들은 이에 대해 어떤 인식을 갖고 있는지 자못 궁금해진다.

전쟁의 피해자로서의 인식은 「공습의 피해」라는 항목(209쪽)에서도 나타난다. 일본본토에 대해 미국은 B-29 폭격기로 무차별 포격했으며, 아이들의 희생도 적지않았고, 동경대공습시에는 10만명의 시민이 목숨 을 잃었다. "히로시마와 나가사키에는 원폭을 투하하여 민간인을 무차 별로 죽였다"(214~215쪽)고 하여 '아이들'까지 거론하며 무고한 인명을 빼앗았다는 듯이 자국민의 희생을 강조하고 있다. 수많은 희생을 야기한 근본 원인제공 등 자국의 전쟁책임이란 인식은 어디에도 찾아보기 어렵 다.16)

---

16) '일본은 침략국가가 아니다'란 논지 '진정한 근현대사관' 현상논문에서 최우수

3) 독선적 문화우월사관

개정 교육기본법과 신학습지도요령에는 '전통문화의 존중'을 명기하고 있다. 일본문화에 대한 자부심, 일본인으로서의 긍지를 강조하는 것이다[17]. 자국의 전통문화에 대한 자긍심을 갖고, 이를 지키고 계승해 나가는 것은 어느 민족과 국가를 막론하고 필요한 일이다. 그러나 자기민족의 문화만이 고유하고 타민족의 그것과 비교하여 상대적 우월성을 강조하거나 지나치게 과장 혹은 미화하는 것은 오히려 전통문화를 왜곡하고 훼손시키는 행위라고 생각한다.

'새역모'교과서의 서문 「역사를 배운다는 것은」이란 해설란에 「일본문명의 전통」이란 표제어로서 "일본국토는 옛날부터 문명을 발달시키고 독자의 전통을 키워왔다. 고대의 일본은 중국에서 출현한 문명으로부터 겸허히 배우면서도 자신의 전통을 잃어버리지 않고 자립된 국가를 만들어 착실하게 역사의 발자취를 남겼다", "일본은 자국의 전통을 살리면서 서구문명과의 조화의 길을 찾아내 근대국가의 건설과 독립의 유지에 노력했다. … 우리 선조들의 이러한 꾸준한 노력이 있었기에 세계에서 가장 안전하고 풍요로운 오늘날의 일본이 있다"라고 서술하고 있다. 여

상을 수상한(2008.10.31) 자위대 항공막료장 田母神俊雄과 같은 역사인식에 동조하는 일반인이 7할이나 된다는 사실은 일본사회의 우경화가 심각하다는 것을 여실히 보여주고 있다(livedoorニュース 2008年 11月 12日). 田母神는 사직 이후에 수많은 강연회에 초청받아 등 높은 인기를 구가하고 있고, 최근의 강연에서도 '동경재판은 복수극이다'라고 발언하는 등 그의 지론을 더욱 강화하고 있다.

17) 신판 '새역모' 교과서에 새로 추가된 단원이 「戰前·戰後의 昭和의 문화」이다. 구판에서는 과제학습으로 취급한 것을 독립된 단원으로 편입하였다. 2007년부터 제정된 '昭和의 날'과 이념을 같이 하려는 의도가 보인다. 전쟁으로 얼룩진 이 시대의 어두운 면을 희석시키는 효과를 기대한 것은 아닌지 생각된다. 현대 일본 우익인물의 대표격인 동경도지사 이시하라 신타로(石原愼太郎)를 이 시대의 대표적 작가로 선정한 것도 다분히 정치적 목적이 숨겨져 있다고 보인다.

기에 나타난 일본문화의 키워드를 보면 '문명'·'독자'·'전통'·'자립'·'독
립'·'안전'·'풍요' 등이다. 고대로부터 현재에 이르기까지 변함없는 세계
에 자랑할만한 우수한 문화국가를 영위해 왔다고 하는 것이다. 이 교과
서의 마지막 부분인 「역사를 배우고」란 後記에 해당하는 부분에는 일본
인은 외국문화를 배우면서도 "자국의 문화적 독창성을 잃어버리지 않았
다", "세계에 통용되는 보편적인 매력을 갖고 있다"라고 하여 일본문화
의 독창성과 보편성을 동시에 겸비한 문화임을 부각시킨다.

'새역모' 교과서의 맨 첫장을 장식하고 있는 것이 「일본에도 구석기문
화가 있었다는」는 2쪽에 걸친 특집 코너이며, 전국에 4,500개나 되는 구
석기유적이 발견되고 있다는 해설을 첨부하고 있다. 일본열도가 오늘날
과 같은 지형을 갖춘 것은 빙하기가 끝나는 기원전 1만년의 일이어서
엄밀한 의미에서 구석기유물은 오늘날의 일본문화와는 성격이 다르다.
「繩文文化의 1만년」의 단원에서도 "세계 最古의 토기의 하나"라든가
"일본문화의 기초가 만들어졌다"라는 서술도 일본민족의 기원을 뒷받침
하는 설명으로서는 학계의 통설과는 거리가 있다. 게다가 「세계 4대문명
의 발생」의 단원을 기원전 3세기까지 지속된 繩文文化 다음에 설정하여
일본열도의 문화가 세계 4대문명과 시대를 같이한다고 인식하게끔 묘사
한 것도 객관성과는 거리가 먼 고립된 주장이다. 기타의 교과서에서는
볼 수 없는 '새역모' 교과서만의 특징이다.

「大化의 改新」(39쪽) 서술에서는 "이 해 조정은 일본에서 최초로 연
호를 정하여 大化원년으로 했다. 동아시아에서 중국의 왕조가 정한 것과
는 달리 독자의 연호를 정해 계속적으로 사용한 나라는 일본뿐이었다"
라고 서술하고 있다. 고대의 한반도제국에 대한 상대적 독자성을 강조하
는 필법이지만, 이 부분은 이미 4년전에도 그 잘못을 지적한 바 있듯
이[18], 수정없이 그대로 전재되었다. 사료에서 산견되는 고구려와 신라의

---

18) 각주 9) 졸고 참조.

연호를 확인도 하지않은 기초적 오류이다. 「大寶律令」(42쪽)에 대한 서술에서는 "당에 조공하고 있던 신라가 독자의 율령을 갖지 않았던데 대해 일본은 중국에 배우면서도 독자의 울령을 만드는 자세를 관철했다"라고 하여 신라에 대한 상대적 우월성을 강조한다. 이 기술 역시 신라율령과 신라사회가 갖고 있던 행정시스템에 대한 몰이해로 자국문화에 대한 배타적 우월의식의 발로이다. 교과서 기술에서 지켜야 할 기본적인 상식조차 무시하고 있다.

한편 독선적 문화우월사관의 이면에는 어두운 면을 숨기려는 은폐주의가 존재하고 있다. 신학습지도요령의 근세사의 「에도막부의 정치의 특색」에 대해 내용의 취급 항목에 "그 지배하에 커다란 전란이 없는 시기를 맞이한 일 등 그 이전 시대와의 차이에 착안해서 사고시킬 것', '江戶의 평화와 藩校, 寺子屋 등에 의한 교육의 보급, 사회적인 문화의 확산과 연결시켜 현재와의 관련성에 주의시킬 것'을 명기하고 있다. 이것은 평화롭고 풍요로운 江戶時代像을 묘사할 것을 강조한 것이다. 江戶幕府 창업기에 해당하는 1637年에 일어난 島原의 亂은 내란의 성격을 띤 근세일본의 최대의 민중이 일으킨 난이었다. 江戶時代 후기의 天明、天保年間에는 '百姓一揆'라는 백성의 집단적 저항이 빈발하였고, 명치기에도 신정부의 정책에 반대하는 많은 백성들의 저항이 발생하였다. 뿐만아니라 18세기후반 19세기중엽에는 화산폭발, 폭설, 한발, 기근 등으로 민중의 생활은 빈곤상태를 벗어나지 못했다. 이러한 사회저변에서 일어나는 민중의 모습을 애써 외면하고 있는 것이 '새역모' 교과서다. 기존의 교과서에서 서술하고 있는 百姓一揆와 민중의 궁핍한 생활상은 찾아볼 수 없다. 그들이 말하고 비판하고 있는 이른바 막스주의적 貧困史觀으로부터의 탈피이자 은폐이다. 이러한 은폐주의는 '새역모'교과서의 전반에 걸쳐있다. '새역모'측에서 기존의 교과서를 자학적, 암흑적이라 비난하고 있듯이 부정적 이미지는 찾아보기 힘들다.

6. 향후의 교과서문제 전망

『신편 새로운 역사교과서』의 출현으로 일본 중학교역사교과서는 2종의 우익교과서를 포함하여 9종으로 늘게 되었다. 기존의 8종의 교과서는 2011년까지 개정없이 그대로 현행본을 사용하고, 2012년부터는 신학습지도요령에 따른 개편된 교과서가 나올 예정이다.

우선 2종의 우익교과서는 '새역모'라는 단체에서 후소샤, 지유샤를 통해 출판했기 때문에 양자를 구별하는 것은 의미가 없다. 문제는 2012년에 이쿠호샤를 통해 출판될 교과서가 어떻게 개편될 지가 관심사이다. '교과서 개선의 모임'에 따르면 일본군'위안부', 남경대학살 30만명설, 오키나와전 집단자결 군명령설 등 자학사관의 3종 세트로 자리매김하고, 교과서 기술에서 삭제하여 황군의 명예회복을 목표를 세우고 집필에 들어갔다.

'새역모' 교과서의 교육현장에서의 채택률은 전체의 1%에도 훨씬 못미쳤지만, '새역모'측에서 자평하고 있듯이 기타의 교과서에 미친 영향은 적지않았다. '새역모'가 부정하고 있는 일본군 '위안부' 기술이 대부분의 교과서에서 대부분 살아졌고, '새역모'의 비판 대상이 되었던 교과서의 채택률이 급락하는 등 이들의 운동이 일부 성공을 거둔 셈이다. 지난 1월에는 '새역모'측에서 문부성에 보낸 교과서검정제도의 개선에 관한 의견서에 1982년에 제정된 '근린제국조항'이 '잘못된 자학적 기술을 범람시키는 원인이 되었다'며 이를 없애야 한다고 주장하고 있다[19]. 2개의 우익교과서간의 우익 경쟁이 본격화될 전망이다.

2012년에 새로 나올 교과서들은 현행본에 비해 보수, 우익적 경향으로 흐를 가능성이 높다. 이미 지적했듯이 개정 교육기본법과 신학습지도

---

19) 「つくり會ニュース」247호, 2009.1.26(http://www.tsukurukai.com/)

요령에 나타난 이념과 방향을 따르지 않으면 문부성 검정에 통과하기 어렵게 되어있기 때문이다. 내년이면 일본국헌법의 개정도 추진될 예정으로 이른바 '전후체제'의 탈피를 목전에 두고 있다. 일본의 치닫고 있는 우경화의 경향과 맞물려 역사교과서의 개악이 예상되는 상황에서 새로운 대책을 강구하지 않으면 안 된다. 그 어느 때 보다도 국제사회와의 협력이 긴요하다고 본다.

7. 결어

'새역모'는 말한다. 지난 반세기는 일본인이 방향성을 상실한 시대였고, 전쟁패배의 상흔이 아직도 치유되지 않은 것이 주요 요인이라고 한다. 일본인으로서의 자신감을 갖게 하는 일이 '새역모' 교과서의 역할이고 학생들에게 보내는 '최후의 메시지'라고 호소하고 있다. 패전 후 연합국이 만든 일본국헌법, 교육기본법 등이 의해 속죄사관에 빠진 일본인들을 자신들이 만든 교과서를 통해 기존의 역사교과서의 자학사관으로부터 벗어나 자신감을 회복시킨다는 것이다

이렇게 탄생한 교과서가 새역모의 『신편 새로운 역사교과서』이다. 개정된 교육기본법과 신학습지도요령의 기본이념에도 충실하게 일본정부의 역사교육의 이념과 정신에 적합한 교과서를 만들어 냈다. 천황통치를 찬미하고 혈통의 단일화을 강조한다. 일본이 유구한 역사를 영위할 수 있었던 것도 천황의 존재, 감히 넘볼 수 없는 신성함이 있었기 때문에 평화와 안정을 구가할 수 있었다고 본다. 이러한 천황중심사관은 근대천황제 팽창주의하에서의 타민족, 타국가의 침략과 지배를 정당화하고, 전쟁범죄와 전쟁책임을 회피하는 철저한 배타적 자민족 중심주의를 낳았다. 나아가 천황통치하의 유구한 역사를 영위해 온 일본의 문화는 독자

적이고 창조적인 것으로 자리매김하는 이른바 독선적 문화우월주의로 나타나게 된다. 그러나 문화우월주의에 숨어있는 은폐주의는 학생들의 역사적 비판정신과 침략전쟁에 대한 반성의 마음을 마비시키는 결과를 초래한다. 과거의 진실을 직시하지 않으려는 것은 역사인식의 면에서 자살행위나 다름없다.

이번의 검정은 개개의 교과서조사관의 사상과 방침의 문제가 아니고 그 배후에 식민지지배와 침략전쟁의 역사를 왜곡하고 자국의 역사를 미화하려는 일본정부내의 뿌리 깊은 우익성향의 정치인의 존재와도 무관하지 않다.[20] 전쟁 중에 벌어진 최악의 인권유린 범죄인 일본군위안부 기술이 대부분의 교과서에서 살아진 것도 이들 우익교과서의 선동과 일본정부의 암묵적 동조때문이었다.[21]

일본은 戰後 평화헌법에 기초한 교육기본법을 60년만에 개정하였다. 여기에 나타난 기본정신은 애국심과 공공의 정신을 삽입하여 국가에 봉사하고, 국가가 필요로 하는 인간의 양성을 추구하는 것이다. 이어 학교교육법과 학습지도요령도 개정하여 국가권력에 의한 특별한 이념과 가치를 침투시키고 있다. 바로 이러한 사상체계를 담은 교과서가 교육의 최전선에서 청소년들에게 제공되는 것이다. 교과서와 교육을 통한 자국중심주의적 역사인식이 얼마나 해악을 초래하는지 우리는 역사 속에서 경험하고 있다. 일본 우익들이 주장하는 역사관의 자유와 역사왜곡은 구별되어야 한다. 자국중심사관을 극복하기 위해서는 자국사를 상대화하고 세계사의 일환으로 위치시켜야 한다. 근대 국민국가적 발상을 넘어보다 국제적인 시야에서 인류의 공존, 평화를 현실적으로 추구하는 사상과 행동을 보여주는 자세가 필요하다.

---

20) 永原慶二, 『歴史教科書をどうつくるか』, 岩波書店, 2001, 15쪽
21) 현재 중학교 역사교과서에서 일본군위안부 관련 기술은 日本書籍新社, 帝國書院 2종 이외에는 모두 사라졌다. 특히 '새역모'측에서 자학사관의 대표격으로 지목한 日本書籍新社의 채택률은 급감하였다.

제2부

지유샤(自由社)판 교과서의 왜곡실태

'새역모'의 일본 古代史 구상의 특질과 문제점

-自由社 교과서 및 扶桑社 <교사용 지도서>를 중심으로-

이 재 석*

1. 머리말

주지하는 것처럼 이른바 '새로운 역사교과서를 만드는 모임'(이하 '새역모')은 내부 분열 끝에 '새역모'(후지오카 노부카츠(藤岡信勝) 회장)와 '교과서 개선의 모임'(야기 히데츠구(八木秀次) 회장. 이하 '교개모'로 약칭)으로 나뉘어졌다.[1] '새역모'측은 기존의 파트너인 후소샤(扶桑社)와 결별하고 지유샤(自由社)와[2] 새롭게 손을 잡았다.

---

* 동북아역사재단 연구위원

1) '새역모'의 분열 배경과 이후의 경과에 대해서는 연민수, 「<신편 새로운 역사교과서>의 역사관과 향후의 전망」(동북아역사재단 주최 학술회의 자료집), 『2009년 '새역모'중학교 역사교과서 상세 분석』, 2009년 5월 12일, 10~11쪽 ; 타와라 요시후미(俵義文), 『<つくる會>分裂と歷史僞造の深層』, 花傳社, 2008, 6~60쪽 등을 참조 바란다.

2) 自由社는 월간지 『自由』(1959년 11월 初刊-2009년 2월호로 廢刊)를 간행하였던 소규모 출판사(사장 石原萠記)로서 '새역모'의 니시오 간지(西尾幹二)가 『自由』의 편집위원으로 활동하는 등 깊이 관여하고 있었던 것으로 알려져 있다. 타와라 요시후미는 니시오 간지와 自由社의 이러한 관련성을 근거로 '새역모'와 자유사를 연계시킨 주역이 바로 니시오 간지가 아닐까 추정(타와라 요시

'새역모'는 2008년 4월 "신편 새로운 역사교과서(新編 新しい歴史教科書)"의 검정을 신청한 바 있다.[3] 그러나 이 1차 검정 신청 과정에서 많은 誤字가 발견되었으며 文部科學省은 516개의 검정의견을 제시하며 동년 12월 끝내 검정 불합격 처분을 내렸다. 그렇지만 검정 절차상 같은 연도 내에 다시 재신청이 가능하였기 때문에 '새역모'측은 곧 검정 재신청하였으며 그 결과 이번에는 총 136개의 검정 의견이 제시되었다.[4] 이러한 우여곡절을 거쳐 드디어 올해 4월 9일 敎科用図書檢定調査審議會에서 최종 검정 통과된 "신편 새로운 역사교과서"이지만 정작 내용은 기존의 후소샤판 교과서와 별 다를 바가 없어(후술), '新編'이라는 말이 무색할 정도이다. 게다가 집필자가 기존의 후소샤판 교과서와 상당수 중복되기 때문에[5] 저작권 문제를 포함,[6] 표절 시비에 휘말려 있는 것도 사실이다.

한편 '새역모'측은 이 검정 통과 교과서의 시판본 <日本人の歴史教科書>를 제작하여 배포할 방침임을 이미 검정 통과 이전부터 공공연히 시사해 왔는데 5월 이후 실제 시판에 들어갔다.[7] 그런데 이 시판본에는 일본 왕족의 글이 특별기고 형식으로 게재되어 있어[8] 주목된다. 이 왕족의 특별기고의 게재가 무엇을 의미하는지 현재로서는 좀 더 지켜볼 필요가 있는 것 같다.

여기서 필자가 고찰하고자 하는 것은 '새역모'가 역사 교과서를 통해

후미, 주 1)의 앞의 책, 33쪽)하고 있다. 그런데 지유샤는 동일 입주 건물에 동일명칭의 지유샤(사장 加瀨英明 ; 『自由』의 편집위원회 대표였음)가 등록되어 있어 현재 이중 설립 상태에 있다.
3) '교개모'측은 후소샤의 자회사로서 '이쿠호샤(育鵬社)'를 설립하여 향후 2012년에 시행될 개정된 교육기본법 및 〈신학습지도요령〉에 따른 교과서 개정에 맞춰 새 교과서를 제작할 방침인 것으로 알려져 있다.
4) 1, 2차 검정 신청과 검정 의견에 관해서는 연민수, 주 1)의 앞의 논문, 13~16쪽을 참조 바란다.
5) 2005년도와 2009년도의 집필자/감수자 중복 여부를 비교해보면 아래의 표에서 알 수 있듯이 총 9명의 집필자 중 5명이 중복된다.

구상한 일본 고대사의 설명 체계가 어떤 특질을 가지고 있으며 그것이
어떠한 문제점을 가지고 있는가 하는 점이다. 기존 후소샤판 교과서의
고대사 기술에 대해서는 이미 많은 비판과 지적이 있는 것이 사실이다.[9)
본고에서는 이러한 기존의 연구에 유의하면서 그동안 거의 주목 받지

2005년도 후소샤판		2009년도 지유샤판		비고
구분	이름	구분	이름	
대표집필자	**藤岡信勝**	대표집필자	**藤岡信勝**	
감수	伊藤隆	감수	井尻千男	
	岡崎久彦(*)		加瀬英明	
	芳賀徹		杉原誠四郎(*)	
	大石愼三郎(작고)		田久保忠衛	
	新田均		福地 惇(*)	(*) 표시는 집필자 겸임
집필자	**九里幾久雄**	집필자	**九里幾久雄**	
	坂本多加雄(작고)		**坂本多加雄**(작고)	
	西尾幹二		**西尾幹二**	
	小林弘治		齋藤武夫	
	高森明勅		**高森明勅**	
	廣田好信		松本謙一	

6) '새역모'는 후소샤판 교과서에 대해 2010년 3월 이후 출판하지 못하도록 법원
   에 가처분 신청을 했으나 도쿄지방법원은 금년 3월 17일 이를 기각하였다.
   산케이 신문 2009년 3월 17일자.
7) 이번에 교과서 검정을 신청한 것은 石原萠記 社長의 지유샤이지만 시판본『日
   本人の歷史敎科書』는 加瀬英明 社長의 지유샤 발행으로 되어 있어 주의를 요
   한다.
8) 시판본의 말미에는 〈일본을 파악하는 15가지 視座〉가 있으며 그 앞에 특별기
   고문으로서 토모히토 신노(寬仁親王)의 〈天皇と日本〉이 게재되어 있다.
9) 예를 들어 한국학중앙연구원,『일본 중학교 역사교과서의 한국관련 내용 변
   화분석 연구』, 2005 ; 연민수,「일본 중학교 역사교과서의 古代史 서술과 歷
   史認識」,『한국사연구』129, 2005 ; 이근우,「『新しい歷史敎科書』의 역사인식
   과 선사·고대사 서술」,『일본역사연구』27, 2008 ; 李成市,「古代史の問題點
   は何か」,『歷史敎科書何が問題か』, 岩波書店, 2001 ; 原田敬一·水野直樹 編,『歷
   史敎科書の可能性』, 靑木書店, 2002 ; 歷史學硏究會 編,『歷史家が讀む「つくる會」
   敎科書』, 靑木書店, 2001 ; 勅使河原彰,『歷史敎科書は古代をどう描いてきたか』,
   新日本出版社, 2005 ; 歷史學硏究會 編,『歷史敎科書をめぐる日韓對話』, 大月書
   店, 2004 ; ひらかれた歷史敎育の會,『『新しい歷史敎科書』の〈正しい〉讀み方』,
   靑木書店, 2007 등 외 다수.

않았던 후소샤의 <改訂版 新しい歷史敎科書-敎師用指導書->(2006년 3월 간행. 이하 '교사용 지도서'[10])에도 눈을 돌려 검토의 대상으로 올리고자 한다. 이 '교사용 지도서'를 주목하는 이유는 이것의 검토를 통해 '새역모'가 자신들의 교과서 내용이 일선 현장에서 어떻게 가르쳐지기를 바라는지 그 의도가 좀 더 구체적으로 드러날 수 있을 것으로 생각되기 때문이다.

이 '교사용 지도서'를 지유샤판 교과서에도 적용할 수 있을지 여부는 일차적으로 기존의 후소샤 교과서와 지유샤 교과서의 내용이 얼마나 차이가 나느냐 여부에 달려 있다. 그런데 결론을 미리 말하자면 두 교과서는 기본적으로 동일하다는 것이다. 따라서 후소샤의 '교사용 지도서'는 지유샤판 교과서에도 여전히 유효하다고 필자는 생각하고 있다.[11] 이미 별도의 기회에 두 교과서의 동일성을 확인한 바 있지만,[12] 서술의 편의를 위해 다음 장에서 간략하게 이 사실을 정리한 후 '교사용 지도서'의 내용을 검토하기로 하겠다. 많은 叱正을 바란다.

2. 지유샤판 교과서의 古代史 기술의 정리

후소샤판 교과서와 지유샤판 교과서가 별로 달라진 것이 없다는 것은

---

10) 주지하는 것처럼 '교사용 지도서'는 교과서의 출판사가 교사들의 수업 진행을 위한 참고도서(지침서)로서 제각각 제작하여 교육 현장에 배포하는 것이며 그 내용에 법적인 구속력은 없다.
11) 다만 '교사용 지도서'는 교과서를 발행한 출판사가 제작하는 것이기 때문에 비록 내용이 동일하다고 하더라도 출판사가 다른 이번 경우에는 기존의 '교사용 지도서'와는 별도로 지유샤가 '교과서 지도서'를 간행할 지 여부와 그 경우 저작권 문제가 불거질 소지는 없는지 등의 제반 문제가 가로놓여 있다.
12) 이재석, 「'09년 검정 '새역모'중학교 역사교과서(自由社版)의 일본고대사 기술 분석」(동북아역사재단 주최 학술회의 자료집), 『2009년 '새역모'중학교 역사교과서 상세 분석』, 2009년 5월 12일, 51~70쪽.

우선 그 기본 체재를 보여주는 목차에 확연히 드러난다. 아래의 참고자료를 보면 금방 확인할 수 있다.

<자료-1. '새역모'교과서의 목차 비교>13)

2001년도 검정본 〈新しい歴史教科書〉		2005년도 검정본 〈改訂版 新しい歴史教科書〉		2009년도 검정본 〈新編 新しい歴史教科書〉	
第1章 原始と古代の日本		第1章 原始と古代の日本		1章 古代日本の歴史－石器・縄文・弥生・古墳・飛鳥・奈良・平安時代－ この時代を歩んだ女性像1	
1 日本のあけぼの	1. 人類の出現と大陸の古代文明	第1節 日本のあけぼの	1. 日本人はどこから來たか	第1節 日本人のあけぼの	1 人類の進化と祖先の登場
	2. 縄文文明		2. 縄文文化		2 日本人はどこから來たか
	3. 中國の古代文明		課題學習 三内丸山遺跡		3 縄文文化の１万年
					■ 歴史ヘゴー！ こんなに豊かな縄文時代
	4. 稲作の廣まりと弥生文化		3. 文明の發生と中國の古代文明		4 世界四大文明の誕生
					5 稲作の廣まりと弥生文化
	日本語の起源と神話の發生		4. 稲作の廣まりと弥生文化		■ 歴史ヘゴー！ 弥生のムラを訪ねよう
2 古代國家の形成	5. 東アジアの中の日本	第2節 古代國家の形成	5. 中國の歴史書に書かれた日本	第2節 古代國家の形成	6 中國の歴史書が語る古代の日本
	6. 古墳の廣まりと大和朝廷		6. 大和朝廷と古墳の廣まり		7 大和朝廷と古墳時代
	7. 大和朝廷の外交政策		讀み物コラム 神武天皇の東征伝承		■ 歴史ヘゴー！ 古墳はどうやって造ったの?
	出土品から歴史を探る		課題學習 古墳探訪		■ ご先祖様のプレゼント 神武天皇の東征伝承
	日本武尊と弟橘媛		7. 大和朝廷と東アジア		8 東アジアの國々と大和朝廷
3	8. 聖德太子の新政	第	8. 聖德太子の新政	第	9 聖德太子と新しい政

		治
9. 大化の改新	9. 遣隋使と天皇号の始まり	10 遣隋使と「天皇」号の始まり
10. 日本という國号の成立	10. 大化の改新	11 遣唐使と大化の改新
11. 律令國家の出發	**歷史の名場面—** 蘇我氏の滅亡	■ **その日, 歷史は** 蘇我氏の滅亡
12. 日本語の確立	11. 日本という國号の成立	12 日本という國号の成立
	12. 大寶律令と平城京	13 平城京の造營と奈良時代
13. 日本の神話	13. 奈良時代の律令國家	■ **ご先祖様のプレゼント** 日本の神話
	讀み物コラム 日本の神話	14 律令國家と大仏建立
	14. 飛鳥·天平の文化	15 飛鳥·白鳳·天平の文化
14. 飛鳥·天平の文化	**歷史の名場面—** 大佛開眼供養	■ **その日, 歷史は** 東大寺の大仏開眼 ■ **歷史へゴー！** シルクロードと仏教美術
15. 平安京と攝關政治	15. 平安京と攝關政治	16 平安京と攝關政治
	16. 武士の登場と院政	17 密教の伝來と國風文化
16. 院政と武士の臺頭	17. 平安の文化 **人物コラム** 空海	■ **歷史へゴー！** これぞ平安の美
17. 平安の文化	**讀み物コラム** かな文字の發達	■ **ご先祖様のプレゼント** かな文字の發達
	人物コラム 紫式部と女流文學	■ **歷史のこの人** 紫式部と源氏物語
最澄と空海	**課題學習** 奈良·京都の文化遺産を調べてみよう	18 武士の登場と院政
	第1章のまとめ	■ **歷史の豆辭典** 1章のまとめ

左: 律令國家の成立 / 律令國家の展開
中: 3節 律令國家の成立 / 第4節 律令國家の展開
右: 3節 律令國家の成立 / 第4節 律令國家の展開

---

13) 이 표는 이재석, 주 12)의 앞의 논문에서 전재한 것임을 밝혀둔다.

위의 표에서 알 수 있는 것처럼 목차상의 용어 선택 및 배치 문제 등을 단순 비교한 결과만 놓고 보면 약간의 변화가 보인다고 평가할 수 있다. 예컨대 고대사 전체를 총괄하는 1장의 제목이 기존의 <原始と古代の日本>에서 <古代日本の歷史—石器·繩文·弥生·古墳·飛鳥·奈良·平安時代—>로 바뀐 것이나 제1절의 <1 人類の進化と祖先の登場>이 새로 신설된 점 등은 대표적인 예이다. 그리고 군데군데 삽입되어 있는 보조 설명 코너의 명칭이 바뀌거나[14] 설명 주제를 바꾼 것도[15] 변화라고 하면 변화라고 할 수 있다. 하지만 전체적으로 각 소절은 대부분이 05년도의 소절에 일부 가필하거나 약간 표현을 변형시킨 것에 불과하며 기본적인 내용이 크게 바뀐 것은 아니다.

이러한 목차의 유사성은 그대로 내용의 유사성으로 이어진다. 과거 많은 문제점을 지적 받았던 한반도 관계 기술은 별다른 변화 없이 거의 그대로 다시 실려 있다. 기존의 문제점과 이번 지유샤판 교과서의 내용 검토를 간략하게 정리하면 다음과 같다.[16]

<자료-2. 지유샤판 역사교과서의 한반도 관계 기술의 검토>

농경문화의 전래	-야요이 문화 성립에 관한 한반도 계통 사람의 역할에 대해 언급 없음 -농경 전래 루트 표시에서 한반도→규슈 북부 루트는 여전히 부차적 루트로 표시
한사군의 위치	-한사군과 대방군의 위치 오류
광개토왕 비문	-비문의 왜를 야마토 조정으로 단정하는 것은 일단 문제가 있는 기술임 -비문의 신묘년조의 사실 여부에 대한 언급이 누락됨으로써 비문의 내용을 그대로 사실로 오인할 우려가 있음

14) 예컨대 05년도의 〈人物コラム〉(인물 칼럼)을 〈歷史のこの人〉(역사의 이 사람)로 바꾼다거나 〈讀み物コラム〉(읽을거리 칼럼)을 〈ご先祖樣のプレゼント〉로, 〈課題學習〉을 〈歷史へゴー!〉(역사로 go!) 등으로 바꾸었다

15) 예컨대 05년도의 〈人物コラム 空海〉 부분이 빠지고 〈歷史へゴー! シルクロードと仏敎美術〉(역사로 go! 실크로드와 불교미술)이 새로 들어갔다.

16) 한반도 관계 기술의 실태 및 구체적 문제점에 관한 상세한 내용에 대해서는 이재석, 주 12)의 전게 논문을 참조하기 바란다.

임나 및 소위 임나일본부 문제	-내용은 임나일본부설을 기본적으로 충실히 따르고 있음 -임나(가야)의 영역이 지나치게 비대하며 역사적 실태와 부합하지 않음
소위 도래인의 문화전수	-중국문화의 전래만 강조할 뿐, 삼국의 문화 전래 사실을 무시하고 있음 　(모든 것을 중국의 선진문화라고 할 수는 없음) -귀화인이란 표현을 여전히 사용하고 있음
백촌강 전투와 동아시아	-당의 반도 지배 강화에 대한 방위론적 전쟁론은 자칫 왜의 출병으로 한 　반도 남부를 당의 지배로부터 해방시켜 일본의 안정을 꾀한다는 제국주 　의 전쟁론으로 귀결될 우려 있음
아스카/ 덴표 문화와 한반도	-7세기 후반의 하쿠호 문화 및 8세기 덴표 문화에서 신라문화와의 교류 　사실은 언급하고 있지 않은 것은 문제임
연호와 율령의 제정	-중국과 다른 연호를 정한 것은 일본 만이 아니라 고구려, 백제, 신라도 　사례가 있음 -신라가 독자의 율령을 운용하지 않았다는 것은 사실의 오류임
연표	-고조선에 대한 표기가 아예 없음(낙랑군부터 표기하는 것은 심각한 문 　제임) -고구려를 '조선 북부'라고 영역 표시를 한 것은 고구려의 중심 영역이 　한반도에 국한된 것으로 잘못 이해하게 할 수 있음 -발해 표시가 없음

한편 일본 고대의 내정에 관한 기술은 엄밀하게 말해 우리가 시정을 요구할 수 있는 부분과는 분명 구별된다. 그렇지만 그 속에는 단순한 역사적 사실의 기술을 넘어 동아시아 이웃 국가들이 관심을 가질 수밖에 없는 '새역모'의 독특한 역사 인식이 – 예를 들어 일본 신화와 성덕태자에 대한 과도한 강조 등 – 잘 드러나는 내용들도 있기 때문에 소홀하게 볼 수 없는 것이 사실이다. 다만 지유샤판 교과서의 일본 고대사 기술은 전술한 바와 같이 기본적으로 2005년도 후소샤판 교과서와 다르지 않기 때문에 고대사 전반에 관한 내용에 대해서는 장을 바꾸어 '교사용 지도서'에 대한 검토와 병행하여 언급해나가기로 하겠다.

3. 扶桑社 '교사용 지도서'와 일본 고대사

먼저 '교사용 지도서'가 05년도 <改訂版 新しい歷史敎科書>의 특색으로서 내세우고 있는 점이 무엇인지 살펴보자. '교사용 지도서'는 새로운 중학교 학습 지도 요령(평성 10년 12월 고시)에 준거하고 있다는 점을 전제로 거론하며 다음과 같은 특색을 제시하고 있다.

첫째, "최신 학문의 성과에 입각한 이야기(모노가타리)로서의 역사로 되어 있다는 것이다. 종래의 역사 교과서는 거의가 역사 용어에 매번 해설을 다는 체제였다. 『새로운 역사교과서』는 통독하여 역사의 커다란 흐름이 학생의 머리에 그려지도록 기술되어 있다."

둘째, "고대부터 현대에 이르기까지 일본을 둘러싼 국제 환경 속에서 일본이 고유의 역사와 전통을 만들어 온 발자취가 다이나믹하게 그려져 있다는 것이다. 일본은 어느 시대에서나 세계 선진 문명에 보조를 맞춰 이질적인 문명을 섭취하면서도 스스로 주체성을 잃지 않고 독자적인 발자취를 새겨왔다. 이러한 시점이 교과서의 기술 골격을 이룸으로써, 우리들 선조의 부단한 노력이 오늘날 일본이 발전하는 기초가 되고 있는 것을 학생이 이해할 수 있다."

셋째, 미술사를 중심으로 일본의 문화사가 크게 취급되고 있는 것이다. 일본이 각 시대별로 창출한 세계에 자랑할 만한 조형미에 대한 정당한 평가를 일본인 자신이 이어받게 하며 "풍부한 화보 사진으로 중학생에게 '일본의 미'를 재발견하게 하여 일본 문화의 역사에 종래에는 없던 시점에서 치고 들어간 것이『새로운 역사교과서』의 큰 특색 중 하나이다."

넷째, "학생이 기초적, 기본적인 사항을 착실하게 익히게 함과 동시에 스스로 나아가 배우고 생각할 수 있는 힘을 기르는 것을 지향하여" 다양

한 편집이 이루어져 있는 점을 들 수 있다. (이상, 4쪽)

하지만 이런 자신감과는 달리 후술하는 것처럼 예컨대 학계의 연구성과를 그다지 반영하고 있지 못하다는 역설적인 평가가 있다. 넷째의 경우도 이 교과서가 학습지도요령에 따른다는 것을 보여주는 정도이지 그다지 인상적이지는 못하다. 결국 최대의 특색은 일본의 독자성에 입각한 역사와 전통의 계승을 기본 시점으로 삼아, 이에 따라서 전체 골격이 짜여 있다는 점('일본의 미'를 강조하는 것은 이러한 골격의 한 부분임)으로 귀결된다고 할 수 있다. 이것은 다음 장에서 언급하는 고대사의 특질 내용과도 깊은 연관성이 있다.

한편 '교사용 지도서'는 <歷史的分野指導計劃表(案)>, <歷史的分野觀點別評價規準>, <授業案>으로 구성되어 있으며 이 교과서는 모두 82시간 수업을 전제로 구성되어 있다.[17] <歷史的分野指導計劃表(案)>과 <歷史的分野觀點別評價規準>은 각각 아래와 같은 구성으로 되어 있는데 예시를 하면 다음과 같다.

<자료-3. 歷史的分野指導計劃表(案)>

제1장 원시와 고대 일본							
2 고 대 국 가 의	A	B	누계 시간	학습 내용	학습 목표	지도상의 유의점	※
			7	**7) 야마토조정과 동아시아** 백제를 도와 고구려와 싸우다, 왜의 5왕에 의한 조공, 신라의	4세기의 동아시아 정세를 대국적으로 파악하고, 야마토조정의 구조나 조선반도와의 교류에 대해 이	중화질서 속에서 각국의 고민이 교차하는 당시의 힘의 균형의 이해를 탐구하고, 일본의 역사를 세계사의 궤도속	(2)의 イ

17) '교사용 지도서'〈歷史的分野指導計劃表(案)〉의 注記(8쪽)에 의하면 학습 지도 요령의 개정에 따라 2002(평성 14)년부터 도입교육, 과제학습에 배당되는 시간수의 비율이 약 20시간 전후 정도로 크게 증가하였다고 한다. 이것을 중학교 1, 2학년에 역사, 지리를 학습하던 종래의 형식에 맞춰 보면 전체 105시간 중에 약 85시간이 교과서 내용을 학습하는데 배당되는 셈이 되는데 이러한 사정을 감안하여 만들어진 것이 82시간 수업안임을 밝히고 있다.

형성			대두와 임나의 멸망, 귀화인과 불교의 전 래	해시킨다.	에서 볼 수 있는 눈을 기른다.

참고) A : 역사만을 연간 학습하는 유형
　　 B : 지리, 역사를 병행하여 학습하는 유형
※ : 학습 지도 요령과의 관련성

<자료-4. 歷史的分野觀點別評價規準>

장	절	관점별 평가 규준
제1장 원시와 고대의 일본	제2절 고대국가의 형성	7 야마토조정과 동아시아 ① 귀화인이 우리나라에 가져온 여러 가지 문화, 기술, 업적에 대해 의욕적으로 추구하고 발표할 수 있다. ② 한나라의 멸망으로 중국의 영향력이 약해진 결과, 주변 국가들에 어떤 움직임이 일어났는지를 힘의 균형이라는 견지에서 해설할 수 있다. ③ 교과서의 사진이나 자료를 사용하여 5~6세기 일본이 어떤 국가 전략에 입각하여 행동하였는지 지적할 수 있다. ④ 5~6세기의 일본 역사를 세계사 구조 속에서 포착하고, 그 경위를 이해하고 있다.

참고) ①은 관심, 의욕, 태도 ②는 사고, 비판 ③은 기능, 표현, 자료 활용 능력 ④는 지식, 이해

　　그런데 <歷史的分野指導計劃表(案)>과 <歷史的分野觀點別評價規準> 보다 구체적으로 수업의 내용과 학생들에 대한 내용 전수 방법을 언급하고 있는 것이 <수업안>이다. 우선 <수업안>을 소개하면 다음과 같다.

<자료-5. 수업안>

진도	주제	학습 목표
제1시	일본인은 어디에서 왔는가	* 원인에서 현생인류에 이르기까지의 인류 진화 과정을 통관시켜, 인류가 가진 특성에 대해 생각하게 한다. * 일본인의 먼 조상이 어떻게 해서 일본 열도에 정착하게 되는가를 생각하게 한다. * 利器를 기준으로한 시대구분에 대해 이해시킨다.

제2시	조몬문화	* 빙하시대가 끝나면 일본에 난류가 흘러들어 열도는 풍부한 삼림에 덮이고, 그것을 계기로 하여 정착생활이 퍼져가는 것에 관심을 가지게 한다. * 조몬시대의 특징을 조몬토기, 견혈주거, 패총, 토우등을 바탕으로 이해하게 한다. * 三內丸 유적이 왜 1000년에 걸쳐 집락을 유지할 수 있었는가를 생각하게 한다.
제3시	문명의 발생과 중국의 고대문명	* 농경, 목축의 개시와 함께 마제석기가 사용되어 시대는 신석기시대의 단계로 들어갔음을 이해시킨다. * 문명이 발생한 원인을 국가 성립의 전개와 관련지어 생각하게 한다. * 은나라에서 한나라에 걸쳐 중국 고대문명을 구체적인 유물을 바탕으로 이해하게 한다.
제4시	벼농사의 확대와 야요이문화	* 야요이시대가 되면 북큐슈에서 수전 벼농사가 시작되고, 이와 더불어 사람들의 생활도 평지로 옮기게 됨에 관심을 가지게 한다. * 야요이문화의 특징을 청동기, 철기, 야요이 토기 등의 유물을 바탕으로 생각하게 한다. * 벼농사로 식료가 풍부하게 됨과 동시에 마을이 모여 국가가 형성된 것을 이해시킨다.
제5시	중국의 역사서에 쓰여 있는 일본	* 대륙측의 문헌에 고대일본에 대한 기술이 있는 것을 채택하여 당시 중국인이 일본 및 일본인을 어떻게 포착하고 있었는지 생각하게 한다. * [위지왜인전]에 기재된 야마타이국에 대해 최근의 고고학적 발견과 관련지어 가면서 그 실체를 추측하게 한다. * 중국 황제가 내린 [금인]을 실마리로 삼아 중국을 중심으로 하는 당시 국제관계(중화질서)에 대해 이해시킨다.
제6시	야마토 조정과 고분의 확산	* 3세기 경부터 조영이 시작된 고분의 분포에서 우리나라에서는 유력호족의 연합 정권인 야마토 조정이 성립하고 통일국가 성립의 기운이 높았음에 관심을 가진다. * 대선고분(인덕천황릉)등 전방후원분의 거대함에 대해 시각적으로 실감하게 하고, 하니와나 부장품등에 대해 흥미를 갖게 한다. * 정권의 정점에 선 것은 대왕이며, 이것이 나중에 천황이 된 것을 이해시킨다.
제7시	야마토 조정과 동아시아	* 한이 멸망함에 따라 중국의 영향력이 약해지자 그 주변국에서는 어떤 움직임이 일어났는지 힘의 균형이라는 견지에서 생각하게 한다.

		* 이러한 국제 환경 속에서 5~6세기 우리나라가 어떤 국가 전략에 기초하여 행동했는지 생각하게 한다. * 귀화인이 우리나라에 가저온 문화에는 어떤 것이 있는가를 구체적으로 지적하게 한다.
제8시	성덕태자의 신정	* 성덕태자가 살아간 시대의 국내외 정세를 호족의 다툼과 수나라의 성립에 초점을 맞춰 이해하게 한다. * 성덕태자의 업적을 통해 성덕태자에 대해 흥미, 관심을 가지게 한다. * 수나라의 성립, 조선반도의 격동 속에서 일본은 어떤 행동을 취했는지를 성덕태자의 대표적인 정책을 통해 알아본다.
제9시	견당사와 [천황]호의 시작	* 7세기 전반에 일본이 격동하는 아시아 정세 속에서 얼마나 스스로의 진로를 개간해갔는가를 당시 국제 환경을 배경으로 생각하게 한다. * 당시의 일본이 책봉체제를 떠나 수나라와 대등한 관계를 지향한 것을 [천황]호의 사용과 관련지어 이해하게 한다. * 성덕태자가 불교, 신도 모두 다 보호한 것에서 그 후의 일본인의 문화적 전통이 만들어진 것을 현재의 다양한 습관과의 관계에서 이해하게 한다.
제10시	다이카 개신	* 7세기 동아시아 정세에 대해 수, 당의 제도면의 충실이라는 측면에서 이해하게 한다. * 당시의 국제 환경 하에서 우리나라에서도 천황을 중심으로 하는 국가 형성의 기운이 만들어졌음에 관심을 갖게 한다. * 다이카의 개신 후에 우리나라가 내세운 정치 방침에 대해, 그것이 중국의 제도와 비교하여 어떤 독자성을 가진 것인가를 이해하게 한다.
제11시	일본이라는 국호의 성립	* 당시의 동아시아 정세를 힘의 균형이라는 시점에서 해독하여 국제관계를 떠받치는 원리에 대해 이해하게 한다. * 백촌강 전투가 일본에 어떤 영향을 주었는지 그 후의 국내 정치와의 관계에서 생각하게 한다. * [일본]이라는 국명이 언제 정해졌는지 그 대략의 시기를 기억하게 한다.
제12시	대보율령과 평성경	* 701년에 대보율령이 반포되어 우리나라는 율령 국가로서 제도적으로 정비된 나라가 되었음을 이해하게 한다. * 우리나라의 고대 율령제의 구조에 대해 호적, 토지제도, 세제 등 구체적으로 다루어, 중국의 구조

		와 상이함을 알게 한다. * 710년에 건설된 평성경의 모습에 대해 시각적인 자료를 통해 구체적으로 이미지화한다.
제13시	나라시대의 율령국가	* 자기가 살고 있는 지방의 나라시대의 국명을 빈 지도에 기입할 수 있도록 한다. * 현존하는 최고의 역사서인 〈고사기〉 〈일본서기〉 와 지리서인 〈풍토기〉에 흥미를 가지고 그 내용 을 적극적으로 알려고 하는 태도를 기른다. * 구분전의 부족으로 토지제도 개혁이 행해지고, 그것이 여러 가지 문제를 낳는 반면에 새로운 활 력을 불러일으키는 계기가 된 점을 대불 건립과 관련지어 다룬다.
제14시	비조, 천평 문화	* 추고조부터 성무조에 걸친 문화를 건축, 조각, 문 학 등으로 나누어 개관하고, 그 특생을 이해하게 한다. * 불상에는 여러 종류가 있으며 그것을 구분하기 위한 착안점이 있다는 것을 안다. * 〈만엽집〉의 노래를 암기시켜 고대인의 것을 느 끼는 방법을 접하게 한다.
제15시	평안경과 섭관정치	* 환무천황이 어떤 이유로 헤이안(平安) 천도를 행 하였으며, 또 그 후 어떤 정치개혁에 몰두했는지 이해하게 한다. * 후지와라씨가 그 후 어떻게 해서 세력을 확장했 는가를 섭관정치의 구조를 통해 생각하게 하고, 후지와라시의 번영하는 모습에 대해 이미지화 한 다. * 반전수수법의 종말과 함께 국사가 지방에서 힘을 가지게 되고, 유력농민이 지방의 유력호족으로 성장해 간 것을 이해시킨다.
제16시	무사의 등장과 원정	* 무사가 일어나고 그 대두의 배경에 대해 시대상 황을 바탕으로 생각하게 한다. * 고산죠천황 무렵부터 후지와라씨와 외척관계를 가지지 않은 천황이 즉위하고, 원정이라고 불리 는 새로운 정치체제가 개시된 것을 이해하게 한 다. * 무사가 그 후의 활약으로 사회적인 신분을 인정 받게 되는 과정을 당시의 지방의 각종 전략을 바 탕으로 이해하게 한다.
제17시	헤이안의 문화	* 헤이안시대에 〈국풍문화〉라고 불리는 대륙문화 의 영향을 받지 않은 일본 독자의 문화가 발달한 이유를 생각하게 한다. * 우리나라에서의 가나문자 성립 배경에 대해 생각

	하게 하고, 동시에 가나문자를 사용한 당시의 문학작품에 대해 이해시킨다. * 당시 불교의 새로운 움직임에 대해 헤이안(平安) 불교, 정토교, 정토교예술 등에 초점을 맞춰 이해하게 한다.

<수업안> 부분에서는 각 단위 시수의 학습 요점이 도표 형식으로 알기 쉽게 제시되어 있고 또 <授業展開例>를 예시하고 있다. 그리고 <사항 해설>과 <관련 자료>, <참고 문헌>도 아울러 제시되어 있다. <수업안>을 살펴보면 한국과 관련된 부분에서 역시 몇 가지 문제가 있다고 생각되는 곳이 보인다.

첫째, 임나에 관해서이다. 제6시에 전방후원분에 대한 <사항 해설>에서 "전방후원분은 일본보다 늦게 5세기 중엽부터 6세기 중엽 무렵 한반도 남부에도 축조되었다. 현재 12기 확인되고 있다. 5세기 무렵의 일본(왜국)의 한반도에서의 활동을 뒷받침해 주고 있다고 하겠다(55쪽)." 고 설명하고 있다.

그리고 이어 제7시의 임나일본부에 대한 <사항 해설>에서 "일본부의 존재는 <書紀>가 의거하고 있는 <百濟本記>의 사료적 가치에 의문이 있는 점, 당시 아직 일본이라는 국호가 없었던 점 등을 이유로 부정하는 견해도 있다. 그러나 이미 광개토왕비에 임나라는 말이 보이고 또 <송서>, <삼국사기>에도 보이기 때문에 그 존재는 확실하고 대화정권의 군사적 거점이었다고 하는 것이 통설(59쪽)"이라고 해설하고 있다. 그리고 <수업전개례>에서는 중국의 한이 멸망한 후 나라가 분열하고 주변국에 대한 지배력이 약해지자 이를 계기로 한반도에서는 각각의 민족이 나라의 건설을 지향하게 되었다고 한다. 또 왜국이 광개토왕의 고구려와 싸운 배경에는 백제의 도움 요청도 있었지만 한반도 남부의 철자원에 눈독을 들였기 때문이란 점을 소개하며 임나에 왜국이 거점을 설치하였음을 학생들에게 주지시키는 조치를 취하게 하고 있다. 그리고 한

반도의 지도를 제시하면서, 임나의 멸망으로 대화조정의 한반도 거점이
사라진 것과 수의 중국 통일 후 삼국이 모두 일본에 접근해 온 것을 두
고 힘의 균형(ballance of power)이란 관점에서 이해시킬 것을 예시하고
있다(56~58쪽). 이상의 설명에서 분명한 것은 임나일본부를 인정하고
있으며 또한 수의 통일 이후에는 힘의 균형 논리로서 동아시아의 정세
변화를 해석하고 있다는 점이다.

  둘째, 소위 천황호의 성립 및 대중국 대등외교 주장에 관해서이다. 특
히 견수사에 대한 <사항 해설>에서 견수사의 파견은 대등외교를 지향
하고 불교 등 문화 도입을 도모하면서 562년 신라에 빼앗긴 임나의 회
복과 자국의 강국화를 위해 대국 수에 적극적으로 움직여 고구려, 백제
와 파워 밸런스의 구축에 전념하였다(66쪽)고 설명하고 있다.

  셋째, 백촌강 패전 이후에 관한 설명에서 백촌강 전투에서 패한 일본
은 패전 자체의 심각한 쇼크는 크지 않았으며 당은 고구려 및 그 이후의
신라와의 전쟁 때문에 일본에 사절을 보내는 등 총체적으로 말하자면 당
시의 일본은 패전국이라기 보다는 동아시아의 파워(power)로서 인식되
고 있었다고 생각해도 좋다고 설명하고 있다. 그렇기 때문에 백촌강 이
후의 국방체제의 강화는 오히려 당에 대한 군사적 존재감을 보여주기 위
한 것이라고도 할 수 있다고도 부연 설명하고 있다(75쪽).

  한편 성덕태자와 문화 융합에 관해서는 <수업전개례>에서 다음과
같이 언급하고 있다. 즉 <성덕태자와 불교와 古來의 神들> 부분에서
"성덕태자는 한편으로 불교를 보호하면서 다른 한편으로 일본의 신들을
부정하지 않았다. 즉 어떤 종교라도 좋은 점만을 취한다는 태도를 취한
것이다. 이것을 「습합사상」이라고 한다. 이런 태도는 이후의 일본과 일
본인의 방식을 결정지었다. 그 증거로 初詣는 신사로 가고, 장례식은 불
교로 하며, 결혼식은 교회에서 하는 것을 일본인은 아무런 저항도 없이
하고 있다. 그러나 이런 기초가 있었기 때문에 일본은 외국 문화나 기술

을 점점 받아들여 아시아에 앞서 나라를 근대화할 수 있었던 것이다. 그런 의미에서 성덕태자는 일본의 설계도를 그린 인물이었다고 해도 좋을 것이다(66쪽)."고 평가하고 있다. 실로 과대한 평가라 하지 않을 수 없다.

이 외에도 중국을 향한 일본의 독자성 강조는 7세기 후반 8세기 부분에 여기 저기 보인다. 예를 들어 견당사에 대한 <사항 해설>에서 "618년 수나라가 망하고 당나라가 건국되었으므로, 그때까지 파견되어 있던 견당사와 교체하여 당 왕조에 파견한 사절. 견수사와 마찬가지로 해외 정세와 중국의 선진적인 기술이나 불교의 경전 등의 수집이 목적이었지만, 그 이상으로 외교 사절단으로서의 역할이 있었다(단, 조공사절은 아니었다)(87쪽)."고 하여 특별히 조공사절이 아니었음을 애써 강조하는 문구를 삽입해 넣고 있다. 그러나 일본의 견당사가 당에 대한 조공사였음은 역사적 사실이었음이 드러나고 있다.[18]

또한 고대사의 마지막을 장식하는 17시 <헤이안의 문화>에서는 "<국풍문화>라고 불리는 대륙문화의 영향을 받지 않은 일본 독자의 문화가 발달한 이유를 생각하게 한다."는 데서도 알 수 있듯이 일본 독자의 문화는 실로 대륙문화의 영향을 받지 않은 문화라는 매우 국수주의적인 관점이 제시되어 있다.

4. '새역모' 고대사 구상의 특질

'새역모'가 그들의 교과서를 통해 일본 사회에 호소하고 있는 메시지는 무엇일까? 그리고 그것이 고대사에는 어떻게 투영되어 있을까? '새역

---

18) 森公章, 「古代日本における對唐觀の硏究」, 『古代日本の對外認識と通交』, 吉川弘文館, 1998.

모'의 메시지는 교과서의 서두 부분과 말미 부분에 각각 배치되어 있는 <역사를 배운다는 것은>과 <역사를 배워서>에 단적으로 나타나 있다고 생각한다. 그리고 후지오카 노부카츠가 집필한 지유샤의 시판본 <일본인의 역사교과서> 서문에도 잘 나타나 있다. 여기서는 이 메시지를 소재로 하여 그 특질을 살펴보고 나아가 이 메시지가 구체적으로 고대사에 어떻게 적용되어 있는지를 생각해 보기로 하자. 먼저 세 메시지를 소개하면 다음과 같다.

<자료-6. 출전-01년도 후소샤판 교과서>

역사를 배운다는 것은

역사를 배운다는 것은, 과거의 사실을 아는 것이라고 생각하는 사람이 아마도 많을 것이다. 그러나 반드시 그렇지 않다. 역사를 배운다는 것은, 과거의 사실에 대하여 과거 사람이 어떻게 생각하였는가를 배우는 것이다.(중략)

왕의 거대 분묘 건설에 다수의 인간이 강제적으로 동원되었던 고대의 사실에 현대의 선악이라는 척도를 적용하는 것은 역사를 생각하는 입장에서는 큰 의미가 없다.

역사를 배운다는 것은 반드시 과거의 사실을 아는 것은 아니라고 말했는데 과거의 사실을 엄밀하게 그리고 정확하게 안다는 것은 가능하지 않기 때문이기도 하다. 몇 년 몇 월 며칠에 어떤 일이 일어났다던가, 누가 죽었다던가 하는 사실은 확실하게 증명할 수 있다. 그런 것은 지구상의 어디에서도 타당한 객관적 사실로서 확정할 수 있다. 그러한 사실을 아무리 정확하게 두루 안다고 하더라도 그것은 연대기이며 아직 역사가 아니다. 과연 어떤 사건이 왜 일어났으며, 누가 사망하였기 때문에 어떤 영향이 발생하였는가를 생각하게 될 때 비로소 역사적인 마인드가 움직이기 시작하는 것이라고 할 수 있다.

그러나 그렇게 되면, 사람에 따라서, 민족에 따라서, 시대에 따라서, 사고방식이나 느끼는 방식이 각각 전혀 다르므로, 이것이 사실이라고 간단하게 하나의 사실을 선명하게 그려낸다는 것이 어렵다는 사실을 알게 될 것이다.

조지 워싱턴은 미국이 영국으로부터 독립전쟁(1775~1783)으로 독립을 쟁취할 때 총사령관이었으며 미 합중국 초대 대통령이었다. 미국에서는 건국의 위인이다. 그러나 전쟁에 패하여 아메리카라는 식민지를 상실한 영국으로서는 반드시 위인이 아니다. 영국의 역사교과서에는 지금도 워싱턴이라는 이름이 실려 있지 않으며 독립군이 반란군으로 취급되는 경우도 있다.

역사는 민족에 따라서 각각 다른 것이 당연할지 모른다. 나라의 수만큼 역사가 있다고 해도 조금도 불가사의한 것이 아닐지 모른다. 개인에 따라서도 시대에 따라서도 역사는 움직이며 일정하지 않다. 그러나 그렇게 되면 마음이 안정되지 못하고 불안할지 모른다. 그러나 그렇기 때문에 역사를 배우는 것이라고도 할 수 있다.

역사를 고정적이며 움직이지 않는 것처럼 생각하지 말자. 역사에 선악을 적용하고, 현재의 도덕으로 판단하는 재판의 장으로 만드는 일도 그만두자. 역사를 자유롭고 구속되지 않는 눈으로 바라보고 다양한 견해에서 분명한 사실을 확정하도록 하자. 그렇게 하면 저절로 역사의 재미가 마음에 전해지게 될 것이다.

<자료-7. 출전-05년도 후소샤 및 지유샤판 교과서>

역사를 배운다는 것은

선조가 살아온 역사

역사를 배운다는 것을 과거의 사건을 아는 것으로만 생각하는 사람들이 많은데, 그것은 반드시 적절하지 않다. 역사를 배운다는 것은 과거에 일어난 일 가운데에서 과거의 사람이 어떻게 생각하고, 어떻게 고민하고, 문제를 어떻게 해결해 왔는가 즉 과거 사람은 어떤 식으로 살고 있었는가를 배우는 것이라고 하는 것이 낫다.

지금부터 배우는 역사는 일본의 역사이다. 이것은 다시 말해 여러분과 피를 나눈 선조의 역사를 배우는 것이다. 당신의 가장 가까운 선조는 당신의 양친이며 양친의 위에는 4명의 조부모가 있다. 이처럼 세대를 거슬러 가다보면 당신의 선조는 한없이 많아진다. 일본열도에 살아 왔던 사람들은 지금 교실에서 나란히 책상에 앉아있는 바로 당신들의 공통의 선조라는 것도 알 수 있다. 일본의 역사는 어느 시대를 자르더라도 모두 우리들의 공통된 선조가 살아온 역사인 것이다.

일본 문명의 전통

세계 모든 나라가 고유한 역사를 가지고 있는 것처럼 일본에도 고유의 역사가 있다. 일본 국토는 옛날부터 문명을 키우고 독자적인 전통을 육성하였다. **고대에 일본은 중국에서 출현한 문명을 받아들이면서도 스스로의 전통을 잃지 않고, 독립된 국가를 완성**하여 착실히 역사를 걸어왔다. 그것은 지금 전해지는 문화유산, 역사유산을 관찰해 보아도 잘 알 수 있다.

구미 열강 제국의 동아시아를 집어삼키려했던 **근대에 일본은 전통을 살리고 서구문명과 융화의 길을 모색하여, 근대국가의 건설과 독립 유지에 노력**했다. 하지만 그것은 여러 나라와의 긴장과 마찰을 수반하는 치열한 역사이기도 했다. 이러한 우리 선조들의 꾸준한 노력으로 세계에서 가장 안전하고 풍요로운 오늘날의 일본을 만들 수 있었다.

자신의 것으로 상상한다

역사를 배울 때 중요한 것은 바로 그 시대의 선조들이 직면했던 문제를 알고, 우리도 그 문제를 자신의 것으로 상상해 보는 것이다. 그러면 역사적인 사실은 단순한 암기사항이 아니라, 배후 사람들의 희망과 동기, 사실과 사실의 상관관계로서 보일 것이다. 역사를 깊이 탐구해 감에 따라 생각지도 못한 발견이나 다양한 견해와도 마주칠 수 있을 것이다.

역사를 배우는 것은 미래를 향해 열려 있는, 과거 사람들과의 대화인 것이다.

<자료-8. 출전-05년도 후소샤 및 지유샤판 교과서19)>

역사를 배워서

외국의 문화를 배우면서 독자성을 유지

일본의 역사공부를 마친 지금 여러분은 일본인이 외국의 문화에서 배우는 것에 얼마나 열심이며, 겸허한 민족이었는지 깨닫게 되었을 것이다. 일본인은 외국의 발전된 문화를 이해하기 위해 모든 노력을 아끼지 않고 기울인 민족이었다.

옛날에는 견수사나 견당사가 목선으로 거친 파도의 위험을 무릅쓰고 유학생을 보냈다. 유학생은 중국에서 오랜 기간을 학습에 매진하였다. 귀국하지 못하고 사망하는 자, 어렵사리 귀국길에 오르던 도중 폭풍우를 만나 조난된 자도 적지 않았다. **메이지 시절에는 유학생들이 서양문화를** 배우는 사명을 띠고 유럽과 미국으로 건너갔다. 당시는 아직 비행기가 없던 시절이었기 때문에 때로는 1개월 이상 걸려 배로 건너갔다.

이와 같이 일본인은 외국으로부터 깊이 배우려고 했으나, 그로인해 자국의 문화적인 독자성을 잃는 일은 없었다. 이는 각 시대의 문화를 보면 잘 알 수 있다. 아스카 문화에서 에도 문화에 이르기까지 어느 것이나 일본다운 독특한 개성을 갖추면서 세계에 통용되는 보편적인 매력까지 갖추고 있기 때문이다.

방향성이 보이지 않는 2가지 이유

그런데 최근 반세기는 반드시 그렇다고는 말할 수 없는 시대가 되었다. 그것은 왜일까?

일본인이 외국 문명을 따라가고 넘어서려고 노력하고 있을 때에는 목표가 분명하여 불안함이 없었다. 그런데 지금은 구미각국을 따라잡겠다는 근대 일본이 기치로 내건 목표를 달성하였으며, 일본은 어느 국가도 목표로 삼을 수 없는 입장에 놓이게 되었다. 이것이 일본인이 방향성을 잃어버리고 있는 하나의 이유이다.

그러나 또 하나의 중요한 이유가 따로 있다.

일본은 오랜 역사를 통해 외국의 군대에 국토를 유린당한 적이 없는 나라였다. 그런데 대동아전쟁(태평양전쟁)에서 패배한 이래 이 점이 변했다.

전 국토에서 약 50만 명의 생명을 앗아간 무차별 폭격을 받았으며, 원자폭탄이 떨어졌다. 그 후의 점령으로 국가의 제도는 대폭 변경되어졌다. 전후 일본인은 노력을 통해 경제부흥을 이룩하였으며, 세계 유수의 경제대국 지위를 구축하였으나, 아직 어딘가 자신감이 결여되어 있다. 전쟁에 패배한 상흔이 아직 사라지지 않고 있다.

자국의 역사와 전통을 배우는 의미

일본인이 앞으로도 외국으로부터 겸허하게 배우려는 점은 매우 중요하다. 그러나 깊이 생각지도 않고 외국을 기준으로 하거나, 모델로 여기거나 함으로써 독립심을 잃은 믿음직스럽지 못한 국민이 될 우려가 나온 것은 경계해야 한다.

무엇보다 중요한 것은 자기 자신을 확실하게 가지는 것이다. 자신을 확실하게 가지지 않으면 외국의 문화와 역사를 배우는 것도 실은 할 수 없다. 그 때문에 더욱 깊게 자국의 역사와 전통을 배우기 바란다. 이것이 <새로운 역사교과서>를 배운 여러분에게 보내고 싶은 마지막 메시지이다.

<자료-9. 출전-지유샤의 시판본 <일본인의 역사교과서>>

서 문

역사의 지혜에 배운다

(전략) 일본인은 전체적으로 방향성을 잃고 自信을 상실해가고 있는 것처럼 보인다. 왜 이렇게 된 것일까? 이 일본을 다시 세우기 위해서는 무엇에 의지하면 좋을까? 많은 사람들이 이것을 생각하여 거의 공통의 결론에 도달하였다. 일본인이 自己를 회복하기에는 모델을 밖에서 구할 것이 아니라 일본의 좋은 문화와 전통으로 돌아가 오랜 역사의 지혜에 배우는 것 외에는 없다는 것이다. 역사 속에는 일본민족의 방대한 경험과 지혜가 가득 차 있는 것이다.

「자학사관」의 역사교과서

그러나 지금 학교에서 아이들에게 지급하고 있는 교과서에 눈을 돌리면 거기에는 특이한 이야기(story)를 말하고 있다. 동아시아 세계에서는 중국이 가장 상위의 나라이며 한국·조선이 그 다음이며 가장 하위의 일본은 상위의 나라들로부터 일방적으로 문화적 은혜를 받아 왔다고 한다. 그 일본은 韓中에 대한 배은망덕한 무리들이며 근대에 이르러 아시아 나라들을 잔혹하게도 침략하고 가지가지의 범죄행위를 해 온 것처럼 묘사되어 있다. 소위 「자학사관」으로 불리는 왜곡된 일면적인

역사가 위세를 부리고 있는 것이다.(후략)

일본이 자랑해야 할 역사와 전통

일본 역사의 참다운 모습은 그런 것이 아니다. 일본의 국토는 옛날부터 문명을 육성하며 독자적인 전통을 키웠다. 풍성한 자연의 혜택 속에서 1만 수천 년이나 지속된 죠몬시대에 일본인의 온화한 성격이 형성되었다.

고대에서도 근대에서도 일본은 외래의 우수한 문화는 적극적으로 받아들이면서도 스스로의 전통을 잃어버리는 일은 없었다. 천황을 중심으로 나라가 통합되고 일관되게 자립한 국가이려고 하였다. 오랜 독자적 전통과 우리들 조상의 노력 위에 지금의 우리들의 생활이 있는 것이다.

주옥같은 명강의와 표준적 교과서

(생략)

〈일본인의 역사교과서〉 편집위원회를 대표하여
후지오카 노부카츠

먼저 <자료-6>는 이후의 <자료-7·9>와는 조금 다른 내용이 보이기 때문에 <자료-6>부터 간단하게 정리하고 넘어 가자.

<자료-6>의 가장 핵심은 1) 역사를 배운다는 것은 과거의 사실에 대하여 과거 사람이 어떻게 생각하였는가를 배우는 것, 2) 역사에 선악

---

19) 2001년도 후소샤판 교과서의 〈역사를 배워서〉는 기본적으로 05년도의 그것과 내용상 크게 다르지 않기 때문에 여기서는 별도로 제시하지는 않는다.

을 적용시키거나 현재의 도덕으로 재판하는 장으로 삼는 것은 잘못이며 과거에는 과거 나름의 선악과 특유의 도덕이 있었다는 점을 인정할 것 등으로 요약되는데 그 중에서도 첫 번째가 가장 중요한 메시지이다. 그렇지만 이 메시지에 대해서는 이미 기본 시점과 관련한 문제로서 과거를 기준으로 삼아 '현재'라는 시점을 사상하고 있는 점이라든가[20) 실제 교과서 기술에서는 과거 사람의 생각을 기준으로 한 것이 아니라 도처에 현재적인 관심이나 해석이 露呈되고 있다는 지적이[21) 제시되어 있다. 이 두 비판은 서로 모순되는 지적처럼 보이지만 실은 제시된 관점과 실제 서술 사이의 모순을 각각 별도로 지적하고 있는 것이며 이 모순은 '새역모'의 모순이지 비판자의 모순은 아니다.

한편 <자료-7·8·9>의 세 메시지의 핵심 내용은 그 소제목에서 알 수 있는 것처럼 비교적 일관된 메시지를 전하고 있는 것으로 보인다. 필자 나름의 이해를 전제로 간단하게 요약 정리하면 다음과 같다.

첫째, <자료-7>에 잘 나타나 있는 것처럼 우선 학습대상인 일본사가 다름 아닌 우리 일본인의 조상들의 역사이며 역사를 배운다는 행위가 우리들의 조상들과 교감하며 그 지혜를 배우는 것임을 강조한다. 둘째, 이러한 조상의 역사를 침략, 범죄 운운하며 왜곡하는 교과서는 소위 「자학사관」에 빠진 교과서로서 배격되어야 한다(<자료-9>). 셋째, 일본인의 조상의 역사는 자랑스러운 역사이며 그 자랑스러움의 근거는 외래의

---

20) ひらかれた歴史教育の會, 주 9)의 앞의 책은 다음과 같이 비판하고 있다.
"이 교과서에는 이러한 〈현재〉라는 시점이 전혀 없다. 그것보다 〈과거의 사람이 어떻게 생각하고 어떻게 고민했는가〉를 묻는 것을 중시하고 있다. 역사의 사료는 지배자에 관한 사료밖에 남아있지 않은 것이 많으므로 이러한 질문은 역사를 거슬러 올라갈 정도 지배자, 영웅의 〈생각, 고민〉이 되어버려, 거기에서 도출되는 것은 〈앞선 사람들의 고생과 교훈〉밖에 되지 않는다. 그것을 〈자신의 일로 여겨 상상하자〉고 말하는 것이므로 이 책의 노림수는 역사를 〈수신〉이나 〈덕도〉로 하려는 점에 있음을 충분히 알 수 있다."
21) 이근우, 주 9)의 앞의 논문.

우수한 문화를 적극적으로 받아들이면서도 독자적인 전통을 잃어버린 적이 없었다는 점이다. 넷째, 여기서 말하는 독자적 전통이란 구체적으로 일본 열도의 문화의 독자성과 국가의 자립이라는 정치적 독자성을 말한다. 다섯째, 이러한 조상들의 역사에 대한 긍지는 곧 현재 일본이 처한 방향성 상실(근대 이후 추구해 온 이상적 모델의 상실, 패전 이후의 후유증으로서 자신감 상실)에 대한 처방전에 다름 아니다.

요컨대 현재 일본의 문제점은 목표로 삼을 모델(이상적 국가)이 없어졌고 역사상 미증유의 패전 경험(=후유증)으로 인한 자신감 상실이며 이 문제점을 극복하기 위해, 외국의 이상적 국가를 모델로 삼아 열심히 따라가고자 문화를 배우면서도 한편으로는 일본 고유의 독자성을 잃지 않았던 과거의 역사를 자긍심을 가지고 배울 필요가 있다는 것이 핵심 메시지라고 할 수 있다. 나아가 이러한 역사와 전통을 가진 일본이야말로 그 자체 하나의 이상적 모델임을[22] 역설하고 있는 데에서 일본 역사를 보는 '새역모'의 기본자세를 엿볼 수 있다. 그리고 이러한 역사관이 역사(엄밀히 말하면 국사)의 목적성을 강하게 의식하고 있음은 누구라도 금방 느낄 수 있을 것이다.

그렇다면 이러한 역사관이 구체적으로 고대사 서술에는 어떻게 투영되어 있을까? 위의 '새역모'의 메시지 중에 고대사와 가장 연관성이 높은 항목은 셋째와 넷째 즉 외래문화의 수용 및 전통의 고수와 관련된 문화적 독자성과 정치적 자립성이다. 그리고 좀 더 세부적으로 들어가서 눈여겨보면 다음 두 가지 사실을 지적할 수 있겠다. 하나는 외래문화의 수용 및 국가의 정치적 자립과 관련하여 고대와 근대가 자주 대비되면서 언급되고 있는 점이 특징적이라는 사실이다. 그리고 또 한 가지는 '전통'

---

22) 〈자료-9〉에 '일본인이 自己를 회복하기에는 모델을 밖에서 구할 것이 아니라 일본의 좋은 문화와 전통으로 돌아가 오랜 역사의 지혜에 배우는 것 외에는 없다는 것'이 공통의 결론이라는 점에 이것이 잘 나타나 있다.

이 끊임없이 외래문화와 대비되는 요소이자 독자성의 상징어로서 강조되고 있다는 사실이다. 어느 시대를 막론하고 항상 일본의 '전통'은 고수되었다고 할 때의 이 '전통'은 과연 어떠한 역사적 실체가 있는 것인지 다시 한 번 생각해 볼 점이라고 생각된다. 과연 '전통'이란 非외래적인 혹은 純토착적인 요소인가 하는 점도 문제지만 소위 '전통'의 형성 과정이란 그 역사성을 무시한 채 일관되게 전통의 독자성을 강조하는 것은 더욱 문제라고 생각한다. 게다가 그것이 원가 변해서는 안 될, 고정불변의 어떤 성질의 것을 말하는 것이라면 더더욱 문제일 것이다.

예를 들어 <자료-9>에 '고대에서도 근대에서도 일본은 외래의 우수한 문화는 적극적으로 받아들이면서도 스스로의 전통을 잃어버리는 일은 없었다. 천황을 중심으로 나라가 통합되고 일관되게 자립한 국가이려고 하였다. 오랜 독자적 전통과 우리들 조상의 노력 위에 지금의 우리들의 생활이 있는 것이다.'라고 나온다. 여기서는 마치 천황제 국가라는 나라의 지배 형태 자체가 하나의 독자적 전통이며 상실해서는 안 될 것처럼 묘사되어 있다. 만약 천황제가 독자적 전통이라면 여기서의 전통은 다분히 이데올로기적이라고 하지 않을 수 없을 것이다.

고대와 근대의 대비 문제와 독자성·전통의 문제를 가장 집약적으로 보여 주는 것이 바로 성덕태자에 관한 서술 부분이다. 앞서 필자는 별도의 기회에 지유샤판 역사교과서의 고대사 기술을 분석할 기회가 있었음을 언급하였다. 거기서 필자는 성덕태자에 관해 다음과 같이 지적하였다.[23] 즉 성덕태자를 강조하는 요점은 "성덕태자는 내정에서도 외교에서도 일본의 고대국가의 설계도를 그린 지도자였다."(37쪽)는 기술에 집약되어 있다고 해도 과언이 아닐 것이다. 그리고 그런 인물로 평가하고 있는 만큼 일본 고대 국가의 형성과 관련된 기술에서 도처에 성덕태자와

---

23) 이하 성덕태자에 관한 기술은 일정 부분 이재석, 주 12)의 앞의 논문을 토대로 작성하였음을 밝혀둔다.

의 관련성을 이야기 하고 있다. 예를 들어 소위 대화개신의 과정을 성덕태자의 이상 내지 성덕태자 이래의 국가 이념을 실현하기 위해 단행된 것이었다든가,[24] 7세기 말 천무·지통천황 시대의 정치에 관해 "여기에 성덕태자의 신정 이후 국가 조성이 완성에 가까워졌다"고[25] 한 것 등은 좋은 예이다. 아울러 성덕태자는 일본 국가형성 과정에서 다음과 같은 업적을 남긴 인물로 묘사되고 있다.

ㄱ) 17조 헌법을 제정하여 화(和)를 중시하는 일본사회의 전통을 창출함[26]

ㄴ) 독립된 국가로서의 발전을 위해 제도를 정비함[27]

ㄷ) 遣隋使를 파견하여 수나라에 대등함을 표방하며 결코 중국 세력에 굴복하지 않았음[28]

---

24) '그러나 성덕태자가 죽은 후 소아씨 일족이 횡포를 부리게 되었다. … 이윽고 성덕태자의 이상을 이어받아 소아씨를 누르고 천황을 중심으로 하는 국가 조성을 요구하는 기운이 생겼다. … 다이카의 개신은 성덕태자 이래의 국가 이념을 실현하기 위해 천황과 신하의 구별을 분명히 해서 일본의 독자적인 국가 질서를 세우려고 한 것이었다.'(38~39쪽)

25) 지유샤판 교과서, 41쪽.

26) '604년 태자는 17조의 헌법을 정했다. 그 내용은 호족이 싸움을 멈추고 사람들이 화(和)의 정신을 가지고 천황을 중심으로 협력해 나가는 것 등을 구한 것으로, 관리의 각오와 국가의 이상이 나타났다. 화(和)를 중시하는 사고방식은 그 후의 일본사회의 전통이 되었다.'(35쪽)

27) '600년 성덕태자는 수에 사자(견수사)를 보냈다. … 수의 강대함을 알고 있던 태자는 일본이 독립된 국가로서 발전하기 위해 대륙에서 뛰어난 제도를 도입할 필요가 있다고 생각했다. … 603년, 태자는 유력한 호족이 직무를 맡던 지금까지의 구조를 고쳐 태생이나 집안에 상관없이 국가를 위해 훌륭한 일을 한 인물을 관리로 채용하는 관위12계 제도를 도입했다.' 다만 한 가지 주의할 것은 관위 12계 제도는 조정에 출사하는 관인들의 일종의 신분 표식이지 관리 채용 제도 자체는 아니었다는 점이다. 그런 점에서 위의 본문에 관리 채용 제도의 인상을 주는 서술 부분은 부적절하다고 할 수 있다.(34~35쪽)

28) '국내 개혁에 성공한 성덕태자는 607년, 두 번 견수사를 파견했다. … 이때 수의 황제에게 보낸 편지에는 [해가 뜨는 나라의 천자가 해가 지는 나라의 천자에게 편지를 보낸다. 안녕하신가]라고 쓰여 있었다. 태자는 편지의 문장에서 대등한 입장을 강조함으로써 수에 결코 복속하지 않겠다는 결의를 표명한

ㄹ) 중국에 대해 일본의 자립 의지를 나타내기 위하여 현재의 군주호
이기도 한 천황 호칭을 처음 사용하였음[29]

ㅁ) 불교뿐만 아니라 토착 신앙도 아울러 존중하여 외국의 뛰어난 문
화를 받아들이면서 자국의 문화를 버리지 않는 일본의 전통 형성에 기여
하였음[30]

요컨대 천황 중심의 국가 체제 확립의[31] 토대를 구축하고 일본 전통
문화의 창달 및 중국에 대한 일본의 독자성 주장을 주도한 참다운 지도
자로 묘사되고 있는 것이다. 앞서 언급한 <자료-7·8·9>에서 '새역모'
가 제시하고 싶어 하였던 전근대 일본 사회의 특질로서의 제요소가 여기
에 빠짐없이 제시되어 있음을 알 수 있을 것이다. 고대국가의 형성을 묘
사하는 단락에서, 그것도 성덕태자라는 걸출하면서도 이상적인 천황가
의 왕족에게 지도되면서 고대 일본의 특질이 형성되어 갔다고 주장하고
있는 것이다. 왜 '새역모'가 유별나리만큼 성덕태자를 강조하는 이유의

것이었다.'(36쪽)

29) '608년, 세 번째 견수사를 파견하게 되었다. 그 때 편지의 문장을 어떻게 할
지가 문제였다. 중국의 천제를 화나게 한 이상, 중국의 군주와 같은 호칭을
쓸 수는 없었다. 그러나 다시 왜왕이라는 호칭으로 돌아가 중국에 자국의 지
배권을 인정하게 하는 길을 택하고 싶지 않았다. 일본이 대륙의 문명에 흡수
되어 고유의 문화를 잃는 것은 피하고 싶었다. 그래서 이때의 편지에는 [동쪽
의 천황, 삼가 서쪽의 황제에게 아뢴다]라고 쓰였다. 황제라는 문자를 피함으
로써 수의 입장에 배려하면서도 칭호를 사용함으로써 양국이 대등한 것을 표
명한 것이다. 이것이 천황이라는 칭호가 사용된 시초로 여겨진다. 일본의 자
립 의지를 나타낸 천황이라는 칭호는 그 후에도 계속 사용되어 오늘날에 이르
렀다.'(36~37쪽)

30) '성덕태자는 607년에 호류지를 세우는 등 소아씨와 함께 불교를 깊게 믿었
다. 그러나 한편으로 태자는 일본 전통의 신들을 중요하게 여기는 것도 잊지
않았다. 같은 해에는 추고천황이 전통의 신들을 계속 제사할 것을 서약했다.
이러한 성덕태자의 태도는 외국의 뛰어난 문화를 받아들이면서 자국의 문화
를 버리지 않는 일본의 전통으로 연결되었다고 생각된다.'(37쪽)

31) '태자는 소가노우마코와 협력하면서 정치를 진행했지만 태자의 정치의 진정
한 목표는 호족의 힘을 누르고 천황을 중심으로 한 국가의 기반을 정비하는
것이었다.'(35쪽)

일단을 여기서 발견할 수 있을 것이다.[32]

그리고 또 한 가지 성덕태자 관련 기술에서 놓칠 수 없는 것이 있다. 그것은 학습지도요령과의 관련성 문제이다. 중학교 학습지도요령[1998 (平成 10)년 12월 告示, 2003(동15)년 12월 일부 改正]의 <歷史的分野>의 <2 內容>의 <(2) 古代までの日本>에는 다음과 같이 나온다.

> ヴ 대륙의 문물과 제도를 적극적으로 받아들이면서 국가의 짜임새가 정비되고 그 후 천황·귀족의 정치가 전개된 것을 성덕태자의 정치와 대화개신, 율령국가의 확립, 섭관정치를 통해 이해시킨다

ヴ에 관해서는 율령국가의 형성 이후 그것을 변질시키면서 나라(奈良)의 도읍과 平安京에서 천황·귀족의 정치가 행해진 것을 파악하게 하는 관점에서 다루도록 할 것. 이때 율령제의 변질과 율령정치의 실태 등에는 깊이 들어가지 않도록 할 것.

위의 내용에서 알 수 있는 것처럼 원래 성덕태자는 학습지도요령에서도 일정 부분 강조되어 기술되도록 설정되어 있다.[33] 따라서 '새역모'의 성덕태자 강조는 '새역모'만의 독특한 것은 아니라고 할 수 있으며[34] 오히려 학습지도요령의 지도 사항을 충실하게 이행하고 있다고 할 수 있다.[35] 그렇지만 아무리 성덕태자에 대한 강조가 권장 사항이라고 해도

---

32) 당시 추고조의 정치를 과연 성덕태자 중심의 정치로 볼 수 있는가 하는 문제를 포함하여 상기 성덕태자의 특징들에 대한 비판은 이재석, 주 12)의 앞의 논문 참조.

33) 일본 고대국가의 형성 과정을 6세기 말 7세기 초 推古朝 성덕태자의 정치에서부터 시발점을 잡아 7세기 중반 대화개신을 거쳐 7세기 말 8세기 초 정어원령 내지 대보율령의 성립에 이르러 일단락된 것으로 파악하는 이해는 사카모토 타로(坂本太郎)에 의해 확립되어 오늘날 일본에서 일반적으로 유통되고 있다.

34) 사실 현행 일본 역사교과서는 중-고교 교과서 여부를 불문하고 대부분 7세기 아스카 조정의 정치로서 성덕태자의 정치를 중심으로 언급하고 있다.

35) 이점은 연민수 주 1)의 앞의 논문, 19쪽에서도 지적하고 있다.

위의 '새역모'의 경우처럼 그렇게 노골적으로 이상적인 인물상으로 미화, 묘사하라고는 되어 있지 않다. 그런 점에서 '새역모'의 성덕태자 미화는 유별나다고 할 수 있겠다.

한편 고대와 근대의 대비는 위의 <자료-7·8·9>에서 나타나 있듯이 바로 견수사, 견당사의 파견과 국가의 자립성 유지 측면에서 상호 대비되어 나타나는데 비단 성덕태자만의 문제는 물론 아니다. 본질적인 문제는 왜 고대가 자주 근대와 대비되면서 묘사되는가에 있다고 할 수 있을 것이다. 견수사, 견당사에 대비되는 근대의 그것은 메이지 시기의 구미 유학생들이며 양 시기 모두 국가의 자립(독립)성이 당대의 문제의식으로 부각되어 있는 것도 공통적이다.

여기에 대한 해답으로서는 일본 고대사가 일본의 근대 경험에 의해 발견되거나 만들어졌다는 이성시의 지적이[36] 일단 타당하다고 할 수 있겠다. 즉 메이지 유신 이후 서구를 이상적 모델로 하여 구미 문화를 섭취하여 근대국가로의 탈바꿈을 꾀하면서 한편으로는 국가의 독립성 확보(대등외교의 추구)가 관건이었던 당대의 대외적 긴장감이 고대사에도 투영되었다는 것이다. 말하자면 중국을 이상적 모델로 하여 당의 문화를 섭취하여 율령 국가로 변모해 나가면서 한편으로는 중국에 대해서도 마찬가지로 대등외교를 추구하였다는 고대사 인식 구도의 성립 배경에는 의외로 근대 이후 서양과의 접촉이 있었다는 것이다.

이 관점에서 보면 추고조 對隋외교의 대등외교 추구라든지 견당사를 통한 당 문물 도입에 대한 집착은 비단 '새역모' 교과서만의 역사 인식은 아니라고 할 수 있다.[37] 하지만 대등외교와 견당사에 관한 인식의 형성이 비록 근대 이후의 소산이라고 하더라도 지금 '새역모'의 성덕태자

---

36) 이성시, 「고대사에 나타난 국민국가 이야기」, 『만들어진 고대』, 삼인, 2001.
37) 이점에 관해서는 예를 들어 이재석, 「고대사 서술의 특징과 문제점-2007년 검정 고교 〈일본사〉 교과서를 중심으로」, 『한일관계사연구』 30, 2008, 111~118쪽을 참조.

기술의 경우처럼 과도하게 對중국 관계를 의식하는 것은 근대 이후의 소산으로만 돌릴 수는 없으며 역시 현재의 문제의식이 반영된 결과라고 보는 것이 타당하지 않을까 생각한다. 필자는 그 현재의 문제의식이란 바로 중국과 미국 사이에서 앞으로 어떻게 일본이 자립을 유지, 달성해 갈 수 있을 것인가에 핵심이 있다고 생각하며 이러한 문제의식이 그대로 교과서에 투영되어 나타났다고 보면 이해될 수 있는 부분이 많다고 생각한다.

한편 상기 성덕태자 관련 기술 이외에도 필자는 별도의 지유샤판 교과서 분석에서 일본 고대사에 관하여 다음과 같은 사항을 지적한 바 있다.[38] 즉 첫째는 조상('先祖') 표현의 사용 빈도수가 후소샤판에 비해 많이 늘어났다는 점, 둘째, 일본인의 기원에 관한 문제로서 구석기 시대의 사람을 일본인의 기원으로 상정하고 있는 점, 셋째, 문화 형성 과정의 역사성을 무시하고 죠몬 문화를 곧바로 일본인과 일본문화의 특징(부드러움, 다양함, 유연함)으로 연결시켜 해석하고 있는 점, 넷째, 야요이인의 형성에 대한 기술이 없으며 남방계와 북방계의 혼혈 가능성을 죠몬시대에 설정하여 그 형성 시기를 대폭 올려 잡고 있는 점, 다섯째, 조공에 대한 인식 문제로서 조공-책봉 관계를 의무가 수반되는 군신 관계로서 도식적으로 파악하며 외교 당사자의 자율적 입장을 무시하고 있는 점, 여섯째, 일본의 신화와 전승이 여전히 강조되고 있는 점, 등이 그것이다.

그런데 이러한 문제점들도 위의 <자료>의 내용과 연관 지어 생각해 보면 모두 나름의 연관성이 있음을 알 수 있다. '조상' 표현의 증가 및 일본인 조상의 기원과 형성에 관한 제문제는 모두 일본사를 조상의 역사로 명쾌(?)하게 규정한 것과 무관하지 않을 것이다. 게다가 '조상'이란 말은 중학교 학습지도요령의 지침에[39] 입각하여 일본 역사에 대한 '애정'

---

38) 이재석, 주 12)의 앞의 논문, 63~68쪽.
39) '교과서 지도서'는 중학교 학습지도요령(1998년 고시)에 중학교 사회의 〈歷史

을 심화시키는 고의적 장치로서 선택되어 강조되고 있는 용어로 볼 여지
도 있는 것 같다. 그리고 조공에 대한 도식적 이해는 중국에 굴복하지
않았다는 점을 의식적으로 대서특필하려는 '새역모'의 입장에서 보면 결
국 일본의 입장을 강조하고 나아가 조공-책봉 관계에 있었던 한반도의
국가에 대한 상대적 우월감을 고취시키려는 의도가 있는 것으로 생각된
다. 그리고 일본 신화 전승에 대한 강조는 기타 교과서에서는 보이지 않
는 '새역모' 교과서의 특징이라고 할 수 있는데, 천황·천황제 국가에 대
한 고대인의 念을 부각시켜 궁극적으로는 천황·천황제 국가를 강조하려
는 의도로 보면 大過는 없을 것이다.

한편 기존의 연구에서는 '새역모'의 교과서가 추구하는 역사관으로서
다음과 같은 특징들을 언급하고 있다. 예를 들어 연민수는 1) 천황 중심
사관, 2) 침략주의 사관, 3) 독선적 문화 우월 사관을 들고 있으며[40] 이
성시는 01년도의 후소샤 교과서에 대해 1) 일본의 신화 전승을 적극적으
로 도입하고 있은 점, 2) 철저히 근대적 가치 기준에 의거해 고대사의
사건과 고대 문화에 대한 평가를 내리고 있는 점, 3) 고대의 정치 사회
문화에서 한국 중국과의 차이를 과도하게 강조하고 있는 점, 4) 전후의
역사학 연구 성과를 거의 반영하고 있지 않은 점 등을 특징으로 들었
다.[41] 그리고 첫째, 신화의 취급이 보다 교묘해졌다는 점, 둘째, 일본의
전통, 고유문화를 강조하여 일본의 우월성을 강조하고 있는 점, 셋째, 성
덕태자에 대해 지나치게 강조하고 있는 점, 넷째, 국가나 천황 중심의
서술이며 일반 민중에 대한 시점은 보이지 않아 <새로운> 역사관에는

___

的分野〉 학습 목표의 첫 번째 항목으로서 「우리나라의 역사에 대한 애정을 깊
게 하고 국민으로서의 자각을 기른다.」고 摘示하고 있는 점에 대해 "종래에는
없었던 「애정」이라는 단어가 〈歷史的分野〉의 목표로 새롭게 첨부된 것은 큰
의의를 지니고 있다."(4쪽)고 평가하고 있다.

40) 연민수, 주 1)의 앞의 논문.
41) 李成市, 「日韓歷史敎科書の古代史叙述をめぐって」, 歷史學研究會 編, 『歷史敎科書
をめぐる日韓對話』, 大月書店, 2004.

걸맞지 않는 점 등을 거론하는 연구 성과도 있다.[42]

이러한 지적 사항들은 서로 중복되는 지적도 있지만 기본적으로 타당하다는 점과 아울러 09년 지유샤판 교과서에도 그대로 해당된다는 점을 마지막으로 확인해 둔다.

5. 맺음말

이 논문에서 나는 지유샤의 역사교과서와 후소샤의 교사용지도서의 일본 고대사 서술을 분석하여 '새역모'의 일본 고대사 인식을 살펴보았다. 특히 교과서 제작사가 간행하는 <교사용 지도서>의 경우, 비록 이 것이 구속력이 없는 교사용 참고서 정도에 불과하지만, 후소샤의 그것은 '새역모'의 인식이 반영되어 있다는 점에서 전면적으로 검토해 볼만한 가치는 있다고 하겠다.

교과서 서술에서 다루어지는 고대사 영역의 가장 비중 있는 사항은 역시 '고대국가'의 성립과 소위 전통문화의 형성이라고 할 수 있다. 이점은 비단 '새역모' 교과서만의 특성이 아니라 현행 일본 교과서 일반의 특징이라고도 할 수 있다.[43] 그렇지만 '새역모' 교과서는 일본 고대사의 전개 과정을 과거의 조상-현재의 일본인 사이의 자기들만의 폐쇄적 연결 관계 속에서 이야기하려고 하였으며 또한 동아시아 諸國과의 관계에서 특히 중국과 한반도 국가에 대한 일본(왜)의 독자성을 지나치게 강조하며 의식하고 있다는 점이 기타 교과서와 구별되는 점이라고 할 수 있겠다. 일본의 독자성 강조는 전통문화의 형성에서도 그대로 투영되어, 예를 들어 '국풍문화'를 대륙문화의 영향을 받지 않은 문화로 간주하는

---

42) ひらかれた歴史教育の會, 주 9)의 앞의 책.

43) 이 문제에 대해서는 이재석, 주 37)의 앞의 논문에서 이미 확인한 바 있다.

국수주의적 태도가 여과 없이 드러나고 있으며, 이러한 독자성을 지닌 고대국가의 형성과 전통문화의 성립을 성덕태자라는 이상적 인물상을 통해 설명하려고 하는 점도 '새역모' 역사 인식의 이색적인 점이라고 할 수 있을 것이다.

『일본인의 역사교과서』(自由社)의 근세 한국사 관련서술과 日本近世史像

손 승 철*

1. 머리말

1982년 소위 일본역사교과서의 왜곡파동을 전후한 시기부터 근 30년 간 일본역사교과서의 왜곡서술이 계속되고 있다. 그동안 '근린제국에 대한 이해와 협조에 대한 배려조항'이나 양심적인 학자들의 노력에 의해 식민지지배의 실태나 침략전쟁의 진실 등이 모든 교과서에 서술될 정도로 상당히 개선되어 왔던 것도 사실이다. 그러나 21세기에 들어서면서, 일본 내의 우익활동이 고조되면서 그동안의 개선노력이 수포로 돌아가고, 교과서 갈등이 더욱 악화되고 있다. 그 대표적인 사례가 2002년에 있었던 扶桑社의 『새로운 역사교과서』(『新しい歴史教科書』)이며, 그 채택율이 저조하자 2009년 5월에 발행된 自由社의 또다른 우익교과서 『일본인의 역사교과서』(『日本人の歴史教科書』) 출현이다.

2009년 현재, 일본에는 총 8종의 중학교 역사교과서가 사용되고 있으며, 2010년에는 <自由社>판이 추가될 것이다. 현재 사용되고 있는 8종

---

* 강원대학교 교수

교과서의 채택율은 아래표와 같다.

이 글에서는 1980년대 이후, 일본중학교 교과서 가운데 채택율이 가장 높은 <東京書籍>판과 2000년 이후 새로 출현한 극우파교과서 <扶桑社>와 <自由社>판의 근세부분 한국사관련 서술을 비교한 후, 이들 교과서에 나타난 일본 近世史像을 분석하려고 한다.

그동안 일본 중학교 교과서의 한국사관련 서술에 대한 분석은 여러 차례에 걸쳐 이루어졌다. 그러나 일본교과서에 나타난 近世史像이 한국사관련 서술과 어떠한 관련이 있는지, 나아가 그것이 어떻게 한국사관련 서술에 반영되고 있는지에 대해서는 별로 연구가 된 적이 없었다. 이글은 이러한 관점에서 일본 근세관이 역사서술 및 한국사관련 서술과 어떤 관계가 있는가를 시론적으로 분석하고자 하는 의도로 작성하고자 한다.

<중학교 역사교과서 채택율>(단위 %)

순위	출판사	교과서명, 저자	1982년	1990년	2002년	2006년
①	東京書籍	『新しい 社會 歷史』 田邊裕 외 37명	32.1	35.0	51.2	51.2
②	大阪書籍	『中學社會』 熱田公 외 12명	16.9	16.3	14.0	15.4
③	教育出版	『中學社會 歷史』 笹山晴生 외 41명	11.6	16.0	13.0	11.8
④	帝國書院	『中學生の歷史』 黑田目出男 외 7명	-	1.4	10.9	14.2
⑤	日本書籍	『中學社會「歷史的分野」』 兒玉幸多 외 15명	16.01	16.05	5.9	3.1
⑥	淸水書院	『新 中學校 歷史』 大口勇次郎 외 12명	8.0	3.7	2.5	2.4
⑦	日本文敎出版	『中學生の社會科·歷史』 大濱徹也 외 11명	-	-	2.3	1.4
⑧	扶桑社	『新しい 歷史敎科書』 西尾幹二 외 13명	-	-	0.04	0.4

2. 일본교과서의 서술경향

일본중학교 역사교과서의 근세 한일관계 내지 한국사관련 기사 중 문제가 되는 서술은 주로 왜구, 조선국호와 통교문제, 임진왜란, 조선통신사 및 왜관 등이다. 이 글에서는 채택율이 가장 높은 <東京書籍>판 및 극우파 출판의 교과서로 지목되는 <扶桑社> 및 <自由社>판을 중심으로 그 내용을 분석하고자 한다.[1]

1) 東京書籍 교과서

① 왜 구

1983년	1992년	2002년	2006년
倭寇와 日明貿易	倭寇와 日明貿易	동아시아의 변동	동아시아의 변동
九州와 瀨戸內海 연안의 무사와 어민 중에는 집단을 이루어 조선과 중국으로 건너가 무역을 강요한다든지 해적질을 한다든지 하는자가 나타났다. 중국과 조선에서는 이들을 왜구라 부르며 두려워했다.(92쪽)	元寇이후 西國武士와 상인·어민 중에는 집단으로 조선과 중국에 건너가 해적으로 활동하는 자가 나타났다(*1). 중국과 조선에서는 그들을 왜구라 부르며 두려워했다. (*1 : 명대 후반이 되자 중국인이 왜구라고 칭하는 일이 많아졌다) (94쪽)	명은 대륙연안을 습격하는 왜구의 단속을 일본에 요구해 왔다.(*2) 西國武士나 상인·어민 가운데에 집단을 만들어 무역을 강요하거나, 해적으로 나서는 자가 있어서, 왜구라고 불려지고 있었기 때문이다. *2: 왜구 가운데는 일본인 이외의 사람도 많이 있었다.(59쪽)	명은 대륙연안을 습격하는 왜구의 단속을 일본에 요구해 왔다.(*2) 이즈음 西國武士나 상인·어민 가운데 집단을 만들어 무역을 강요하거나, 해적으로 나서는 자가 있어서, 왜구라고 불려지고 있었기 때문이다. *2: 왜구 가운데는 일본인 이외의 사람도 많이 있었다.(65쪽)

왜구의 구성원에 대해서는 1982년에는 九州와 瀨戸內海 연안의 武士와 어민이라고 하다가, 1992년에는 西國의 武士와 상인·어민으로 일부

내용이 바뀌었다. 2002년 이후에는 여기에 다시 주를 달아서 <왜구가 운데는 일본인 이외의 사람도 많이 있었다>라는 모호한 표현으로 서술했다.

② 조선국호와 통교

1983년	1992년	2002년	2006년
명과 조선	**동아시아의 정세**	**동아시아의 변동**	**동아시아의 변동**
이성계가 14세기 말에 고려를 멸망시키고 朝鮮國을 세웠다. 李氏朝鮮에서는 불교를 억압하고 주자학을 장려하며… 일본과의 무역도 열려, 면포 등이 일본으로 수출되었다. (93쪽)	이성계가 14세기 말에 고려를 멸망시키고 朝鮮國을 세웠다. 李氏朝鮮에서는 불교를 억압하고 주자학을 장려하며… 일본과의 무역도 열려, 면포 등이 일본으로 수출되었다. (96쪽)	조선반도에는 고려가 멸망하고, 대신에 朝鮮國이 세워졌다. 조선말을 써서 나타낸 한글이라는 글자가 만들어지고, 일본과의 무역도 열렸다.(59쪽)	조선반도에는 고려가 멸망하고, 대신에 朝鮮國이 세워졌다. 조선말을 써서 나타낸 한글이라는 글자가 만들어지고, 일본과의 무역도 열렸다.(65쪽)

1983년과 1992년에는 朝鮮國을 세웠다고 하면서도, 李氏朝鮮을 병기해서 서술했으나, 2002년부터는 조선국만을 썼다. 그러나 通交가 열리는 과정은 구체적으로 서술하지 않고, 다만 무역이 시작된 사실만을 서술함으로써 일본측의 요청에 의해 시작되는 조일무역의 실상을 밝히지 않고 있다.

③ 임진왜란

1983년	1992년	2002년	2006년
秀吉의 대외정책	**조선침략**	**조선침략**	**조선침략**
秀吉은 또한 국내의 통일만으로는 만족하지 못하고 명으로도 진출하려고 생각하였다. 그리고 그 통로로에 해당하는 조선에 두차례에 걸쳐 대군을 보	秀吉은 또한 국내의 통일만으로는 만족하지 못하고 명으로도 진출하려고 생각하였다. 그리고 그 통로에 해당하는 조선에 두차례에 걸쳐 대군을 보	秀吉은 명(중국)을 공격하기 위해, 1592년 조선에 兵을 보냈다. 부산에 상륙한 일본군은 수도 한성(현재의 서울)을 점령하고 평양까지 진격했다. … 이	秀吉은 국내통일만으로 만족하지 않고, 조선, 인도, 루손(필리핀), 고산국(대만) 등에 편지를 보내, 복속을 요구했다. 1592(文祿元)년에는 명(중국)

내, 명과 조선의 군대와 싸웠다. … 이 두 번에 걸친 싸움으로 조선은 큰 손해를 입고 … (130~131쪽)	내, 명과 조선의 군대와 싸웠다. … 이 두 번에 걸친 싸움으로 조선은 큰 손해를 입고 … (131~132쪽)	7년에 걸친 싸움으로 조선에서는 많은 사람들이 살해되었고, 일본에 연행되어 전 국토는 황폐하게 되었다.(79쪽)	의 정복을 목표로 조선에 대군을 파견했다. … 이 7년에 걸친 싸움으로 조선에서는 많은 사람들이 살해되었고, 일본에 연행되어 전 국토는 황폐하게 되었다.(87쪽)

임진왜란 관련 항목의 명칭을 보면, 1983년에는 <秀吉의 대외정책>이라고 했으나, 1992년부터는 <조선침략>으로 표기했다. 또한 1983년과 1992년에는 국내통일로 만족하지 못한 秀吉이 명으로 진출하려 했고, 그 과정에서 그 통로에 해당되는 조선에 군대를 파견했다. 2002년에는 명을 공격하기 위해 조선에 군대를 파견했다고 서술했고, 2006년에는 秀吉이 국내통일만으로 만족하지 않고, 조선, 인도, 루손(필리핀), 고산국(대만)등에 편지를 보내, 복속을 요구했으며, 1592(文禄元)년에는 명(중국)의 정복을 목표로 조선에 대군을 파견했다고 서술했다. 결국 조선침략의 원인은 명을 점령하기 위한 것이었지, 처음부터 조선을 침략하기 위한 것이 아니라는 애매한 서술을 하고 있다. 임진왜란의 경과나 피해상황에 대해서는 1983년판에 비해 2006년판에는 자세히 서술하고 있고, 陶工으로 九州 有田에 끌려가서 도자기 시조가 된 李參平을 陶祖로 상세히 서술했다. 또 임진왜란에 의해 조선의 활자인쇄술이 일본에 전해졌음을 소개했다.

④ 조선통신사와 왜관

1983년	1992년	2002년	2006년
쇄국이후의 외교와 무역	쇄국이후의 외교와 무역	조선과 琉球	조선과 琉球
조선과는 家康 때 국교를 회복하고부터 장군이 바뀔 때마다 경	조선과는 家康 때에 국교를 회복하고부터 장군이 바뀔 때마다	조선과는 家康시대에 조선과 강화가 맺어져, 장군의 대가 바뀔	家康의 시대에 조선과 강화가 맺어져, 장군의 대가 바뀔 때 마

하사절이 오는 관례가 생겼다. (141쪽)	경하사절(通信使)이 오는 관례가 생겼다. 그 연락을 맡은 대마번은 무역을 하는 것도 허락되어, 조선의 산물과 중국의 견 등을 수입하였다.(144쪽)	때 마다 400~500인의 사절(通信使)가 오는 것이 관례가 되었다. 대마번은 국교의 실무를 담당하는 것과 함께 무역이 허가되어, 조선 부산에 商館을 두고, 목면이나 조선인삼, 비단 등을 수입했다.(88쪽)	다 400~500인의 사절(通信使)가 오는 것이 관례가 되었다. 대마번은 국교의 실무를 담당하는 것과 함께 무역이 허가되어, 조선 부산에 세운 倭館에서 은, 동 등을 수출하고, 목면이나 조선인삼, 비단 등을 수입했다.(97쪽)

　조선통신사에 관해서는 통신사에 대한 명칭, 통신사의 재개과정, 통신사의 파견목적 등이 관심의 주제이다. 통신사의 명칭에 대해 1983년판에는 단순한 경하사절로 했다가 1992년에는 경하사절(通信使)라 했고, 2002년부터는 경하를 빼고 사절(通信使)로 표기했다. 경하라는 표현이 일본 우위의 입장이라는 한국측의 수정요구를 의식한 듯하다. 그러나 내용적으로는 일본 우위의 입장이 계속 견지되고 있다.

　한편 2002년판부터는 부산 왜관을 <대마번에서 부산에 설치한 商館> 또는 <對馬藩이 부산에 세운 倭館>으로 서술함으로써, 조선에서 설치한 역사적인 사실을 왜곡하여 마치 일본의 在外公館인 것 같은 인식을 주고 있다. 이러한 인식에 의해 일본근대사에서는 1872년 일본 군함에 의한 부산왜관의 武力占領을 명치정부에 의한 倭館接受로 표현하고 있으며, 국내에서도 일부 무비판적으로 사용되고 있다.

2) 扶桑社, 自由社 교과서

① 왜 구

扶桑社(2002년)	扶桑社(2006년)	自由社(2009년)
일명무역	**勘合貿易과 왜구**	**勘合貿易과 왜구**
14세기 후반, 중국에 건국한	14세기 후반, 중국에서는 한	14세기 후반, 중국에서는 한

명은 일본에 왜구의 단속을 요구했다. 왜구란 이 당시 조선반도나 중국대륙의 연안에 출몰하던 해적집단을 말한다. <u>그들은 일본인외에 조선인도 많이 포함되어 있었다.</u> (97쪽)	민족의 반란에 의해서 원이 북방으로 쫓겨가고, 명이 건국되었다. 명은 일본의 왜구의 단속을 요구하였다. 왜구란 이 당시 조선반도와 중국대륙의 연안에 출몰하던 해적집단을 말한다. <u>그들은 일본인 외에 조선인도 많이 포함되어 있었다.</u> (79쪽)	민족의 반란에 의해서 원이 북방으로 쫓겨가고, 명이 건국되었다. 명은 일본의 왜구의 단속을 요구하였다. 왜구란 이 당시 조선반도와 중국대륙의 연안에 출몰하던 해적집단을 말한다. <u>그들은 일본인 외에 조선인도 많이 포함되어 있었다.</u> (79쪽)

扶桑社版은 2002년에는 일명무역의 항목에서 왜구를 서술했으나, 2006년판에는 <감합무역과 왜구> 항목으로 바꾸었다. 왜구에 관한 서술에서는 왜구구성에 <일본인 외에 조선인도 다수 포함되어 있었다>는 부분이 쟁점이 되고 있으며, 이 서술은 두 책이 모두 같다.

② 조선국호와 통교

扶桑社(2002년)	扶桑社(2006년)	自由社(2009년)
조선과 琉球	**조선과 琉球**	**조선과 琉球**
조선반도에서는 14세기에 이성계가 고려를 무너뜨리고 <u>조선국(李氏朝鮮)을</u> 건국하였다. 조선도 명과 마찬가지로 일본에 왜구의 금지와 통교를 요구해왔다. 막부가 이에 응한 결과, 日朝무역이 시작되었다. … 그러나 16세기초 조선 항구에 정박해 있던 일본인이 관리들의 처우에 반발하여 폭동을 일으켰다가 진압되는 사건이 일어났다. 그 뒤에 조선과의 무역은 부진하게 되었다. (107쪽)	조선반도에서는 14세기에 이성계가 고려를 무너뜨리고 <u>조선국(李氏朝鮮)을</u> 건국하였다. 조선도 명과 마찬가지로 일본에 왜구의 금지와 통교를 요구해 왔다. 막부가 이에 응한 결과, 日朝무역이 시작되었다. 그러나 16세기에 들어가면 日朝간에 마찰이 일어나, 조선과의 무역은 부진하게 되었다. (87쪽)	조선반도에서는 14세기에 이성계가 고려를 무너뜨리고 <u>조선국(李氏朝鮮)을</u> 건국하였다. 조선도 명과 마찬가지로 일본에 왜구의 금지와 통교를 요구해왔다. 막부가 이에 응한 결과, 日朝무역이 시작되었다. 그러나 16세기에 들어가면 日朝간에 마찰이 일어나, 조선과의 무역은 부진하게 되었다. (87쪽)

조선국호와 통교에 관한 서술이 두 책 모두 <朝鮮와 琉球> 항목에서 서술했다. 두 책 모두 서술 내용이 같으며, 朝鮮國(李氏朝鮮)이라고

표기하고 있고, 朝·日通交의 시작을 조선이 일본에 통교를 요구해 왔고, 幕府가 이를 수용한 결과로 서술했다. 이 부분은 통교에 관한 역사사실을 완전히 전반대로 왜곡한 대표적인 사례로 볼 수 있다.

③ 임진왜란

扶桑社(2002년)	扶桑社(2006년)	自由社(2009년)
조선에의 出兵	**조선에의 出兵**	**조선에의 出兵**
약 100년만에 전국 통일을 완성한 秀吉의 의기는 충천하였다. 秀吉은 중국의 명나라를 정복하고, 天皇과 함께 자신도 대륙에 옮겨 살면서, 동아시아에서 인도에 이르는 지역을 지배하려는 거대한 꿈을 가졌다. 1592(文祿元)년, 秀吉은 15만의 대군을 조선에 보내었다. (121쪽)	약 100년만에 전국 통일을 완성한 秀吉의 의기는 충천하였다. 秀吉은 중국의 명나라를 정복하고, 天皇과 함께 자신도 대륙에 옮겨 살면서, 동아시아에서 인도에 이르는 지역을 지배하려는 거대한 꿈을 가졌다. 1592(文祿元)년, 秀吉은 15만의 대군을 조선에 보내었다. (97쪽)	약 100년만에 전국 통일을 완성한 秀吉의 의기는 충천하였다. 秀吉은 중국의 명나라를 정복하고, 天皇과 함께 자신도 대륙에 옮겨 살면서, 동아시아에서 인도에 이르는 지역을 지배하려는 거대한 꿈을 가졌다. 1592(文祿元)년, 秀吉은 15만의 대군을 조선에 보내었다. (97쪽)

임진왜란에 관한 두 출판사의 서술 내용이 똑같다. 임진왜란을 <朝鮮侵略>이라는 용어 대신에 <조선에의 出兵>이라고 표기했으며, 임진왜란의 원인을 <豊臣秀吉이 명을 정복하고, 인도까지 점령하여 동아시아에서 인도에 이르는 지역을 지배하려는 거대한 꿈을 실현하기 위한 행위>로 미화하여 서술했다.

④ 조선통신사와 왜관

扶桑社(2002년)	扶桑社(2006년)	自由社(2009년)
조선·유구·蝦夷地	**조선·유구·蝦夷地**	**조선·유구·蝦夷地**
막부는 家康때 對馬의 宗氏를 통하여 秀吉의 出兵으로 단절된 조선과의 국교를 회복했다. 양국은 대등한 관계를 맺고, 조선에서는 將軍의 대	막부는 家康때 對馬의 宗氏를 통하여 秀吉의 出兵으로 단절된 조선과의 국교를 회복했다. 양국은 대등한 관계를 맺고, 조선에서는 將軍의 대	막부는 家康때 對馬의 宗氏를 통하여 秀吉의 出兵으로 단절된 조선과의 국교를 회복했다. 양국은 대등한 관계를 맺고, 조선에서는 將軍의 대

가 바뀔 때마다 通信使라고 불리는 사절이 江戸를 방문하여 각지에서 환영을 받았다. 또 조선의 부산에 宗氏의 倭館이 설치되어 약 500인의 일본인이 살면서 무역과 정보수집에 종사했다.(130쪽)	가 바뀔 때마다 朝鮮通信使라고 불리는 사절이 江戸를 방문하여 각지에서 환영을 받았다. 또 조선의 부산에 宗氏의 倭館이 설치되어 약 500인의 일본인이 살면서 무역과 정보수집에 종사했다.(106쪽)	가 바뀔 때마다 朝鮮通信使라고 불리는 사절이 江戸를 방문하여 각지에서 환영을 받았다. 또 조선의 부산에 宗氏의 倭館이 설치되어 약 500인의 일본인이 살면서 무역과 정보수집에 종사했다.(106쪽)

임란 이후의 국교회복과정을 막부와 對馬島 宗氏의 주도적인 노력으로 이루어진 것으로 서술함으로써 강화를 위한 조선측의 노력을 전혀 언급하지 않았고, 通信使를 단순히 장군 습직 축하 사절단으로 서술하여 일본 우위의 입장을 견지하고 있다.

또한 부산왜관을 <宗氏의 왜관>으로 표기하여 조선에서 설치해준 사실을 은폐하고, 宗氏 소유의 商館이라는 인식을 갖게 한다.

이상에서 서술한 것처럼, 2002년 이후 출판되기 시작하는 극우파 교과서인 <扶桑社>판과 <自由社>판의 근세부분 한국사 관련 서술은 판에 박은 듯이 똑같은 내용으로 구성되어 있고, 페이지까지 같다. 이것이 어떠한 과정을 거쳐 검정을 통과했는지, 또 교과서로 채택될지 주목해볼 일이다.

3) 쟁점주제의 비판

다음으로 이상에서 언급한 쟁점주제들이 <東京書籍>판과 <扶桑社>, <自由社>판에서 어떠한 차이를 보이는 가를 비교하면서, 쟁점주제에 대한 최근 학계의 연구성과를 소개하면서 비판을 해보자.[2]

---

2) 최근 동북아역사재단에서 발행한 『한일 역사현안관련 일본역사교과서 연구 논저목록』(2009)에 수록된 논저와 손승철, 『중근세 한일관계사 인식의 공통점과 차이점』, 한일역사공동연구보고서 제2권, 2005 참조.

① 왜구구성문제

왜구구성에 관해, <東京書籍>판은 西國武士나 商人·漁民들이 만든 해적집단으로 서술하면서 주에서 <왜구 가운데 일본인 이외의 사람도 많이 있었다.>고 했고, <扶桑社>·<自由社>판은 일본인외에 조선인 도 많이 포함된 해적집단으로 서술했다.

왜구구성에 조선인을 포함시킨 서술은 학설사적으로 볼 때, 田中健夫 와 高橋公明의 주장이 반영된 것이다. 田中健夫는 '14·15 세기의 왜구' 에 대해서, 1350년 이후의 습격 회수와 규모가 급격하게 증가한 이 시기 의 왜구를 일본인만의 해적 집단으로 생각하는 것에는 무리가 있다고 한 다음,『高麗史節要』의 禾尺·才人에 관한 기사를 들어, 고려 측의 천민과 일반 농민을 왜구 주력으로 지목하고, 이것을 보강하는 논거로서 고려의 토지제도와 신분질서의 혼란을 들었다. 나아가『朝鮮王朝實錄』의「李順 蒙上書」를 예로 들어 "왜구의 주체는 왜인의 복장을 한 고려인으로 일 본인은 10~20%에 지나지 않았다."고 하는 소위 '왜구=고려·조선인 주 체설'을 주장했다.[3] 또한 高橋公明는 水賊, 구체적으로는 濟州島海民에 대한『朝鮮王朝實錄』를 근거로 그들이 왜인과 밀접한 교류가 있었다는 것을 주장하면서, 제주도에 대량의 말이 있었다는 것에 주목하여 왜구와 제주도해민의 관련성을 제기했다.[4]

이러한 주장은 예를 들면 90년대 이후 발행된 사전과 개론서에 반영 이 되었고,[5] 이것이 그대로 <扶桑社>나 <自由社>판에 서술된 것이

---

3) 田中健夫,「倭寇と東アジア交流圈」, 朝尾·網野 외 編,『日本の社會史1 列島內外の 交通と國家』, 岩波書店, 1987.
4) 高橋公明,「中世東アジア海域における海民と交流」,『名古屋大學文學部硏究論集』, 史學33, 1987.
5)『日本史辭典』(岩波書店, 1999)에는, 〈14세기 후반에서 15세기 초에 걸쳤는데, 그 성원은 對馬·壹岐·北部九州의 일본인을 중심으로 했고, 禾尺·才人이라고 불 리는 조선반도의 천민 등을 포함하고 있다. 근년에는 제주도민까지도 주목하 고 있다. 활동한 지역은 조선반도·산동반도 등을 중심으로 했고, 식료의 약

다. 그러나 이러한 주장은 일본에서는 村井章介, 橋本 雄, 佐伯弘次 등과 한국에서는 이영, 남기학, 김보한 등에 의해 부정되고 있다.[6]

이에 대한 본인의 견해는 다음과 같다.

『고려사』에는 682건, 『고려사절요』에는 583건, 총 1,265건의 왜구 및 일본관련 사료가 수록되어 있는데, 그 가운데 <고려인설>의 근거로 제시하는 고려 천민에 관계되는 사료는 단 3건이다. 그 예를 보면,

사료1 (1382년 4월)[7]

「楊水尺의 무리들이 떼를 지어 왜적 행세를 하며 영월군을 침범하여 관사와 민가를 불태우니, 판밀직 林成味 등을 보내어 쫓아 잡아서 남녀 50여명과 말 2백여 필을 노획하였다.」

사료2 (1383년 6월)[8]

「교주·강릉도 水尺·才人이 가짜 왜적이 되어 평창·원주·영주·순흥 등지를

탈과 인간을 포획했다.〉고 기술되었고, 그러나 『槪論 日本歷史』(吉川弘文館, 2001)에는, 〈왜구란 중국의 해금정책에서 형성된 동아시아의 私貿易, 海賊集團으로 민족, 국경을 초월하여 연합하고 있었다. 14세기 후반 이래 이들 집단이 사람과 물건과 기술 교류의 주역이 되어갔다. 1350년 이후 조선반도에서 활발화 한 倭구는 對馬·壹岐나 北部 九州를 거점으로 한 日本人이나 朝鮮人을 주력으로 했다. 그 후 15세기 초에 걸쳐서 조선반도, 산동반도 등을 중심으로 사무역이나 약탈행위들을 행하고 있었다.(前期 倭寇)〉서술되어 있다.

6) 李領, 『倭寇と日朝關係史』제4장, 5장, 東京大學出版會, 1999. 동, 「왜구의 주체」, 『왜구·위사문제와 한일관계』, 한일관계사연구논집 4, 景仁文化社, 2005 ; 南基鶴, 「중세 고려, 일본 관계의 쟁점–몽골의 일본 침략과 왜구」, 『일본역사연구』17, 일본사학회, 2003 ; 金普漢, 「중세 려·일 관계와 왜구의 발생원인」, 『왜구·위사 문제와 한일 관계』, 한일관계사연구논집 4, 景仁文化社, 2005 ; 浜中昇, 「高麗末期倭寇集団の民族構成–近年の倭寇研究に寄せて–」, 『歷史學硏究』685, 1996 ; 村井章介, 「倭寇の他民族性をめぐって」, 大隅和雄·村井章介 編, 『中世後期における東アジアの國際關係』, 山川出版社, 1997.

7) 『高麗史節要』권31, 辛禑 8년 4월, 孫承喆 編, 『韓日關係史料集成』권2, 사료 464번.

8) 『高麗史節要』권32, 辛禑 9년 6월, 孫承喆 編, 『韓日關係史料集成』권2, 사료 475번.

약탈하니, 원수 金立堅과 체찰사 崔公哲이 50여 명을 잡아 죽이고, 그 처자를
각 고을에 나누어 귀양보냈다.」

사료3 (1388년 8월)9)
「… 水尺과 才人은 밭갈고 씨뿌리는 것을 일삼지 않고, 앉아서 백성의 곡식
을 먹으며, 일정한 산업도 없고, 일정한 마음도 없으므로 서로 산골에 모여서
왜적이라 사칭하는데, 그 형세가 무시할 수 없으니 일찍 도모하지 않을 수 없
습니다.」

이 사료 중 고려천민이 왜구가 되어 약탈한 것은 사료 1과 사료2이며,
1382년과 83년 기사이며, 그 지역도 강원도 영월을 중심으로 한 깊은
산속이다. 고려에서는 이들이 출몰한 직후 모두 토벌을 감행했다. 물론
사료3의 기사가 1388년이므로 천민의 假倭活動이 계속되었을 수도 있지
만, 실제로 1383년 6월 이후 假倭의 출현 기사는 없다. 이들 사료 때문
에 고려천민의 假倭活動을 완전히 부정할 수는 없다. 그러나 보다시피
가왜활동이 아주 일시적이고, 강원도 영월지역 근처에 한정되었던 점을
생각하면 이 假倭를 일반화시켜 왜구의 주체나 구성에 포함시키는 것은
무리가 있다.

또한 <朝鮮人說>도 1443년 癸亥約條 이후 조·일 간에 각종의 통교
체제가 정비된 이후인 1446년에 판중추부사였던 李順蒙의 상소문에 근
거한 주장으로서 그 事實性이 의심되는 사료이다. 이순몽은 상소문에서,

"…신이 들자옵건대, 고려 왕조의 말기에 倭寇가 興行하여 백성들이 살 수
가 없게 되었습니다. 그러나 그간의 倭人들은 1, 2명에 지나지 않았는데도, 본
국의 백성들이 거짓으로 왜인의 의복을 입고서 黨을 만들어 난을 일으켰으니,
이것도 또한 鑑戒되는 일입니다.……"10)

---

9) 『高麗史節要』 권33, 辛禑 14년 8월, 孫承喆 編, 『韓日關係史料集成』 권2, 사료
   552번.
10) 『世宗實錄』 권114, 28년 10월 임술, 孫承喆 編, 『韓日關係史料集成』 권5, 사료

라고 했다. 즉 군액을 증가시키기 위한 상소문 중의 왜구에 대한 언급이 있었는데, 이 내용을 가지고, <朝鮮人說>의 근거로 제시하고 있는 것이다. 1392년 7월 조선왕조 건국 후부터 이순몽의 상소문이 있는 1446년 10월까지 왜구 및 일본관련 기사는 2,897건인데, 조선인의 왜구활동기사는 단 1건뿐이다. 이 한건의 기사를 가지고, 그것도 傳聞에 의한 내용을 근거로 조선인을 왜구의 주력으로 기술하는 것은 역시 합리적이지 못하다.[11]

한편 <濟州島海民說>의 핵심내용은, ① 제주도가 고려본토에 대한 '이질성과 독립성'을 가지고 있다는 주장, ② 왜구가 동원한 대량의 馬匹에 제주목의 말이 많이 섞여 있을 것이라는 설, ③ 1439년 前濟州都安撫使 韓承舜의 전문내용에 <旌義縣 동쪽의 牛峰, 大靜縣 서쪽의 竹島에 옛날부터 왜선이 몰래 정박한다>는 기록, ④『成宗實錄』13년(1482) 윤8월 12일의, <濟州의 백성들이 연해 여러 고을에 流移하여 寓居하고 있으나, 이미 호적에 올려 있지 아니하고 또 금방함이 없어서 출입을 자유로이 하여 간혹 왜인의 말을 배우고 왜인의 의복을 입고서 해도를 왕래하며 몰래 표절을 자행하니, 그 조짐이 염려된다.>는 기록이 근거가 된다.

그러나 이러한 주장들은 한국사에 대한 부족한 지식과 검증되지 않은 추상적인 가설을 내세운 것이며, 논리적이고 합리적이지도 못하다.

예를 들면 ① 제주도의 고려본토에 대한 '이질성과 독립성'은 제주도역사에 대한 역사지식의 부족에서 기인한 것이다. 제주도는 여러 연구에 의해 12세기까지는 고려로부터 반독립적인 지위를 가지고 있었으나,

---

2023번.

11) 이 설에 대해서 李領은 「고려말기의 왜구구성원에 관한 고찰」,『한일관계사연구』제5집, 1996에서 ① 상소문의 주 내용이 호패법에 관한 것이며, 왜구에 관해서는 단지 傳聞을 인용했다는 점. ② 倭服의 주체는 새로운 백정들의 모습이라는 점. ③ 이순몽이 개인적으로 신뢰할 수 없는 인물이라는 점 등을 들어 부정했다.

1105년 耽羅郡이 설치되어 직접 지배영토가 되었고, 13세기 중엽이후 원의 직할지가 되었다가 元의 지배를 벗어나는 공민왕 초기에 여러차례 반란이 있었지만, 1374년 완전히 토벌되어 고려의 중앙에서 통제가 가능했다. 그리고 1392년에 성립한 조선도 제주도에 대해 토착세력의 회유나 국가기구에의 편입 및 지배제도의 관철을 유지되었다.

② <왜구집단이 동원한 대량의 馬匹에는 濟州牧의 말이 많이 섞여 있을 것이라는 설>도 가설에 불과한 하나의 상상이다. 만약 상상하는 것처럼 왜구가 제주도의 많은 말을 동원했다고 할 경우, 제주도인의 조직적인 참여나 왜구와의 연합이 없이는 불가능 할 것이다. 한일양국의 어디에서도 이와 관련된 사료는 등장하지 않았다.

③의 사료도 마을의 古老로부터 전해 들은 이야기이며, 또 내용도 <옛날에 왜선이 와서 몰래 정박했다(倭船隱泊)했다는 것이다. 왜구의 근거지라는 내용이 아니다. 그러나 <濟州島海民說>에서는 이 기사를 가지고 제주도에 왜구의 근거지가 있었으며, 왜구와 제주도민이 협력관계에 있었다고 추정했다.

④의 기사는 <제주도인에 의한 해적행위>에 관련된 사료로, <제주도인이 왜인의 언어, 의복을 입고 해도를 왕래하며 몰래 약탈을 행한다>는 내용이다.

『朝鮮王朝實錄』에 의하면, 전남의 순천 일대에서의 해적행위는 1471년(성종 2)의 기사에 처음 등장한다.[12] 그러나 이들의 소탕이 쉽게 이루

---

12) 『成宗實錄』 성종 2년, 12월 임오. 孫承喆 編, 『韓日關係史料集成』 권7, 83쪽, 사료 139번.

「(왕이) 전라도수군절도사 李惇仁에게 유시하기를, "이제 듣건대, 順天·興陽·樂安의 諸道 海島 가운데에 8, 9인이 무리를 지어, 밤이면 왜복을 입고 배를 타고 바다에 들어가 사람을 겁탈한다든가 혹은 하륙하여 도둑질을 하되, 낮이면 그 옷을 숨기고 평민의 것처럼 한다고 하며, … 또 들으니, 樂安將校 金倍와 順天에 거주하는 사노 裵永達·玉山·朴長命 등 30여 인이 작당하여 네 척의 배를 타고 궁시를 가지고서 혹 倭人이라 속이고, 혹은 濟州人이라 하며, 여러

어지지 않자, 조정에서는 院相會議를 하여 대대적인 토벌을 계획하고 경
상도·전라도의 감사·병사·수사로 하여금 같이 의논해 가지고 다방면으
로 계책을 설정하여 끝까지 찾아서 잡도록 했다.[13) 그 결과 이들이 왜구
가 아니라 조선인으로 밝혀졌다.[14) 그러나 이들이 제주도인이라는 지적
은 나와 있지 않다.

   그 후 1477년에 이르면, 경남 사천 고성 진주지방에 豆禿也라고 칭하
는 濟州人이 등장한 기사가 있고, 1482년의 기사에, "濟州의 떠돌아다니
는 백성들이 晉州와 泗川 지방에 많이 우거하면서 호적에 <이름을> 등
재하지 아니하고, 해중에 출몰하며 왜인의 말을 배우고 의복을 입고서,
해물을 채취하는 백성들을 침략하니, 청컨대 추쇄하여 본고장으로 돌려
보내소서."[15)라고 한 사료를 보면, 1470년대에서 80년대에 제주도 流民
이 경상도 연해에서 倭服을 입고, 倭語를 써 가면서 연해민들을 상대로
약탈행위를 행하고 있음을 알 수 있다. 그리하여 조정에서도 이들에 대
한 철저한 수색과 포획을 경상도와 전라도 관찰사에게 명령하였다.

   이상에서 본 바와 같이 1470년대 이후 1480년대 중반에 이르는 시기
에 일부 제주도인이 경상 전라해안에서 연해민을 상대로 약탈행위를 했
던 것은 사실이다. 그러나 이 사실만 가지고 왜구의 구성에 제주도해민
을 포함시킨다는 것은 수긍하기가 어렵다. 왜냐하면 우선 이들의 활동시
기가 이미 소위 전기왜구의 활동기를 벗어나고 있고, 이 기사에 한정되

섬에 정박하여 해산물을 채취하는 사람을 겁탈하고, 또 변방 고을에서 방화
하여 도둑질을 한다 하니, 경 등은 힘써 기묘한 계책을 내어 포획하여 아뢰
되, 너무 번거롭고 떠들썩하게 하는 것은 옳지 못하니 힘써 비밀로 하라."」
13) 『成宗實錄』 성종 4년, 10월 신사. 孫承喆 編, 『韓日關係史料集成』 권7, 133쪽,
    사료 255번.
14) 『成宗實錄』 성종 4년, 10월 신사. 孫承喆 編, 『韓日關係史料集成』 권7, 134쪽,
    사료 256번.
15) 『成宗實錄』 성종 13년, 윤8월 무인. 孫承喆 編, 『韓日關係史料集成』 권8, 66쪽,
    사료 955번.

어 있다. 그리고 조선에서는 이들을 <水賊>이라고 불렀고, 왜구와는
전혀 별도로 인식했던 일시적으로 남해안 지역에 출몰했던 단순한 해적
집단이었다. 따라서 이러한 내용을 근거하여 제주도해민을 왜구세력 내
지는 구성에 포함시키는 것이 과연 타당한지 재고하지 않으면 안 된다.

② 조선국호와 통교문제

<東京書籍版>에는 2002년판부터 조선국으로 표기하고 있으나, 조
선과의 통교에 관해서는 단순하게 <일본과의 무역도 열렸다>라고만
서술했다. 이에 반해 <扶桑社>·<自由社>판에는 朝鮮國(李氏朝鮮)이
라고 표기했고, 조일통교는 <조선이 일본에 요청했고, 막부가 이에 응
한 결과 시작되었다>고 서술했다.

이성계가 새로 건국한 나라의 국호는 <조선>이라는 용어를 그대로
사용해야 한다. <朝鮮>이라는 국호는 과거 일본측의 사료(『古事類苑』,
『善隣國寶記』 등 室町時代나 德川時代 史料集)에도 모두 그대로 사용하
고 있다. 李氏朝鮮이라는 용어는 일제강점기에 조선을 폄하하기 위해 쓰
기 시작한 용어이다. 구태어 '李氏朝鮮'이라는 용어를 쓸 이유가 없다.

통교문제에 관해서는, 1392년 조선에서는 건국 직후 막부장군에게 사
신을 파견하여 왜구금지를 요청했던 건 사실이다. 이에 대해 막부에서는
足利將軍 명의가 아니라 승려인 絶海中津의 명의로 조선국왕에게 답서
를 보내왔다. 그 서한의 내용은 막부장군이 조선측의 왜구금압과 피로인
송환요구에 적극적으로 응하여 양국의 隣好를 지킬 것을 약속한다는 것,
그리고 막부장군이 조선과의 통교를 적극 원하고 있지만 장군이 직접 외
국에 通問한 일이 없으므로 승려를 통해서 답서를 보낸다는 것이다. 이
내용으로 볼 때, 당시 室町幕府도 조선과의 통교를 갈망하고 있었다는
것을 알 수 있다.

결국 통교는 조선과 교섭능력이 있었던 대마도와 구주세력들이 주도

했고, 대마도주를 중간매체로 통교관계를 수립하게 된다. 室町幕府시대의 조일관계를 볼 때, 조선사절(回禮使·報聘使·通信使) 파견이 17회인데 반하여, 막부로부터의 日本國王使 파견은 70여회에 달했다. 당시 사절파견의 목적만 보더라도 조선은 왜구금지와 피로인 송환에 대한 回禮와 答禮가 주목적이었음에 비해, 日本國王使는 대부분이 통교요청과 大藏經請求였다. 또한 日本國王使의 파견이 조선에 비해 많았던 이유도 조선측으로부터 답례가 후하자, 위장된 사신이 僞使가 많았기 때문이다. 뿐만아니라 室町시대 조·일 간의 통교현황을 보면, 막부장군 외에도 각지역의 지방세력가들이 사절을 보내 통교를 요청하고 있는 것을 알 수 있다. 따라서 室町시대의 조·일간의 통교는 조선보다는 오히려 일본쪽에서 더 절실하게 요청했다는 사실을 확인할 수 있다. 그리고 조선에서는 이들의 무질서한 왕래를 통제하기 위해 포소를 三浦로 제한했으며, 또 이들을 상경시켜 조선국왕을 알현케 하는 上京制度를 두었고, 대마도주에게 이들을 통제할 수 있는 권리(文引發行權)를 주어 일본으로부터의 모든 통교자를 조선의 통제규정(『海東諸國紀』)을 설정하여 무역을 허가하고 있는 것이다.

특히 1443년의 癸亥約條는 이러한 조일통교의 성격을 잘 알려주고 있다. 약조의 내용 중에는 '대마도주에게는 매년 200석의 쌀과 콩을 하사한다.' '대마도주는 매년 50척의 歲遣船을 보낼 수 있고, 부득이하게 보고할 일이 있을 경우 정해진 숫자 외에 特送船을 보낼 수 있다'는 항목이 있다. 약조의 내용은 두 개 항목만 알려져 있지만, 도주에 대한 세견선, 특송선, 세사미두를 정한 것이다. 세견선에는 일본사절과 함께 무역품이 실려있었다. 따라서 세견선수는 조·일 무역량과 양국의 무역수지와 관련이 있는 것으로 조선에서는 이 수를 제한함으로써 무역량을 통제했다. 이렇게 파견된 세견선이 15세기 후반기에 이르면 연간 400척에 이르고 있다.

이상의 내용을 볼 때, 조선에서 통교를 요구했다는 내용과 幕府가 이에 응했다는 기술은 사실이 전도된 것으로 시정되어야 한다. 그리고 이러한 서술은 일본이 명에 파견한 遣明使에 의해 日·明무역이 전개된다는 점에 있어 중국부분에도 똑같이 적용되는 문제이다.

③ 임진왜란문제

<東京書籍>판은 1992년부터 <조선침략>의 항목명을 쓰고 있고, 전쟁의 원인에 대해 <秀吉이 국내통일로 만족하지 않고, 조선에 복속을 요구했고, 명을 정복하기 위해 조선에 대군을 파견했다>고 서술하고 있다. <扶桑社>·<自由社>판에는 침략이란 용어는 쓰지 않고, 대신에 <조선에의 出兵>이라는 항목명을 썼고, <秀吉이 중국을 정복하고 동아시아에서 인도에 이르는 지역을 지배하려는 거대한 꿈을 가지고 조선에 대군을 보냈다>고 서술했다.

양국민을 불행하게 만든 전쟁의 참상을 소개하고, 다시는 있어서는 안될 전쟁의 역사적 교훈보다는 전쟁의 의도를 <조선이 복속을 거부한 것에 대한 응징>이거나 <명을 목표로 한 전쟁이지 조선을 침략하려는 것이 아니었다>는 궤변 또는 秀吉의 영웅심으로 포장을 하고 있다.

이점에 대해서는 <조선사연구회>의 분석을 정확하다고 볼 수 있다. 즉 豊臣秀吉이 처음에는 명의 침략을 기도했던 것은 사실이지만, 豊臣秀吉은 조선이 이미 일본에 복속하고 있었다고 인식하고 있었기 때문에 그랬던 것이고, 조선측이 假道入明의 요구를 거부함으로서 비로소 조선이 일본에 복속하고 있지 않았던 현실을 알게 되었고, 이 단계에서 조선을 침략한 것은 이미 조선침략자체가 목적이 되었다고 간주할 수 밖에 없다. 따라서 명을 침략하는 것이 본래의 목적이었고, 그 통로에 있던 조선이 피해를 보았다는 논리는 궤변에 불과하다. 또한 조선측의 피해에 관해서 이삼평을 일본의 陶祖로 소개하면서 조선도공의 연행이나 유학자의 납치가 일본문화발전에 커다란 영향을 미쳤다고 설명하고 있지만, 반대로 각 분야에서 조선측이 받은 피해를 서술하고 있지 않기 때문에 조선침략의 성격을 명확하게 규명하기가 어렵다. 뿐만아니라 <朝鮮出兵>이나 <文祿·慶長의 役>이라는 용어도 일본중심적인 사고이며, 이 전쟁이 조선에게 어떠했던가 하는 관점이 결여되어 있다. 전쟁 중에 빚어진 일본군에 의한 침공, 학살, 약탈, 납치, 점령, 지배 등 생각한다면, 당연히 <조선침략>이라는 용어가 사용되어야 하고, 전쟁에 대한 반성이 공유되어져야 바람직한 한일관계의 未來像이 그려질 수 있을 것이다.

④ 조선통신사와 왜관문제

<東京書籍>판에는 慶賀使節(通信使)로 표기하다가 通信使라고만 표기했고, 부산왜관을 對馬藩이 부산에 세운 商館에서 倭館으로 서술했다. <扶桑社>와 <自由社>판에는 장군의 代가 바뀔 때마다 朝鮮通信使가 축하사절로 江戸를 방문하고, 부산왜관을 <宗氏의 倭館>으로 표기했다.

통신사는 막부장군에 대한 축하나 조문, 기타 두 나라의 긴급문제를 해결하기 위해 조선국왕이 막부장군에게 공식적으로 파견한 외교사절이다. 막부에서는 대마도주를 통해 통신사파견을 먼저 조선에 요청했고, 몇 개월 전부터 통신사접대를 준비했다. 통신사가 일본에 파견되면 각 지역마다 수많은 문인들이 통신사의 숙소에 모여들어 異國 선진문화에 대한 동경과 흠모를 아끼지 않았다. 이러한 통신사행의 역사적 자취는 아직도 일본 곳곳에 남아있어, 두 나라의 성숙된 우호관계를 전하고 있다.

그러나 통신사에 대한 역사적 평가는 1970년대 이후 선린외교와 문화교류의 통신사로 재평가되기 시작했지만, 제자리를 찾은 것은 아니다. 과거에는 통신사를 조공사절로 간주하기도 했는데, 그 이유는, 일본의 막부장군이 바뀔 때 조선국왕이 국서를 바치기 위해 통신사를 보냈다는 것과 통신사와 비견되는 日本國王使가 파견되지 않았다는 것이다. 그러

나 조선 후기 통신사의 파견과정과 일본의 접대방식 및 외교의례 등을
검토해 보면, 이러한 논리가 잘못되었다는 것을 알 수 있다.

즉 일본은 통신사파견에 앞서 절차상 먼저 조선 측에 통신사파견을
요청했으며(通信使請來差倭), 통신사가 부산을 출항하여 江戶에 이를 때
까지 1,000여 명이 넘는 인원을 동원하여 통신사를 안내하였고, 각번의
大名들을 동원하여 접대를 준비하는 등, '장군 일대의 성대한 의식'으로
통신사를 맞이하였다. 한 자료에 의하면 통신사의 접대에 막부의 1년 예
산을 지출했다는 기록도 있다.16) 결국 통신사의 왕래를 더욱더 필요로
한 것은 조선이 아닌 일본이었던 것이다.

또한 일본국왕사의 파견도 조선후기에는 <大差倭>가 대신하였으며,
조선전기 일본인의 상경로가 임진왜란 때에 일본군의 진격로로 활용되
어, 조선후기에는 일본인의 상경을 금지하고, 왜관에서 모든 통교업무를
처리했다. 따라서 일본의 최고 통치자인 장군의 즉위를 축하했다는 표면
적인 사명에 초점을 맞추어, 조선통신사가 마치 저자세로 일본을 방문한
인상을 주는 것 보다는 우호교린의 상징으로 양국의 대등관계의 상징으
로 기술되어야 한다.

한편 조선에서는 임진왜란 때, 일본인 상경로가 일본군의 진격로로
이용된 이후, 조선후기에는 일체의 일본인 상경을 금지했고, 그 대신 부
산 초량왜관을 새로 지어 외교와 무역 업무를 해결하도록 했다. 그런데
이 왜관을 '宗氏의 왜관'으로 표기하여 마치 근대적인 의미의 영사관과
같은 인식을 심어 주고 있다.

'倭館'이란 조선에 있었던 일본인의 거류지역으로, 일본에서 건너온
사자들을 응접하는 使館이자 客館이며, 조일 양국간의 商館을 말한다.
왜관이 창설될 당시인 15세기 초 무렵에 조선은 무역상의 이익을 구하

---

16) 李元植, 『朝鮮通信使の研究』, 思文閣出版, 1997 ; 仲尾宏, 『朝鮮通信使と德川幕府』,
明石書店, 1997 ; 손승철, 『조선통신사-일본과 통하다』, 동아시아, 2006 참조.

기 위하여 쇄도하는 일본인 도항자를 통제하고 견제할 필요가 있었고, 국가 기밀의 누설과 밀무역의 횡행 등 많은 문제가 발생하자, 조선에서는 일본인의 도항장과 체류를 위해 별도의 시설을 만들었다. 그 결과 1426년부터 三浦에 왜관을 설치했고, 상경하는 일본 사자들을 위해 수도 한양에 별도로 東平館을 설치하였다. 이와 같이 浦所에 위치한 왜관은 1510년 삼포왜란, 1544년 사량진왜변 등 조일간의 역사의 흐름 속에서 폐쇄와 개설을 반복하였다.

그후 임진왜란으로 왜관을 폐쇄한 조선은 강화교섭을 위하여 쇄도하는 일본 사자들을 맞이하기 위해 1601년에는 絶影島(지금의 影島)에 임시 왜관을 설치하였고, 국교가 재개되면서 무역과 외교 교섭을 위한 장소로서 왜관의 설치가 필요하게 되자, 1607년 豆毛浦에 1만여 평 규모의 왜관을 설치하고, 1609년에는 서울에 있던 東平館을 폐지하였다.

두모포 왜관(지금의 수정 2동) 성립 이후 부산에 위치한 왜관이 대일 외교와 무역 등의 업무를 전담하게 됨으로써 포소 왜관이 차지하는 비중이 조선 전기와는 달리 크게 강화되었고, 접대처로서, 무역처로서, 숙박처로서의 기능을 모두 수행하게 된다. 그러나 豆毛浦 왜관은 설치 당시부터 수심이 얕고, 장소가 협소할 뿐만 아니라 선창이 남풍을 직접 받는 위치에 있어서 배를 정박시키기에 부적절하였다. 그래서 대마도측은 8차례에 걸쳐 왜관을 부산성 안으로 이전해줄 것을 요청하였다. 드디어 조선에서는 1673년에 초량으로 이관을 결정하고, 1678년에 초량 왜관으로 옮김으로써 조일교섭은 초량 왜관 시대를 맞이했다.

부산 초량 왜관이 낙성된 것은 1678년 4월이며, 기록에 의하면 이전하는 날(23일) 두모포왜관으로부터 관수 이하 450여 명의 대마도 사람들이 新館에 들어갔다고 한다. 초량 왜관은 1678년부터 1872년 일본 메이지 정부의 외무성에 침탈되기까지 약 200년간 조일외교와 무역의 장이 되었다.[17]

이와 같이 부산 초량왜관은 조선에서 대일교섭을 위해 설치해 준 시설이다. 그럼에도 불구하고 이것을 '宗氏의 倭館'으로 기술하는 것은 명백한 사실상의 오류이며, 시정되어야 한다. '宗氏의 倭館'이라는 표현은 마치 對馬島主 宗氏가 사적으로 '倭館'을 설치했다는 표현이며, 이러한 인식은 1872년 9월, 明治政府의 外務大丞 花房義質이 군함 春日丸과 기선 有功丸에 보병 1개 소대를 승선시켜 왜관에 무단 상륙하여 점령한 사실을 명치정부의 <倭館接受>라는 표현으로 둔갑하여 다시 등장한다. 마치 일본의 대외공관을 새로운 명치정부가 인수한 듯이 서술하고 있다.

3. <自由社>판의 近世史像

1) 목차와 내용비교

일본사에서 근세사는 대체적으로 16세기 후반부터 江戶時代를 거쳐 明治維新까지를 말하는데, 이 글에서는 조선의 중·근세에 해당되는 시기를 다루고 있으므로, 편의상 중·근세의 목차와 내용을 비교하도록 한다. 우선 東京書籍과 <扶桑社>·<自由社>판의 목차를 비교해 보면 다음 표와 같다.

<중세의 목차 비교>

東京書籍	扶桑社	自由社
제3장 중세의 일본	제2장 중세의 일본	제2장 중세일본의 역사
1. 무사의 대두와 鎌倉幕府	제1절 武家政治의 시작	~鎌倉·室町시대
1. 무사의 성장	18. 平氏의 번영과 멸망	제1절 武家정치의 시작
2. 무가정권의 성립	19. 鎌倉幕府	19. 平氏의 번영과 멸망
3. 무사와 민중의 움직임	20. 元寇	20. 鎌倉막부의 무가정치

17) 손승철, 『조선시대 한일관계사연구』 제5장, 경인문화사, 2005 개정판 참조.

4. 鎌倉시대의 종교와 문화	21. 鎌倉文化	21. 대중과 무가의 불교와 鎌倉문화
2. 동아시아세계와의 관계와 사회변동	제2절 무가정치의 움직임	22. 원의 습래와 그후의 鎌倉幕府
1. 몽골襲來와 일본	22. 建武정치와 남북조동란	제2절 武家정치의 움직임
2. 남북조동란과 동아시아의 변동	23. 室町막부	23. 建武新政과 남북조시대
3. 室町막부와 경제발전	24. 중세도시와 농촌변화	24. 室町幕府와 守護大名
4. 민중의 성장과 全國大名	25. 室町문화	25. 중세의 도시, 농촌의 변화
5. 室町문화와 확산	26. 応仁의 난과 全國大名	26. 和風을 완성한 室町文化
	제2장의 정리	27. 応仁 난이 만든 全國大名
		제2자의 정리

  우선 東京書籍판은 제3장을 중세일본으로 했고, 扶桑社와 自由社판은 제2장으로 했는데, 그 이유는 東京書籍의 경우 제1장을 역사의 흐름, 제2장을 원시, 고대의 일본으로 서술했기 때문이며, 扶桑社와 自由社판은 제1장을 고대일본의 역사로 하여 석기시대 이후를 전부 포함시켰기 때문이다.

  東京書籍판과 扶桑社·自由社판의 목차를 보면, 東京書籍판이 제2절을 <동아시아세계와의 관계와 사회변동>이라고 한데 대해, 扶桑社·自由社판은 <무가정치의 움직임>으로 표기하여 무가정치의 동향과 大名의 등장을 강조했음을 알 수 있다. 내용상에서는 <扶桑社>판의 <20. 元寇>와 <21. 鎌倉文化>가 <自由社>판에는 <21. 대중과 무가의 불교와 鎌倉문화>와 <22. 원의 습래와 그 후의 鎌倉幕府>로 순서가 바뀌었고, 내용은 <元寇>는 항목명만 바뀌었고, 문학과 미술이 사원건축과 조각, 문학과 회화로 항목을 세분화 했을 뿐, 내용은 크게 변하지 않았다.

  다음 근세사 부분을 보면,

<근세의 목차 비교>

東京書籍	扶桑社	自由社
제4장 근세의 일본	제3장 근세의 일본	제3장 근세일본의 역사
1. 유럽인과의 만남과 전국	제1절 전국시대서 천하통일로	~安土桃山·江戶시대
통일	27. 유럽인의 세계진출	제1절 전국시대서 천하통일로
1. 유럽인의 세계진출	28. 유럽인의 내항	28. 유럽인의 세계진출개시
2. 유럽인과의 만남	29. 織田信長과 豊臣秀吉	29. 유럽인의 일본내항
3. 織田信長·豊臣秀吉에 의	30. 秀吉의 정치	30. 信長과 秀吉의 全國統
한 통일사업	31. 桃山문화	一
4. 병농분리와 朝鮮侵略	제2절 江戶막부의 정치	31. 豊臣秀吉의 정치와 朝
5. 桃山문화	32. 江戶막부의 성립	鮮 出兵
2. 江戶막부의성립과 쇄국	33. 江戶막부의 대외정책	32. 黃金과「한가로움」의 桃
1. 강호막부의 성립과 지배	34. 쇄국하의 대외정책	山문화
구조	35. 평화적으로 안정된 江	제2절 江戶막부의 정치
2. 여러신분들의 생활	戶 시대의 사회	33. 江戶막부의 성립과 통치
3. 무역의 진흥에서 쇄국으	제3절 산업의 발전과 三都의	구조
로	번영	34. 朱印船무역에서 쇄국으
4. 쇄국하의 대외관계	36. 농업·산업·교통의 발달	로
3. 산업의 발달과 막부정치	37. 綱吉의 문화정치와 元	35. 鎖國下의 일본의 네 窓
의 움직임	祿 문화	口
1. 농업과 제산업의 발달	제4절 막부정치의 전개	36. 江戶사회의 평화와 안정
2. 도시의 번영과 元祿문화	38. 亨保개혁과 田沼정치	제3절 산업의 발전과 三都의
3. 亨保개혁과 사회변화	39. 寬政개혁과 天保개혁	번영
4. 막부정치의 개혁	40. 歐米諸國의 접근	37. 농업·산업·교통의 발달
5. 새로운 학문과 化政문화	41. 化政문화	38. 綱吉정치와 元祿의 町
6. 외국선의 출현과 天保개	42. 새로운 학문과 사상의	人 문화
혁	동향	제4절 막부정치의 전개
	제3장의 정리	39. 亨保개혁에서 田沼정치
		로
		40. 寬政개혁과 天保개혁
		41. 江戶의 町人과 化政문
		화
		42. 새로운 학문·사상의 동
		향
		제3장의 정리

<東京書籍>판이 3절임에 비해, <扶桑社>·<自由社>판은 4절로 편성했고, 절의 명칭을 볼 때, 유럽문화와의 접촉을 항목명에 집어 넣었으며, 산업의 발달과 함께 도시의 발달을 강조했고, 막부정치의 전개를

따로 항목으로 독립했다. 이로 보아 <扶桑社>·<自由社>판이 <東京書籍>판에 비해 대외관계보다는 국내 정치의 변화를 더 강조한 느낌을 준다. 그러나 <쇄국하의 일본의 네창구>의 항목명을 설정한 것을 보면, 최근의 연구를 수용했다는 인상을 주려는 노력도 의도적으로 드러내었다.

<扶桑社>판과 <自由社>판의 내용에서는, 제1절은 <扶桑社>판의 <31. 桃山文化>가 <自由社>판의 <32. 황금과 한가로움의 桃山문화>로 바뀌면서, <大名과 大商人의 문화>와 <서민의 생활과 문화>가 <天守閣과 襖繪>, <茶道의 大成>, <가부끼> 등으로 바뀌면서 구체적으로 설명하고 있으나, 전체적인 분량은 같다. 중세에서 문화가 강조된 것과 같은 분위기이다. 또한 <自由社>판에서 항목명에 <朝鮮出兵>을 표기한 것도 주목된다.

제2절은 4개의 항목명이 조금씩 바뀌었으나 내용은 완전히 일치한다. 제3절은 <東京書籍>판의 <37. 綱吉의 문치정치와 元祿문화>의 <학문의 발달>의 유학과 자연과학에 대한 서술이 없어지고, <元祿文化>의 절목에서 浮世繪와 가부끼에 대한 서술이 늘어났다. 유학에 대한 서술이 왜 없어졌는지 이해가 가지 않지만, 위에서처럼 그림과 회화 등 문화부분에 대한 설명이 늘어났다.

제4절에서는 <扶桑社>판의 <40. 구미제국의 접근>이 <自由社>판에서는 근대사 부분에서 서술되었고, <41. 化政文化>가 <41. 江戶의 町人과 化政문화>로 항목명이 바뀌고, 江戶시대의 町人의 생활이 부유해지면서 江戶를 중심으로 町人문화 즉 化政문화의 발달을 강조했다. 아울러 가부끼와 浮世繪, 狂歌 등을 상세히 서술했다. 역시 문화부분에 대한 강조이지만 중학교 과정에서 소화할 수 있는 내용인지는 의심이 간다.

2) 近世觀의 문제점

<自由社>판의 近世史像의 특징은 첫째, 천황이 강조된 고대사의 서술에 비해 근세사 서술이 상대적으로 적게 서술되었다는 사실이다.[18] 그 예로 이 책의 맨 앞에 서술된 <역사를 배운다는 것은>에서 단적으로 표현된다. 그 가운데 <일본문화의 전통>에서 "세계의 어떤 국민도 각각 고유의 역사를 가지고 있는 것처럼, 일본에도 스스로 고유의 역사가 있다. 일본의 국토는 옛날부터 문명을 키우고, 독자의 전통을 키웠다. 고대 일본은, 중국에 출현한 문명에서 겸하게 배우면서도 스스로의 전통을 잃지 않고, 자립한 국가를 세워 착실하게 역사를 발전시켰다. 이것은 지금까지 전하는 문화유산·역사유산을 관찰하면 잘 알 수 있다. 구미 제국의 힘이 동아시아를 삼켜버린 근대에 있어서, 일본은 자국의 전통을 지키면서 서구문명과의 조화의 길을 탐색했고, 근대국가의 건설과 독립 유지에 노력했다."고 서술하면서도 중세와 근세에 대해서는 언급하지 않았다. 이것은 전통적인 중세·근세관과 연관이 있다. 즉 중·근세는 가치가 없는 시대, 가능하면 언급하고 싶지 않은 시대라고 하는 역사인식과 관계가 있다.

일본인의 경우 중세의 이미지를 나타내는 키워드로 武士시대·一揆시대·하극상·농민의 성장 등이 있고, 근세를 생각하면 막번체제·쇄국·百姓 一揆·유교 등이 있다고 한다. 그리고 이 두 시대는 봉건제·무사의 지배 시대라고 하는 공통점이 있다. 이 시대의 주역은 武士인 것이다. 따라서 바꾸어 말하면 朝廷이나 天皇의 존재는 뒤로 밀려난다. 또 두 시대는 국가라고 하는 틀 속에서 시대상을 그리기 보다는 지방의 시대였다고 말할 수 있다. 중세는 율령국가해체에서 지방의 무사세력이 대두되었고, 근세는 막번체제라고 하는 강력한 국가체제하에 안정한 시대였지만, 지방의

---

18) 子どもと教科書全國ホット21, 『つくる會教科書』, 大月書店, 2005, 24~26쪽.

지배는 藩이라고 하는 단위로 나뉘어졌던 것이 사실이다. 天皇과 朝廷의 존재도 중세전체를 통해 권력의 기반이 약했고, 근세에는 幕末까지 거의 잊혀진 존재였다. 즉 중세와 근세는 국가라는 관점에서 서술하기가 힘든 시대였다. <扶桑社>와 <自由社>판이 천황의 존재를 과대평가하고, 일본국가 지상주의를 지향하는 의도를 가진 이상 중·근세의 취급을 단연히 소홀히 할 것이며, 고대의 비중이 많을 수 밖에 없다. 그 증거의 하나가 기존의 교과서들에 비해 중·근세 서술이 상대적으로 적다.

<각 시대의 분량과 비율>

	自由社(2009)	扶桑社(2006)	東京書籍(2006)
원시·고대	54(24.8%)	50(23.7%)	36(17.3%)
중세	24(11.0%)	24(11.3%)	30(14.4%)
근세	40(18.4%)	42(19.8%)	44(21.2%)
근대	50(22.9%)	48(22.6%)	46(22.1%)
현대	50(22.9%)	48(22.6%)	52(25.0%)
본문쪽수	218(100%)	212(100%)	208(100%)

둘째, 막부의 정치구조를 분석하면, 幕府가 전국을 통치한 것은 아니고, 將軍과 大名이 통치권을 나누어 갖고, 대명이 藩內의 통치를 위임받았다는 것이며, 이러한 의미에서 근세의 정치제도는 해체되고 있던 장원제도=봉건제도를 영주계급의 통일과 토지로부터의 분리, 그리고 무사·백성·町人 등에 의한 분배, 분권사회의 건설에 의해 생긴 것이고, 이것은 信長·秀吉·家康 등 천하인 들의 통일과정을 통해 가능해 졌다. 그리고 무사는 통치권을 독점했지만, 사회평화를 지켜줌으로써 여러 신분으로부터 지지를 받았고, 근세신분제도는 제신분간에 이동이 가능했고, 여러 신분은 각각 자치를 행했으며, 그러한 의미에서 막번체제는 막부와 諸大名이 분립하여 연합한 '聯邦制'국가라고 해도 과언이 아니라는 것이다.19)

또한 근세의 농민은 秀吉의 檢地에 의해서 田畓의 소유권을 인정받아

자립한 농민이었고, 江戶幕府의 年貢率은 생산력이 발전하는데 따라서 檢地高의 3할~1.5할 정도까지 저하되었으며, 年貢率이 떨어지는 가운데 농민은 많은 상품작물을 재배하고, 점차 풍요롭게 되었다. 또한 근세 초기의 대개발에 의해서 막대한 농산물 수요가 생겼고, 이에 따라 여러 산업이 발전하여, 江戶시대에는 풍요로운 시대가 되었으며, 그 결과 근세의 경제제도는 이미 前期 資本主義라고 말해도 좋을 만큼의 상태가 되었고, 중세이래 진전된 상품경제가 사회전체에 스며들어 토지가 이미 資本財로서 기능했다는 것이다. 이러한 발전을 배경으로 자본주의적 대토지 경영자나 기업경영자도 생겨, 거대한 자본을 움직이는 금융자본가도 생겨나고, 근세는 점점 높은 상품경제에 기초하는 시대가 되었다.

이러한 가운데 당초에는 해외에서 수입했던 생사, 견직물, 목면도 자급하게 되었다. 국제상품인 견·면직물이나 담배 등을 근세를 통해 자급이 가능한 체제를 만들었다는 것은 서유럽이 産業革命에 의해 면직물을 자급·수출하게 되었다는 것에 필적할 만한 일이고, 이것이 기반이 되어 幕末의 開國·明治維新을 통해 일본이 자본주의국으로 발전하여, 서유럽에 대항하여 세계를 분할하는 帝國에까지 발전한 기반이 되었다는 것이다.

즉 일본의 근세는 근대로 들어가는 문, 시민혁명, 산업혁명을 준비한 시대였는데, 바꾸어 말하면, 근세는 '암흑'의 봉건사회가 아니라, 고도로 발전한 상품경제를 기반으로 한, 자본주의적 경제관계를 중심으로 세운 근대지향적인 사회이며, 그것을 통제 내지 기반으로 하면서, 봉건적 영주계급이 영주적인 조세징수권을 가진 근대적인 사회, 즉 서유럽이라면 절대왕정이라고 불려지는 정치형태를 취한, 국민국가형성의 초기국가에 상당한다고 했다.

---

19) 이하는 川瀨健一, 『新しい歷史敎科書』, 同時代社, 2007, 제3권 근세편의 서론 부분을 인용하여 작성하였다.

거기에다 근세사회는 서로 다른 종류의 공동체에 의한 자치를 그 기초에 두고, 여러 개인이 각각의 권리를 행사하는 시대이며, 일본적인 형태를 취하면서도 근대시민사회의 형성이 준비되었던 시대라는 것이다. 그리고 '막부정치의 개혁'이란, 발전하는 자본주의적 경제제도와 재편성된 봉건제도와의 모순이 나타나면서, 사회 경제의 변화에 대응하여, 정치제도를 어떻게 만들어 갈 것인가를 고민하는 시행착오의 시대였다는 것이다. 검증해야 할 부분도 많지만, 서구 유럽사에 잣대를 맞춘 왜곡의 역사로 일관하고 있다.

셋째, 織田信長·豊臣秀吉·德川家康에 의한 전국통일은 그들 자신의 실력과 함께 천황이라고 하는 권위의 힘에 의해 달성된 것이며, 江戸時代는 평화롭고 안정된 풍요로운 생활과 문화가 만들어진「밝은 시대」였으며, 그것은 兵農分離와 身分制度의 덕분에 가능했다는 時代像으로 묘사하고 있다. 또한 江戸時代의 歌舞伎와 浮世繪를 세계적인 문화로 과장하고 있다.[20]

넷째, 고대 중세와 같이 중국·조선의 정치적·문화적 영향을 아주 과소평가하고 있다. 특히 쇄국론에 대해 쇄국은 나라를 폐쇄하는 정책이 아니고, 정보와 무역을 관리하면서 해외와의 교류를 유지하는 정책이라고 서술하면서, 동아시아에 대한 시각을 결여한 쇄국론을 설명한다.

<自由社>판은 쇄국에 대하여 다음과 같이 서술하였다. 즉「1639(寛永 16)년, 막부는 포루투칼선의 내항을 금지했다. 영국은 이미 철퇴했기 때문에, 무역이 허가된 유럽인은 오란다인 밖에 없었다. 오란다인은 그후, 平戸에서 長崎의 出島에 상관을 옮겨 활동했다. 무역과 출입국을 엄하게 제한한 이 제도는 후에 쇄국이라고 불렀다. 쇄국의 최대의 목표는 외국으로부터의 침략위험을 방지와 국내질서의 안정 때문에 기독교를 금지하는 것이었다. 쇄국이라 해도 완전히 나라를 폐쇄하는 것이 아니

---

20) 新しい歴史教科書をつくる會,「史」, 2008년 5月号(通巻 74号), 12~14쪽.

고, 막부가 무역과 해외정보를 독점하는 체제로, 해외와의 교류는 계속 되었다.」

이어서 <쇄국하의 네 개의 창구>에서, "이렇게 하여 쇄국하에서 江戸시대에는 長崎, 對馬, 薩摩, 松前의 네 개의 창구가 외국에 열려져 있었다. 이들 창구를 통하여 타국과의 무역도 행했고, 세계의 정보도 들어왔다. 막부는 무역을 통제하고, 이익을 독점하고 있었지만, 유럽으로부터는 새로운 학문이나 문화도 일본에 들어왔고, 일본의 국내에서도 차츰 받아들여지고 있었다."고 했다.

이러한 서술에 대해, <네 개의 窓口論>을 제창한 荒野泰典의 견해를 인용하면서 비판해보자. 荒野泰典은 두 가지의 문제점을 지적했다.[21] 첫째, 아시아 특히 일본이 직접 위치한 동아시아에 대한 시각이 결여되어 있다는 점이다. 물론 그 앞에서 동아시아나 그 지역과의 관계에 대해 전혀 언급하지 않은 것은 아니지만, 서구이외의 다른 국가들과의 관계가 그려져 있지 않다. 구체적으로 중국·조선·琉球·북해도 등의 관계가 전혀 언급되지 않았다. <自由社>판의 관심은 여전히 서구와의 관계에 머물러 있다.

둘째, 일본 역사를 밝고 긍정적으로만 읽는 사람의 구미에 맞게 서술하고 있다는 점이다. 역사는 집필자의 서술에 의해 만들어 지는 것이 아니라 스스로 생각하고 행동하고 발견하는 것을 느끼게 하는 것이다. 그러나 의도된 서술에 의해 역사가 만들어진다고 생각할 때, 자꾸 왜곡할 수 밖에 없을 것이고, 왜곡된 역사서가 출현할 수 밖에 없을 것이다.

---

21) '교과서에 진실과 자유를' 연락회 엮음, 김석근 옮김, 『철저비판, 일본우익의 역사관과 이데올로기』, 바다출판사, 2001, 203~217쪽 참조.

4. 맺음말

이상에서 언급한 바와 같이, 이번에 새로 시판되고 있는 <自由社>판 『일본인의 역사교과서』 중근세 부분의 한국사관련 서술도 종전에 쟁점이 되고 있는 주제나 내용면에서 전혀 개선되지 않았다. 중근세의 경우 쟁점주제는 왜구, 조선국호와 통교문제, 임진왜란, 조선통신사 및 왜관 등인데, 그 내용은 2006년에 발행된 <扶桑社>판의 내용과 글자 하나 다르지 않고 똑같았다. 왜구 구성에 있어서는 "일본인 외에 조선인도 많이 포함되어 있다"는 내용이었고, 조선의 국호도 李氏朝鮮을 병기하고 있으며, 조일통교가 조선의 요청을 막부가 허가하여 시작된 것으로 왜곡했다. 임진왜란은 여전히 朝鮮出兵으로 표기했고, 豊臣秀吉의 원대한 꿈만을 장황하게 늘어놓고 있다. 또한 조선통신사도 단순히 장군습직을 축하하는 사절단으로 서술하여 일본우위의 입장을 고수했고, 부산왜관을 대마도주가 설치한 宗氏의 倭館으로 사실을 전도하여 서술했다. 모두 받아들이기 어려운 왜곡된 서술임이 분명하다.

한편 2006년 <扶桑社>판과 2009년 <自由社>판의 근세부분의 목차와 내용을 비교해보면, 근세의 제1절에서는 <桃山문화>를 <황금과 한가로움의 桃山문화>로 바꾸고, 제4절에서는 <化政문화>를 <江戶의 町人과 化政문화>로 바꾸면서, 건축, 다도, 가부끼, 浮世繪, 狂歌 등 문화에 대한 구체적인 서술이 많아졌다. 아마 종전의 부정적인 비판을 의식하여 문화부분의 서술을 늘린 것 같으나, 중학교 과정에서 소화할 수 있는 내용인지 의심스럽다.

끝으로 <自由社>판의 근세사 서술과 근세관이 한국관련 서술과 어떤 관련성이 있는가의 문제이다. 우선 지적할 수 있는 것은 이 시기, 한일관계가 매우 다양하게 전개되었음에도 불구하고 그 서술이 너무 빈약하다. 나아가 조선의 정치적·문화적·경제적 영향을 지나치게 과소평가하고 있다. 뿐만 아니라 <쇄국과 네 개의 창구> 서술에서도, 유럽과의 관계만을 강조하여 서술할 뿐, 중국이나 조선, 심지어는 유구나 아이누와의 관계에 대해서도 언급이 없다. 일본인들 스스로 인정하듯 구미에 대한 콤플렉스로 볼 수 밖에 없다. 이러한 역사인식이 결국은 한국관련 서술을 소략하게 했을 것이고, 무시·폄하하고 왜곡하게 되는 만드는 원인이 되지 않았을까. 현 단계에서 좀더 명쾌한 결론을 도출할 수는 없지만, 집필자에 대한 추적도 정밀하게 이루어진다면 보다 설득력 있는 설명이 가능하리라고 본다.

지유샤판 중학교 교과서에 나타난 근현대 역사상 분석

-전쟁 관련 사진자료를 중심으로-

최 덕 수*

1. 머리말

지난 4월 9일 일본정부는 지유샤(自由社)판 『신편 새로운 역사교과서』의 검정 합격을 공식 발표하였다. 『신편 새로운 역사교과서』는 새로운 역사교과서를 만드는 모임(새역모)이 집필하였던 2001년과 2005년의 후소샤(扶桑社)판 『새로운 역사교과서』의 개정판이다. 지유샤판과 후소샤판의 본문 서술을 비교한 최근 연구에서 공통적으로 지적하고 있는 바와 같이 본문의 기술 내용은 대체로 기존과 동일하다.[1] 크게 달라진 부분은 본문보다는 학습 보조 자료로 제시된 삽화와 사진 등을 교체하거나 자료 설명에 변화를 시도한 점이라 할 것이다.

일본의 역사교과서 왜곡 기술에 대한 기존 연구는 대부분 교과서 본

---

* 고려대학교 교수

1) 연민수, 「『신편 새로운 역사교과서』의 역사관과 향후의 전망」, 『2009년 '새역모' 중학교 역사교과서 상세 분석』, 일본 '지유샤(自由社)'판 역사교과서 관련 동북아역사재단 학술대회 자료집, 2009.

문의 서술 내용을 중심으로 서술의 방향이나 문제점을 지적하여 왔다.
그러나 교과서에는 문자화된 내용뿐만 아니라 이를 뒷받침할 다양한 사
진 도표 등의 학습자료가 활용되고 있다. 이 가운데 사진 자료는 실제로
교과서 지면에서 중요한 부분을 차지하며 본문을 통해 전달되는 역사정
보 이상으로 구체적인 역사정보를 담고 있다.[2] 따라서 특정 역사교과서
에 그려진 역사상을 분석하기 위해서는 역사적 서술에 해당하는 교과서
의 내용을 분석해야 할 뿐만 아니라 교과서에 실려 있는 사진 자료 등에
대해서도 동시에 분석해야 한다.

이와 같은 점을 감안하여 이 글에서는 교과서의 내용 가운데 기존 연
구에서 주목하지 않았던 학습자료, 그 중에서도 사진자료를 중심으로 분
석을 진행하고자 한다. 사진자료는 역사정보를 지면상의 평면적 이미지
를 통해 서술하는 기능을 수행하고 있다. 즉 모든 사진 자료들은 눈으로
전달하는 역사서술 기능을 담당한다고 볼 수 있다. 교과서에 삽입된 사
진들은 문장을 통해 전달되는 역사서술에 버금가는 다양한 역사적 사실
과 의미를 전달하고 있는 것이다.[3] 그렇다면 교과서에 선택된 사진 자료
는 어떻게 선정되는 것일까. 교과서에는 다양한 방식으로 저자의 의도나
목적이 반영된다. 저자의 의도나 목적은 교과서 본문 서술을 통해 직접
적으로 분명하게 표출되지만 사진을 포함한 삽화 자료 등을 통해서 보이
지 않는 형태로 반영되는 경우도 많다. 사진을 포함한 삽화자료에는 삽
화의 선정뿐만 아니라 크기·위치·형식 등을 통해 교과서 집필자의 일정
한 의도나 목적이 많이 반영된다. 물론 저자의 의도나 목적은 일차적으
로 교과서 서술을 통해 가장 분명하게 드러난다. 그러나 교과서 지면의
약 3분의 1 정도를 차지하는 삽화 자료 등은 은밀하게 그리고 치밀한

---

2) 정선영 외, 『역사교육의 이해』, 삼지원, 2001, 151쪽.
3) 서용희, 「비문자자료를 통한 역사이해와 역사학습」, 서울대 석사학위논문,
1998, 16쪽.

방식으로 필자들의 의도가 반영된 것이다. 결국 삽화와 사진 자료를 비롯한 학습자료는 저자의 역사해석과 교과서관 내지 교육과 역사관이 반영된 결과물인 것이다.[4] 교과과정의 변화에 따른 교과서상의 삽화나 사진 자료 등의 첨삭이나 내용의 수정, 도판의 변경 등은 일정하게 저자의 의도가 반영된 결과라고 볼 수 있다. 이와 같은 점에 착안하여 이 글에서는 일본의 검정교과서 가운데 후소샤판(2005) 개정본과 지유샤판(2009)의 사진 자료 등을 방식으로 논의를 진행하고자 한다.[5]

2009년 검정을 통과한 새역모의 지유샤판 중학교 교과서는 알려진 바와 같이 제1차 검정 당시 516개소에 문제가 있다고 지적되어 불합격되었으며, 재신청시에도 136개소에 이르는 수정 의견이 나와 그것을 전부 수정한 다음에야 검정에 합격했다고 한다.[6] 그리고 2001년과 2005년, 그리고 2009년의 새역모 교과서에 대한 검정 과정을 검토한 남상구의 연구에 의하면 2009년판 새역모의 출현은 다음과 같은 과정을 거쳤다. 2001년에는 '일면적인 견해를 충분한 배려 없이 기술' 등 기술 내용에 대한 지적이 80%를 차지하였으나, 2005년에는 73%, 2009년에는 50%로 점차 감소하였다. 특히 2009년에는 기술 내용에 대한 지적보다는 고유명사 등이 대부분이었다고 한다.[7] 결과적으로 새역모 교과서는 세 차례의 검정을 거치는 동안 내용과 표현 등이 정치해졌다고 할 것이다.

---

4) 김한종, 「역사교육에서 미술사자료의 텍스트성과 그 활용」, 『문화사학』 11·12·13합집, 1999, 7~8쪽.
5) 기존 연구 가운데 학습자료의 분석을 시도한 것으로는 다음의 연구가 있다. 박삼헌, 「일본중학교 후소샤(扶桑社)판 역사교과서의 삽화분석-근대화에 대한 역사인식을 중심으로-」, 『日本歷史硏究』 27, 일본사학회, 2008.
6) 이원우, 「막말·명치전기 서술의 특징과 문제점」, 『2009년 '새역모' 중학교 역사교과서 상세 분석』, 일본 '지유샤(自由社)'판 역사교과서 관련 동북아역사재단 학술대회 자료집, 2009, 127쪽.
7) 남상구, 「'새역모' 발간 교과서의 검정실태에 나타난 일본 교과서 검정제도의 문제점」, 『2009년 '새역모' 중학교 역사교과서 상세 분석』, 일본 '지유샤(自由社)'판 역사교과서 관련 동북아역사재단 학술대회 자료집, 2009, 35쪽.

2. 교과서를 통한 근대 일본의 전쟁 관련 이미지의 형상화

지금까지 새역모 교과서의 근대사 서술에서 아시아 침략과 관련하여 주로 쟁점이 되었던 논제들은 다음과 같다. 즉 '명치유신 이후 조선과의 외교교착(서계문제)'과 '정한론', '조선반도와 일본'(소위 일본의 독립과 조선반도 '팔뚝론', 조선의 근대화와 일본, 조선을 둘러싼 일청의 대립) 그리고 '일청전쟁과 삼국간섭', '러일전쟁', '한국병합', '대동아회의' 등이 었다. 이와 같은 주제와 관련하여 교과서에서 제시된 학습자료는 주로 인물과 도표, 현장 사진 등이었다. 이 글에서는 이와 같은 자료를 내용면 에서 크게 두 가지 부분으로 나누어 검토하였다. 첫째, 일본제국주의의 형로 정 전반에 걸쳐 나타나는 근대사 이미지이다. 곧 근대 일본이 저질 렀던 일련의 아시아 침략 전쟁 관련자료 전부를 개관하고, 이를 통해 드 러난 근대 일본의 총체적인 역사상과 성격을 파악하는 작업이다. 그 다 음으로는 일본제국주의가 아시아 각국에서 벌였던 침략 전쟁에 대한 검 토이다. 주요 분석 대상으로는 청일전쟁과 러일전쟁, 그리고 태평양전쟁 을 선정하여 이를 검토하였다.

지유샤판 교과서는 교과서를 펼쳐 목차에 들어가기 이전의 처음 부분 에 '그곳에 잠들어 있는 역사'라는 항목을 설정하고, 4가지 사례를 들고 있다. '일본에도 구석기시대가 있었다-젊은 아마추어 연구자에 의한 역 사적 대발견-'과 '도굴한 구멍으로부터 1300년 전의 별자리 발견-다카 마쓰고분과 키도라고분-', '이즈모다이지-거대한 공중 신전의 수수께 끼-', '동지나해에 침몰한 야마토 전함'이라는 제목하에 사진 자료와 관 련 사실을 설명하고 있다. 아마추어 고고학 연구자에 의한 유적발굴과 농부에 의해 우연히 발견된 고분벽화 등 제목을 통해서 한눈에 드러나는 바와 같이 중학교 학생들로 하여금 역사 공부에 흥미를 가질 수 있도록 유도하는 소재와 내용 설명이라 하겠다. 이 가운데 근현대사 부분에 해당하는 전함 야마토(大和)에 관한 기술을 다음과 같다.[8]

전함 야마토는 일본이 생산했다. 역사상 세계 최대의 전함이었다. 1941년(昭和16) 12월, 일본이 미국 영국과 전쟁을 시작하였던 그 다음 주에 완성하였다. 전체 길이 263미터, 폭 39미터, 전함 바닥부터 높이 약 60미터, 군함의 크기를 말해주는 滿載排水量 72,800톤, 최고시속 48킬로미터, 당시 세계의 군함 가운데 다른 군함에서는 볼 수 없는 구경 46센티미터, 길이 21미터의 대포 9문의 포탄 사정거리는 40킬로미터였다.

그러나 야마토가 만들어지고 있던 약 4년 사이에 전쟁은 비행기가 주역을 맡는 시대로 바뀌었다. 일본이 점차 전쟁에서 밀리고 있는 사이에 야마토가 결국 실력을 보여줄 수 있는 기회가 오지 않았다. 1945년(昭和20) 4월 6일, 연합국 군대 1,200척의 대함대에 포위되어 공격을 당하고 있던 오키나와로 진격하라는 명령을 받은 야마토는 소형 군함 9척만을 거느리고 세토나이카이로부터 출격하였다. 다음날 가고시마현 남방 동지나해에서 총 350기 이상의 미군 비행기로부터 공격을 당한 야마토는 1시간 반 정도의 전투 끝에 오후 일찍 대폭발과 함께 침몰하였다. 야마토에만 약 3,100명, 동행하였던 소형군함을 합하여 3,700명 이상의 승선원이 그곳에서 사망하였다. 같은 날 동경에서는 마침내 이와 같은 비참한 전쟁을 끝내는 스즈키 간타로 수상내각이 성립하였다. 야마토가 침몰한 정확한 장소는 오랫동안 알려지지 않았는데, 1980(昭和55)년 텔레비전 방송국과 침몰한 야마토로부터 살아남은 사람들에 의해 수심 360미터에 잠들어 있는 것이 발견되었다.

(각주) 오키나와 공방전에서 일본 측은 장병 9만 4천명, 섬주민 9만 4천명, 연합국 측은 장병 등 1만2천명이 사망하였다.

(사진설명문) 완성 당시의 전함 야마토는 세계최대의 군함으로 건조에 사용된 기술력도 세계 최첨단의 것이었다(상단). / 수심 360미터 가까운 곳에 잠들어 있는 야마토의 뱃머리. 일본 군함인 것을 보여주는 국화문장이 지금도

---

8) 藤岡信勝 外, 『新編 新しい歴史教科書』, 自由社, 2009, 7쪽(이하 『新編 新しい歴史教科書』으로 줄임).

빛나고 있다(하단).

　전함 야마토에 대한 서술은 이와 같이 전함의 규모나 위력에 대해서
상세하게 설명을 하고 있다. 그러면서 그 사이에 "역사상 세계 최대의
전함"9)이지만 "비행기가 주역을 맡는 시대로 바뀌면서", "결국 실력을
보여줄 수 있는 기회를 갖지 못했다"고 기술하면서 전사자의 숫자를 제
시하였다. 지유샤판 교과서에서는 '동지나해에 잠들어 있는 야마토'를
필두로, 침략 전쟁에 동원하였던 군사 시설물, 특히 군함과 전투기의 사
진자료가 다른 어떤 교과서 보다 빈번하게 제시되고 있다. 예를 들어 청
일전쟁 시기 청국 북양함대의 주력군함이었던 定遠,10) 러일전쟁 시기
일본군의 연합함대 기함 미카사(三笠),11) 발진하는 일본의 공격대와 화
염에 휩싸이며 침몰하는 아메리카 전함,12) 아메리카 군함에 육탄공격을
하는 특별공격기와 일본의 도시를 폭격하는 아메리카의 B-2913) 등이
다. 위의 자료에 대해서는 다음과 같이 짧게 설명을 덧붙이고 있다.

　　A. 청국의 주력 군함 定遠. 같은 사양의 鎭遠과 함께 독일로부터 수입하였
고, 당시 동양 최대 최신의 군함으로서 그 이름은 일본의 서민들도 두려워하
였으나, 황해 해전에서 청국함대는 신흥의 일본해군에 의해 산산히 부서져 재
기하지 못했다.

　　B. 전함 미카사. 일러전쟁에서 연합함대의 기함으로 참전하였으며, 도고
사령관이 타고 일본해 해전을 대승리로 이끌었다. 현재 카나가와현 요코스카

---

9) 교과서에는 전함 야마토의 전체 사진을 제시하고, 아래쪽에 흑백으로 야마토
　의 도면을 제시한 뒤 '전함 야마토의 크기'라는 제목하에 '지금의 JR 전차 13
　량을 연결한 길이에 해당한다'라고 흑백으로 열차를 연결한 도면을 제시하여
　독자가 한 눈에 그 크기를 알 수 있도록 설명문을 제시하고 있다.
10) 『新編 新しい歷史敎科書』, 自由社, 164쪽.
11) 같은 책, 169쪽.
12) 같은 책, 204쪽.
13) 같은 책, 209쪽.

시에 기념함으로 보존되어 있다.

C. 불타면서 침몰하는 아메리카의 전함군. 현지는 일요일 아침이었고 갑자기 공격을 받았기 때문에 아메리카군은 거의 반격을 하지 못하는 가운데 큰 손해를 입었다.

D. 출격하는 일본 공격대. 일본해군은 이 작전을 위하여 6척의 항공모함으로 이루어진 함대를 이용하여 공중으로부터 공격하는 방법으로 큰 전과를 올렸다. 아메리카는 바로 그것을 배웠다.

E. 아메리카의 군함에 몸으로 부딪치는 특별공격기. 1944년 10월 이래 추격당하던 일본군은 세계에 유례가 없는 작전을 수행하였다. 폭탄을 적재한 비행기를 승무원이 곧바로 적의 군함에 돌격하는 자살공격으로, 특별공격대(특공)라고 불렀다. 이 작전은 전쟁이 끝나는 날까지 계속되어 대략 3,900명의 장병이 죽었다. 사진 중앙의 윗부분에 돌격 직전의 특공기가 보인다.

F. 일본의 도시를 폭격하는 아메리카 B-29. 장거리 비행과 대량의 폭탄 적재가 가능하였다. 3월 10일의 도쿄 대공습에서는 동서 5킬로미터, 남북 6킬로미터 구역에 정확하게 소이탄을 떨어뜨려, 화재로 사람들의 퇴로를 차단한 것을 시작으로 일본의 도시를 차례차례 불태웠다.

위의 사진 자료 6장(A~F)을 통해서 상징적이고도 압축적으로 보여주고 있는 것은 일본제국주의가 등장하고 패망하는 모습이다. 사진의 이미지를 순서대로 엮어보면 전통적으로 제국의 지위를 차지하고 있던 청국이 보유한 동양 최대·최신의 군함을 신흥 일본의 해군이 짧은 시간 내에 완벽하게 제압한 다음, 38척의 러시아함대를 맞이하여 일본 측은 수뢰정 3척 만을 잃은 대신, 적의 군함 대분을 격침(21척), 포로 6척, 도망 후 억류 6척의 전과를 거두었다. '세계 해전사상 이와 같은 완벽한 승리'를 거둔 적은 없었다. 그리고 진주만에서도 새로운 전법으로 아메리카의 주력 해군을 궤멸시킨 일본군이었다. 이와 같이 떠오르는 태양 일본군의 상징이 '역사상 세계 최대의 최신의 전함 야마토'였던 것이다.

그러나 전쟁이 군함보다는 공군력이 전세를 결정짓게 되었으므로 야마토의 침몰에서 보는 바와 같이 일본은 전쟁에서 패퇴의 길로 접어들게 되었던 것이다. 이때부터 일본의 군인들은 바다에서, 자살 특공작전으로 하늘에서, 그리고 본국의 도시들은 아메리카의 장거리 폭격기 B-29에 의하여 수많은 인명이 차례차례 희생되었던 것이 교과서에 그려진 일본의 전쟁이었다. 한편 전쟁에 임하는 당시 국민들이 전쟁에 대해 가지고 있었던 태도에 대해서는 다음과 같이 기술하였다.

> 일본이 승리한 원인으로는 최신의 병기를 가지고 있었다는 점 외에 군대의 규율과 훈련이 뛰어났다는 점을 들 수 있지만, 그 배경에는 일본인 전체의 의식이 국민으로서 하나로 뭉쳐졌다는 점에 있다.14) (日淸戰爭と日本の勝因)

> 이것을 삼국간섭이라고 한다. 청국을 무너뜨렸다고는 하지만 혼자 힘으로 삼국을 대항할 수 있는 힘을 갖지 못한 일본은 어쩔 수 없이 일정한 금액의 환부금을 받는 대신 요동반도를 포기하지 않을 수 없었다. 일본은 중국의 고사에 이르는 '臥薪嘗膽'을 격언으로 관민이 합쳐 러시아에 대항하기 위한 국력을 충실히 하는데 힘을 기울였다.15) (下関条約と三国干渉)

> 미국 및 영국과의 개전을 뉴스로 알게 된 일본국민의 대다수는 이후 차차 전해지는 전과에 도취되었다. 한편 아메리카 정부는 일본이 교섭 중단 통보가 진주만 공격보다 늦었던 것은 비열한 기습공격이라고 자국민에게 선전하였다. 일본의 진주만 공격은 군사적으로 성공하였지만 지금까지 전쟁에 반대하였던 아메리카 국민을 '진주만을 기억하라'라는 격언 하에 대일본과의 전쟁에 단결시키는 결과를 가져왔다.16) (大東亜戦争)

이상과 같은 전쟁에 대한 기술과 자료를 통해 형성된 일본근현대사 그리고 이 과정에서 치렀던 전쟁의 이미지는 과연 어떤 것일까. 그것을

---

14) 『新編 新しい歴史教科書』, 自由社, 164쪽.
15) 같은 책, 165쪽.
16) 같은 책, 204쪽.

요약해 보면 다음과 같다. 곧 서구열강의 무력에 굴복하여 개항하였던 일본은 명치유신 이후 정부의 지도하에 개혁정책을 추진하여 강력한 무장력을 지닌 국가로 성장하였다. 청일전쟁에서 전통적으로 이 지역의 패권국가였던 청국을 물리쳤으나, 일본의 승리를 두려워한 러시아와 프랑스·독일이 '삼국간섭'을 단행하여 일시 팽창이 좌절되었다. 이를 계기로 전국민이 단결하고 노력하여 러일전쟁에서 승리함으로써 세계를 놀라게 했다. 이후 일본은 서구의 식민지지배를 받고 있는 국가와 민족으로부터 서구제국주의 국가의 지배를 벗어날 수 있다는 희망을 제시하는 국가가 되었다.

그리고 영일동맹의 동맹국으로서 1차 세계대전에 참전하였던 일본은 독일의 조차지였던 태양양의 적도 이북 여러 섬과 중국내 조차지를 점령하였고, 함대를 지중해에 파견하는 등 명실상부하게 서구열강의 일원이 되었다. 그러나 중국에서의 이권 확장을 계기로 영국과 미국 그리고 중국내부의 저항이 확산되었고, 마침내 일본은 영국과 미국을 상대로 전쟁을 개시하게 되었다. 이와 같은 일본의 팽창을 상징하는 것이 당시 세계에서 가장 크고 강한 군함이었던 연합함대의 기함 야마토였다. 그러나 야마토의 침몰에서 보는 바와 같이 전쟁말기에는 공군력을 앞세운 미국을 비롯한 연합국 측의 공세에 밀리면서 일본은 전쟁터에서, 그리고 후방에서 수많은 인명피해를 입고 '메이지 이후 처음으로 패전을 체험'하였다.

요컨대 지유샤판 교과서의 근현대사의 전개과정에서 나타난 근현대사 역사상은 서구열강의 위협에 맞선 일본의 발전과 성장, 그리고 청일전쟁 이후 일본의 팽창을 두려워한 러시아를 비롯한 서구 열강의 간섭, 그리고 아시아의 해방을 추구하던 일본이 영국과 미국 등 연합국에 공세로 막대한 인명 피해를 겪은 뒤 패전 등으로 구성되어 있다. 이와 같은 서술에서는 근대 일본의 아시아침략 역사가 축소 내지 왜곡되어 그 역사상이 전혀 드러나지 않는다. 다음 장에서는 구체적으로 개별 전쟁에 대한 학습자료의 분석을 통해 이와 같은 사실을 검증해 볼 것이다.

3. 아시아 침략 전쟁에 대한 기술/배치의 변화양상

1) 청일전쟁

지유샤판 청일전쟁 관련 서술은 이전의 후소샤 교과서와 동일하나 문장 하나가 추가되었다. 즉, "일청전쟁은 歐美流의 근대 국가로 출발한 일본과 전통적인 중화질서와의 대결이었다."라는 부분이다.[17] 일청전쟁이란 제목 아래에 소단락의 제목이 '조선을 둘러싼 일청의 대립', '일청전쟁과 일본의 승인', '시모노세키조약과 삼국간섭' 등으로 구성되어 있는 점은 이전과 같다. 이와 같이 소단락의 명칭은 동일하나 청일전쟁에 대한 전체 제목을 '일청전쟁과 삼국간섭'으로 바꾼 것은 일청전쟁 전체의 서술 가운데 상대적으로 삼국간섭 부분을 더 강조한 것으로 볼 수 있다.

또한 이와 관련하여 제시된 학습자료에서도 변화가 있었다. 후소샤판에서는 도표와 지도로 '일본과 청국 해군력의 변화', '日淸戰爭要圖', 사진 자료로 '체포된 갑오농민전쟁 지도자', '김옥균', '下關會議가 시작되었다' 등으로 구성되어 있었다. 그러나 지유샤판에서 나타난 자료의 경우 우선 '체포된 갑오농민전쟁의 지도자' 사진이 삭제되었고, 체포되어 서울로 연행되는 전봉준 사진과 함께 나란히 제시되었던 '일본과 청국 해군력의 변화'를 나타나는 그래프 역시 삭제되었다.

위의 두 자료가 배치되었던 지면에는 청일전쟁 당시 북양해군의 주력

---

17) 『新編 新しい歴史教科書』, 自由社, 165쪽.

군함이었던 '定遠'의 사진으로 채워졌다. 이에 대한 사진 설명으로 "같은
형태의 鎭遠과 함께 영국으로부터 수입되었으며, 당시 동양최대의 군함
으로 그 이름은 일본의 서민들까지 두려워하였지만, 황해 해전에서 청국
함대는 신흥의 일본해군에게 여지없이 깨져 재기하지 못했다"라고 설명
을 덧붙였다.[18]

청일전쟁과 관련된 학습 보조 자료의 내용 중 가장 크게 바뀐 부분은
청일전쟁과 관련하여 동학농민전쟁 부분이 사라진 것이다. 지유샤판에
서는 동학농민전쟁과 관련하여 다음과 같이 기술하고 있다.

> 1894(明治27)년 조선 남부에서 갑오농민전쟁으로 불리는 폭동이 일어났다.
> 농민군은 외국인과 부패한 관리를 추방하고자 하여 일시 조선반도의 일부를
> 제압할 정도였다. 적은 수의 병력 밖에 없던 조선왕조는 청국에 진압을 위한
> 출병을 요청하였지만 일본도 청국과의 약속을 구실로 군대를 파견하였고, 일
> 청 양국군이 충돌하여 일청전쟁이 시작되었다. 전장은 조선 외에 만주(중국
> 동북부) 남부까지 확대되었고, 일본군은 육전과 해전에서도 청을 압도하여 승
> 리하였다. 일본이 승리한 원인으로는 최신의 병기를 가지고 있었다는 점 외에
> 군대의 규율과 훈련이 뛰어났다는 점을 들 수 있다. 하지만 그 배경에는 일본
> 인 전체의 의식이 국민으로서 하나로 뭉쳐졌다는 점에 있다.[19] (日淸戰爭と日
> 本の勝因)

위의 자료에 나타난 바와 같이 청일전쟁의 원인과 경과에 대해서는
전혀 기술하지 않고 있다. 단순히 '일본도 청국과의 약속을 구실로 군대
를 파견하였고, 일청 양군은 충돌하여 일청전쟁이 시작하였다'라고 기술
함으로써 전쟁이 우발적으로 일어났던 것으로 처리하고 있다. 그리고 전
쟁 중에 갑오농민군의 봉기 원인과 진압의 과정에 대해서도 전혀 언급하
고 있지 않다. 1894년 10월 농민군의 재기 이후 농민군의 주전투 대상이

---

18) 같은 책, 164쪽.
19) 같은 책, 164쪽.

일본군이었으며, 일본군은 전국 각지에서 벌어진 농민군과의 전투에서 최소 3만 이상의 농민군을 학살하였다는 사실[20] 등에 대해서는 외면하였다.

이와 같이 사진 자료에서 동학 관련 자료를 삭제했을 뿐만 아니라 청일전쟁 지도에서도 조선과 관련한 사실을 제시하지 않고 있다. 결과적으로 동학농민전쟁과 조선관련 사실을 삭제하는 대신 삼국간섭 즉, 러시아를 비롯한 서구 열강의 위협을 강조하려는 의도를 드러내고 있는 것으로 보인다.

또한 동일한 자료이면서도 내용설명에 변화가 나타나고 있는 것도 있다. 예를 들면 '日淸戰爭要圖'라는 전쟁 진행의 개괄적인 지도에 대한 설명 등이 그러하다. 후소샤판에서는 지도에 대한 내용 설명이 없었다. 그런데 지유샤판에는 같은 지도자료에 대하여 '일청전쟁의 주요한 전장 : 威海衛는 청국해군의 근거지였고, 旅順에는 육군의 요새가 있었다. 일본은 청국의 바로 입구에서 싸웠을 뿐이었으나 청군은 완벽하게 패배를 인정하였다'라고 설명하고 있다.[21] 그 외에 김옥균에 관한 사진도 상반신을 얼굴 부분만으로 축소한 것으로 제시하였다.

한편 지유샤판은 대체로 하나의 사건에 대해 2면을 할애하여 한 단원으로 구성하였고, 매 사건의 끝에 '이곳이 포인트'라는 항목을 설치하여 학습자의 주의를 환기하고 있다. 이 장에서는 "일청전쟁은 어떠한 전쟁이었나?"라는 물음을 제시하고 다음과 같이 6개항으로 청일전쟁을 요약하고 있다.

- 조선에 대한 영향력을 경쟁하던 청국과 일본
- 조선의 농민폭동(갑오농민전쟁) 진압을 위한 양국의 출병이 충돌
- 장비+훈련+규율+국민의식의 차이에서 일본이 승리

---

20) 趙景達, 『異端の民衆反亂: 東學と甲午農民戰爭』, 岩波書店, 1998, 318쪽.
21) 『新編 新しい歷史敎科書』, 自由社, 165쪽.

- 하관조약
- 요동반도를 둘러싸고 러시아+독일+프랑스의 삼국간섭
- 臥薪嘗膽[22]

2) 러일전쟁

지유샤판의 러일전쟁 서술 가운데 후소샤판과 비교하여 달라진 부분은 다음과 같다. 우선 제목이 '일러전쟁'에서 '국가의 흥패가 걸렸던 일러전쟁'으로 바뀌었다. 그 외 본문의 소제목은 '일영동맹', '일로개전과 전투의 행방', '세계를 바꾼 일본의 승리' 등으로 동일하다. 다만 '일러전쟁의 전개' 부분에서는 두 개의 문장에서 단어를 바꾸거나 문장의 일부를 삭제하였다.[23] 첫째, "1904년(明治 37) 2월 일본은 러시아 군함에 공격을 개시하여 일러전쟁을 시작했다"를 "일본은 러시아에 국교단절을 통고하여 일러전쟁을 시작했다"로 바꾸었다. 다음으로는 "러시아는 열세를 만회하기 위해 발트해로부터 발틱함대를 파견했다. 전함 가운데 38척이 아프리카 남단을 우회하고 인도양을 횡단하여 약 7개월에 걸쳐서 일본해로 들어왔다"를 "본국으로부터 발틱함대를 파견하였다. 함대는 인도양을 횡단하고 동지나해를 거쳐 1905년 3월 일본해로 들어왔다"라고 기술하고 있다.

"러시아군함을 공격함으로써"를 "국교 단절을 통고함으로써"로 바꾼 것은 청일전쟁과 러일전쟁의 개전이 각각 아산만과 인천항에서 일본군의 기습적인 포격으로 시작되었다는 사실을 상기할 볼 때 전쟁의 개시를 합리화하려는 시도라 할 것이다. 본문 이외에 자료 제시 부분에서는 앞 절에서도 지적한 바와 같이 일본 해군 연합함대의 "기함 미카사(三笠)" 사진을 제시하였다. 한편 '일본해해전'을 다음 페이지 전면에 걸쳐 제시하

---

22) 같은 책, 165쪽.
23) 같은 책, 168~170쪽.

고 있는 것은 동일하다. 다만 이 부분에서는 "7개월 이상 걸려 인도양으로부터 동지나해에 달하는 장거리였다"가 "인도양으로부터 동지나해에 이르는 장거리였다"로 바뀌었다. 그리고 끝 부문에 제시하였던 다음과 같은 문장은 삭제하였다. "또한 같은 일러전쟁에서 활약했던 육군대장 노기 마레스케(乃木希典)는 전후 패전한 러시아 장군의 구명을 위해 여러 가지 노력을 아끼지 않았다. 메이지 일본에도 패자에 대해서는 관대하게 대해주는 무사도는 살아있었던 것이다." 끝으로 '이곳이 포인트' 항목에서는 러일전쟁을 다음과 같이 요약하고 있다.

> 국력이 작은 일본이 일러전쟁에서 승리할 수 있었던 것은 왜일까?
> ■ 국민국가의 군대
> ■ 일본해해전
> ■ 일영동맹과 아메리카의 중개24)(170쪽)

러일전쟁에서 일본이 승리한 원인에 대해 후소샤판과 지유샤판의 본문 내용 서술은 일치한다. 다만 다른 교과서와 비교해 보면 승리의 요인으로 아메리카의 적극적인 중재에 의해 전쟁을 적절한 시기에 끝낼 수 있었음을 강조하고 있다. 참고로 후소샤 지유샤판의 관련 부분을 東京書籍판과 山川出版社판의 고등학교 교과서 서술내용과 대조해 보면 다음과 같다.

> 일본해 해전에 승리했을 때, 일본은 이미 외국으로부터의 차관과 국채로 경비를 조달하였고 국가예산의 8년분에 해당하는 군사비를 사용하였다. 장기전이 되면 러시아와 국력의 차이가 드러나서 형세기 역전되는 것은 명백했다. 아메리카 대통령 테오도르 루즈벨트는 일본에게 가장 유리한 시기를 선택하여 일로간의 강화를 중개하였다. 아메리카의 포스머스에서 열린 강화회의의 결과 1905(明治38)년 9월 포츠머스조약이 체결되었다.25)

---

24) 『新編 新しい歴史教科書』, 自由社, 170쪽.

1904년 2월 일러전쟁이 시작되었다. 일본군은 고전을 거듭하면서도 戰局을 유리하게 이끌었고 일본해해전에서도 승리하였다. 그러나 일본의 전력은 한계에 이르렀으며, 러시아도 혁명운동이 일어나는 등 양국 모두 전쟁을 계속하는 것이 곤란하게 되었다. 그 결과 아메리카의 중개에 의해 포스머스 조약이 체결되어…26)

그러나 장기간에 걸친 전쟁은 일본의 국력상 허용되는 것이 아니었고, 러시아도 국내에 혁명운동이 일어나 전쟁을 계속하는 것이 곤란하게 되었기 때문에 테오도르 루즈벨트 미국 대통령의 알선으로, 1905(明治 38)년 9월 아메리카의 포츠머스에서 일본전권 고무라 쥬타로와 러시아전권 비테가 강화조약(포츠머스조약)에 조인하였다.27)

이상의 자료에서 보는 바와 같이 후소샤와 지유샤판은 '아메리카 대통령 테오도르 루즈벨트가 일본에게 가장 유리한 시기를 선택하여 일로간에 강화를 중개'라고 표현한 반면 여타의 교과서들은 '아메리카의 중개' 또는 '테오도르 루즈벨트 미국대통령의 알선'으로만 서술하였다. 전체적으로 후소샤판 교과서의 경우 미국관련 기사에 대해 우호적인 입장에서 서술하는 경향이 있다고 판단된다.

3) 대동아전쟁(태평양전쟁)

태평양전쟁에 관련된 지유샤판 기술은 전체 4장으로 구성되어 있다. 각 장의 제목은 대동아전쟁(태평양전쟁), 대동아회의와 아시아 각국, 전시하의 국민생활, 종전을 둘러싼 외교와 일본의 패전 등으로 구성되어 있다. 전체적으로 내용에서는 태평양전쟁 관련 부분도 이전과 큰 차이점을 발견할 수 없다. 그러나 사진 자료 등은 일부 교체하였고, 동일한 자료에 대해서도 설명문은 다르게 기술한 것에 주목해야 할 것이다.

---

25) 같은 책, 167쪽.
26) 『新しい社會歷史』, 東京書籍, 2007, 142쪽.
27) 『詳說日本史』, 山川出版社, 2009, 272쪽.

태평양전쟁의 시작이었던 '진주만공격' 관련 사진자료를 후소샤판에서는 '하와이의 진주만공격'과 '침몰하는 영국동양함대의 주력함 프린스오브 웨일즈' 등으로 배치했다. 그러나 지유샤판은 '불타며 침몰하는 아메리카의 전함군'과 '發進하는 일본공격대' 그리고 '진주만을 기억하라(リメンバー·パールハーバー)'라는 포스터 등으로 구성하였다. 또한 표현에서 일부 단어를 바꾸고 있는 점도 눈에 띤다. 즉, 진주만 '공습'을 '기습'으로, '태평양함대'를 '태평양함대와 육군 항공부대'로, '일본의 서전 승리'를 '전쟁 최초의 반년 간' 정도로 바꾸어 표현하였다. 그러나 태평양전쟁에 관한 단락의 마지막 문장은 후소샤판에서 "일본장병은 감투정신을 발휘하여 잘 싸웠다"로 되어 있었으나, 이번에는 "일본장병은 이 싸움에 나라의 장래가 걸려있다고 믿고 잘 싸웠다"로 바꾸었다.[28]

태평양전쟁에서 문제가 되는 부분은 역시 전쟁의 경과에 대한 서술부분보다는 태평양전쟁과 아시아인의 관계에 대한 것이다. 이른바 '대동아회의와 아시아 각국'이란 장은 소제목으로 '아시아에 확대되는 독립에 대한 희망', '대동아회의', '아시아제국과 일본' 등으로 구성하였으며, 소제목은 후소샤판과 동일하다. 다만 마지막 문장의 시작을 "일본의 남방진출은 아시아의 해방이라는 명목을 내걸었지만 자국을 위한 자원 획득을 목적으로 한 것이었지만"이라고 하여 일본이 수행하였던 전쟁의 목적에 대하여 일부 서술하기도 하였다.

그러나 여기에 곧바로 이어지는 문장은 "일본이 패전으로 철수한 이후 이와 같은 식민지들은 거의 10년 이내에 점차적으로 독립국이 되었다"라고 되어 있다.[29]

게다가 소단락의 첫 문장은 다음과 같이 기술하고 있다. "이 전쟁은 전장이 되었던 아시아 여러 지역의 사람들에게 큰 손해와 괴로움을 끼쳤

---

28) 『新編 新しい歴史教科書』, 自由社, 204~205쪽.
29) 같은 책, 207쪽.

다. 특히 중국의 병사와 민중은 일본의 침공으로 다수의 희생자가 났다."[30]고 일본의 아시아침략 전쟁에 대한 아시아인의 피해를 기술하고 있는 것처럼 보인다. 그러나 「일본을 해방군으로 환영하는 인도네시아 사람들」이란 칼럼을 본문의 절반 정도에 해당하는 크기로 게재하였다. 그리하여 전체적으로는 태평양전쟁이 '아시아에 확대되는 독립 희망'이란 절의 제목에서 보여주는 것처럼 태평양전쟁을 대동아전쟁으로 미화하려는 의도를 보여주고 있다.

사진자료 가운데서도 내용은 동일하나 사건이나 현장의 다른 측면을 보여주는 사진으로 교체하는 방법 등도 시도하고 있다. 전쟁과 민간인과의 관계를 보여주는 자료의 경우 일부 자료 자체를 바꾸어서 전쟁의 실상과 다른 이미지를 보여주고 있다. 예를 들어 '전시하의 국민생활'이란 장에 실린 자료에서 각기 '근로동원', '학도출진', '사치추방운동', '학도소개' 등은 동일하다. 그러나 후소샤판의 '출격하는 특공대'와 '도쿄 대공습의 참상'의 사진 자료는 각기 '아메리카 군함에 몸으로 부딪치는 특별공격기'와 '일본의 도시를 폭격하는 아메리카의 B-29' 등으로 교체하였다. 후소샤판과 지유샤판의 관련자료 설명을 구체적으로 비교해 보면 다음과 같다.

> 출격하는 공격대 전쟁에서 후퇴를 거듭하는 일본은 비행기와 잠수정으로 적함에 죽음을 각오하고 몸으로 부딪히는 공격을 하는 특별공격대(특공)을 만들었다. 그 수는 비행기만 2500기에 가까운 것이었다. 사진은 가고시마현 치란기지에서 여학생들의 환송을 받고 비행하는 특공대의 전투기.[31]

> 아메리카군함에 몸으로 부딪히는 특별공격기. 1944년 10월 이래 후퇴는 거듭하던 일본군은 세계에 유례가 없는 작전을 실행하였다. 폭탄을 실은 비행기를 승무원이 적함에 돌입시키는 자살공격으로 '특별공격대'(특공)이라고 명명

---

30) 같은 책, 206쪽.
31) 『新しい歴史教科書』, 扶桑社, 2006, 209쪽.

하였다. 이 작전은 종전되는 날까지 계속되었다. 약 3900명의 장병이 죽었다. 사진 중앙 윗부분에 돌입 직전의 특공기가 보인다.[32]

위의 자료 비교에서 드러나는 바와 같이 전쟁 말기의 특공대 작전에 대한 설명을 다르게 기술하고 있다. 고개를 약간 숙인 채 자살공격을 떠나는 특공기를 환송하는 장면과 전투에서 적함에 돌진하여 충돌직전의 특공기 사진에서 학습자가 가지는 이미지의 차이는 어떤 것일까. 또한 공통적으로 이와 같은 자살공격으로 인한 전사자의 수를 구체적으로 제시하고 있으나, 지유샤판의 수치는 크게 늘어난 것을 제시하고 있다. 본문 서술에서도 '공습의 피해' 부분에서 1945년 3월 10일의 도쿄대공습에서 약 10만의 시민이, 그리고 오키나와전투에서 군인 전사자가 9만 4천명, 일반인이 9만 4천명이 사망하였다고 제시하였다. 또한 민간인의 피해에 대해서는 원자폭탄 사진자료의 설명에서는 히로시마에서 15만명, 나가사키에서 7만 5천명이 희생되었다고 기록하고 있다.

4. 맺음말

2009년 4월 9일 일본의 역사교과서 검정 결과가 발표된 지 석 달에 가까운 시간이 지났다. 2005년 봄과 여름 사이를 생각하면서 역사교과서 문제에 대한 우리 사회의 모습을 돌아보게 된다. 머리말에서 언급하였던 것과 같이 2005년의 0.39% 채택의 의미를 어떻게 이해해야 할 것인가. 단순 비교이긴 하나 '새역모' 교과서가 처음 등장하였던 2001년 당시의 채택율은 0.039%였다. 그렇다면 1차 검정에서 2차 검정을 거치면서 새역모 교과서의 채택율은 10배 가까이 늘어난 것이다. 그리고 겉으

---

32)『新編 新しい歴史敎科書』, 自由社, 209쪽.

로 잘 드러나지 않은 사실 가운데 하나로 일본에서 중학생 손에 쥐어졌던 교과서 숫자의 100배 이상에 해당하는 교과서가 '시판본'이라는 이름으로 일반 대중에게 파고들었다는 점이다. 향후 우리가 경계해야 할 부분은 역사교과서 검정 문제가 정치적 이슈로 부각되는 가운데 새역모와 같은 단체의 목소리에 공감을 하는 일반인들이 점차적으로 늘어날 가능성이 높다는데 있을 것이다.

2005년 4월, 그 때로부터 4년이란 시간이 흐른 올해 일본정부는 교과서 검정 발표를 몇 차례 미루다가 검정결과를 발표하였다. 이러한 사태에 직면하여 언제나 그러하였던 것처럼 우리 정부는 강력한 항의 성명(?)을 발표하였다. 그러나 4년 전의 검정 결과 발표 시기와 비교해 볼 때 한국정부의 항의에 대한 일본정부의 대응은 우리를 무색하게 한다.

한국정부가 교과서 검정 결과에 대해 강력히 항의하고 교과서문제에 대한 근본적인 시정을 촉구한 것에 대하여 일본 정부를 대신하여 문부과학상 시오노야 류(塩谷立)는 4월 10일 "검정은 엄정하게 실시되었음을 이해해 주기 바란다"라고 답변하였다. 즉, 일본정부는 교과서 검정 기준과 '근린제국조항'을 적용하여 엄정하게 교과서 검정을 실시했다는 입장을 강조하였던 것이다.

한편, '새역모' 측도 2004년과 검정 결과 발표 당일날 오후 "문부과학성의 꼼꼼한 검정을 통해 사실의 정확성이 높아졌고 표현이 개선되었다"라는 성명을 발표하였다.[33] 새역모가 발표한 성명은 예전과 달리 형식적인 사과나 수정 요구 등에 대해 방어적인 자세가 아닌 것은 확연하다. 오히려 '새역모'는 그들이 펴낸 교재가 문부과학성의 검정을 거치는 가운데 어느 정도 인정을 받게 되었다는 점에서 한층 자신감을 갖게 된 것으로까지 보이기도 한다.

4월 이후 국내 언론 등의 반응은 새역모 교과서가 출발하던 당시와

---

33) 남상구, 앞의 발표문, 30쪽.

비교하여 낮은 채택율 등으로 자체 내의 분열과 대립으로 새역모의 교과
서가 마치 곧 사라질 것이라는 인상마저 갖게 한다. 그러나 낙관적인 전
망은 아직은 성급한 것이리라. 일본의 교과서가 그 십년 동안 형식과 구
체적 표현에서 보다 치밀하게 개정을 거듭하였다면, 이에 대한 우리의
대응도 좀 더 긴 안목으로 치열하게 진행되어야 할 것이다.

지유샤판 중학교 역사교과서의 현대사 인식

신 주 백*

1. 머리말

21세기 들어 연례화하고 있는 동아시아 역사갈등은 역사교과서를 둘러싼 갈등에서 다양한 역사문제로 확산되었다. 여러 가지 갈등 요인 가운데 역사교과서의 내용을 둘러싼 갈등이 핵심을 이루며, 그 중심에 일본 우익이 만든 역사교과서가 있다.[1] 2001년부터 일본의 중고교 역사교과서에 관한 검정이 있을 때마다 주변국에서는 신경을 집중해 왔다. 올해도 예외가 아니었는데, 어김없이 왜곡된 역사교과서가 또 검정을 통과하였고 '시판본'이라는 형식을 빌려 일반 대중이 쉽게 접근할 수 있도록 서점에서 판매되고 있다. 그 주범은 '새로운 역사교과서를 만드는 모임'이다(이하 '새역모'). 이들은 2009년 검정에 통과한 역사교과서를『일본인의 역사교과서』라는 책에 포함시켜 지유샤(自由社)에서 발행하였다.

이 책은 '天の卷'과 '地の卷'으로 구성되어 있다. 우리가 가장 관심을

---

* 연세대 HK연구교수

1) 이에 대해서는 「'동아시아형 교과서대화'의 본격적인 모색과 협력모델 찾기 (1993~2006)」,『歷史敎育』101, 2007 참조.

갖고 있는 『新編 新しい歷史敎科書』는 후자에 해당된다. 전자는 '새역모'의 전체 역사인식을 이해할 수 있는 '生活をうるおす日本の傳統', '日本を讀み解く15の視座'로 구성되어 있다. 특히 '日本を讀み解く15の視座'코너는 '새역모'에서 고대부터 현대까지 주요한 사실을 선택하고 배열한 의도 곧, 교과서 서술의 맥락을 이해하는데 도움을 준다. 그래서 지유샤의 편집자조차 『新編 新しい歷史敎科書』를 '씨줄'로 비유하는데 비해 '일본을 해독하는 15가지 관점'을 '역사해석의 날실'로 표현하고 있다.[2]

이 글은 1945년 전후부터 현재까지의 '역사'를 기술한 내용을 검토한다. 현대사의 구성을 검토할 제2장에서도 확인되겠지만 현대사에 관한 기술은 그다지 많은 분량이 아니다. 일본의 학교 현장에서도 거의 제대로 수업이 이루어지고 있는 부분이 아니기도 하다. 더구나 이번 지유샤 교과서의 특징과도 연관이 있지만, 현대 한일관계와 관련된 서술이 거의 없기 때문에 사실 관계의 측면에서만 검토하기도 쉽지 않다. 그래서 이 글에서는 편집의 구성방식, 그리고 글의 전개방식과 내용이 내포하고 있는 맥락을 파악하는데 중점을 두겠다. 사실 일반적으로 교과서 분석의 또 다른 목적의 하나가 여기에 있다고 볼 수 있으므로 학회에서 공동으로 추진한 분석 작업의 취지에서 벗어나지 않는다고 하겠다.

이 글에서는 현대 한일관계와 관련된 본문의 내용을 분석하겠지만, 객관과 사실이란 이름 속에서 숨겨져 있는 맥락을 파악하여 새역모의 역사관을 명확히 하기 위해 다음 네 가지 참고자료도 동원하겠다. 우선 '日本を讀み解く15の視座' 코너의 내용도 함께 참조하겠다. 교과서 집필자들 스스로도 그래야 교과서의 전체적인 내용을 파악할 수 있다고 말하고

---

2) 石井龍生, 「'日本人の歷史敎科書'·天の卷に託す想い」, 『史』74, 2009.5, 30쪽. 『史』는 새역모의 기관지이다. 그들의 기관지는 무차별적으로 배포되는 것이 아니며, 회원만이 받을 수 있는 것으로 다양한 의사를 교환하는 매개물이다.

있기 때문이다. 다음으로 '새역모'의 기관지인『史』의 제74호를 적극 참조하겠다. 2009년 5월에 발행된『史』제74호는 '시판본' 발행에 맞추어 지금 사용되고 있는 8종 교과서와 지유샤판의 비교, 그리고 편집자들의 발언 등이 실려 있다. 또한『改訂版 新しい歷史敎科書－敎師用指導書』(扶桑社, 2006)도 참조하겠다. 제2장에서 확인되겠지만, 후소샤판 역사 교과서의 집필자와 일부가 중복되고 내용과 구성에서 특별히 달라진 게 없다면 지유샤판 집필자들의 역사관도 2006년도 후소샤판 교사용지도서에서 더 구체적으로 파악할 수 있고, 수업을 어떻게 이끌어가도록 유도하려는지도 시사받을 수 있기 때문이다. 마지막으로 '새역모'와 같은 우익 계열이자 일본 최대의 우익 단체인 日本會議가 발행한『これだけは知っておきたい大東亞戰爭: 20の最新基礎知識』(明星社, 2005)도 적극 인용하겠다.3) 일본회의는 현재 일본의 역사왜곡을 사실상 주도하고 있는 단체이므로 우익의 역사인식을 더욱 생생하게 드러내 줄 것이다.

2. 일본 현대사에 관한 구성

우선 아래 <표 1>을 통해 현대사 서술 부분의 구성이 어떻게 바뀌었는지 짚어보자. 扶桑社版도 그랬지만, 지유샤판 역사교과서는 1945년 이후를 현대라고 명시하지 않고 있다. 오히려 '제5장 세계대전의 역사－大正·昭和시대부터 平成까지'라는 제목에서 알 수 있듯이, 세계현대사의 시작을 제1차 세계대전으로 보면서도, 副題로 '大正·昭和시대부터 平成까지'를 달고 있어 사실상 천황을 기준으로 시기를 구분하고 있다. 필자는 '장'의 제목을 '세계대전의 역사'라 명명한 이유를 확인할 수 없었다. 물론 '역사'라는 이름의 역사교과서이므로 세계사적인 기준에서 이렇게

---

3) 필자가 참조한 것은 2008년 제3쇄 발행본이다.

나누었을 가능성도 있다고 추측할 수 있겠지만, 1945년 이후의 역사까지
도 '세계대전의 역사'라 규정하고 있는 것은 사실에도 맞지도 않고 억지
스럽다. 그래서 '부제'에 주목해야 하는 것이다.

<표 1> 역사교과서 목차 비교

후소샤(2002) 〈新しい歴史教科書〉	후소샤(2006) 〈新しい歴史教科書 改訂版〉	지유샤(2009) 〈新編 新しい歴史教科書〉
제5장 세계대전의 시대와 일본	제5장 세계대전의 시대와 일본	제5장 세계대전의 역사 -대정·소화시대부터 평성까지
71 終戰外交と日本の敗戰	77 終戰外交と日本の敗戰	78 終戰をめぐる外交と日本 の敗戰
제3절 일본 부흥과 국제사회		
72 占領下の日本	78 占領下の日本と日本國憲 法	79 占領された日本と日本國 憲法
73 極東國際軍事裁判	79 占領政策の轉換と獨立の 回復	80 占領政策の轉換と獨立の 回復
74 獨立の回復と國際社會へ の復歸	80 米ソ冷戰下の日本と世界	81 米ソ冷戰下の世界と日本
75 米ソ冷戰下の日本と世界		
76 戰後の社會と文化		
제4절 경제대국·일본의 역사적 사명		
77 世界の奇跡 高度經濟成長	81 世界の奇跡·高度經濟成長	82 世界の奇跡·高度経濟成長
78 日本の國際的役割	82 共産主義崩壞後の世界と 日本の役割	**83 戰前·戰後の昭和の文化**
79 21世紀を迎えて		84 共産主義の崩壞と高度情 報社會

* 비고 : 소단원 이름의 변화 여부를 좀 더 명확히 파악하기 쉽도록 일본어 원문대로 게재하
였다.
굵게 표시한 것이 새롭게 추가된 단원명이다.

위의 <표 1>에서 알 수 있듯이, 현대사 부분은 2006년판에 비해 구
성에 큰 변화가 없다. 다른 시기의 구성과 달리 소단원의 제목도 거의
바뀌지 않았다. 다만, '83. 전전·전후 昭和(쇼와)의 역사'가 새로 추가되
었는데, 2001년판 扶桑社版 역사교과서의 내용을 약간 수정한 정도이다.
  그러면서도 제5장의 제목에 딸린 副題도 2002년과 2006년도 후소샤

판에 없었는데, 천황을 전면에 내세우고 있다. 제5장의 맨 끝에 昭和(쇼
와)천황을 소개한 한 쪽 분량의 단독코너 이외에 '歷史ヘゴー！昭和天
皇のお言葉'를 새로 추가하였다. 특히 '쇼와 천황의 말씀'이란 코너는
"쇼와 천황의 발언에는 다음과 같이 평화와 인류, 국민에 대한 책임, 자
연 등에 대한 생각이 느껴지는 것이 적지 않다. 다음 발언에서 전쟁을
포함한 쇼와라는 시대에 대해 생각해 보자"라는 생각열기 차원의 도입
글을 통해 천황이 평화를 수호하고 국민을 사랑한 지도자였음을 학생들
이 인식하도록 명시적으로 유도하고 있다.[4] 원래 검정 신청본에는 "쇼
와라는 일본에 격동의 시대를 국민과 함께 걸어간 쇼와천황의 다음 발언
에서 그 생각을 상상해 보자"라는 밋밋한 도입 글이 있었는데, 이를 더
욱 명확히 한 것이다. 본문의 내용도 군부의 행동에 단호히 대처하고 헌
법을 지키며 평화를 사랑했을 뿐만 아니라, 국민의 희생에 애도를 표시
했던 모습을 부각시키고 있다. 결국 침략전쟁의 최고 책임자였던 쇼와천
황, 식민지 지배의 최고 책임자였던 쇼와천황의 이미지는 배제한 채 반
대된 이미지만을 부각시키려는 정치적 의도가 강한 의도된 편집 기획이
라 할 수 있다.

3. 일본 현대사 서술 검토

　쇼와천황에 대한 편향된 이미지 서술은 천황을 중심으로 '보통국가'를
만들려는 일본 우익과 보수세력의 정치적 의도가 깔려 있다. 언제나 위
기의 중심에 서 있던 천황이란 존재를 부각시키기 위해서는 침략과 지배
에 관한 서술을 왜곡시킬 수밖에 없기 때문이다. 제3장에서는 두 개 부
분 즉, 한일관계사를 직접 기술한 부분, 그리고 이와 밀접히 연관되어

---

4) 『新編 新しい歷史教科書』, 自由社, 2009, 227쪽.

있지만 별도의 과거사 영역이기도 한 일본 현대사에 관해 기술한 부분으로 나누어 검토하겠다.

우선 현대 한일관계사를 직접 기술한 부분의 내용부터 검토해보자.

1) 현대 한일관계사를 직접 기술한 내용

① 서술의 변화

먼저 현대 한일관계를 기술한 부분에서 내용이 어떻게 바뀌었는지 아래 <표 2>를 통해 확인해 보자.

<표 2> 지유샤판과 후소샤판에 있는 현대 한일관계사 서술의 변화 비교

소 단 원	내 용 변 화(굵은 글씨가 바뀐 부분)
80. 점령정책의 전환과 회복	국제연합과 냉전의 개시 : (중략) 조선반도에서는 1948년, 남부에 아메리카가 지지하는 대한민국, 북부에 소련의 영향하에 있는 조선민주주의인민공화국(북조선)이 성립 대립하였다. 이렇게 해서 냉전은 동아시아로 확산되었다. (216쪽) 점령정책의 전환 : (중략) 1950년 6월, 북조선은 남북의 무력통일을 향해 소련의 지지 아래 돌연 한국에 침공하였다. 한국군과 맥아더가 지휘하는 아메리카군 주체의 國連軍이 이에 반격했지만, **북조선측에는 중국의용군도 가담하여** 전황은 일진일퇴를 되풀이하였다. 전쟁은 1953년 휴전협정이 체결될 때까지 계속되었다(조선전쟁). (217쪽)
82 세계의 기적·고도경제성장	외교관계의 진전 : 1965년(쇼와40)에는, 일본은 한국과 일한기본조약을 체결하여 국교를 정상화하고 유상 2억 달러, 무상 3억 달러의 경제협력을 약속하였다. (221쪽)
84. 공산주의의 붕괴와 고도 정보사회	**국제사회에서 일본의 역할** : (중략) 공산주의 진영(→**체제**)의 붕괴에 의해 세계 규모의 전쟁 위험은 사라졌지만, 동아시아에는 일부 공산주의(→**협조적이지 않는**) 국가가 남아 있고, 또 민족이나 종교의 대립을 바탕으로 한 지역 분쟁도 없어질 것 같지 않다. (중략) 사진 : 북조선에 납치되어 귀국한 일본인들(2002.10.15)

> **1970년대부터 일본해측을 중심으로 일반인이 돌연 행방 불명되는 사건이 빈발하였다.** 2002년 9월 **평양으로 출발한** 고이즈미 수상에 대하여 북조선은 일본인을 납치한 사실을 인정하였다. 그 후, 납치피해자의 일부는 귀국했지만, 지금도 납치되었다고 간주되는 다수의 일본인의 소식이 불명확하고, 문제는 해결되고 있지 않다. (225쪽)

위의 <표 2>에서 알 수 있듯이, 현대 한일관계에 관한 기술은 특별히 크게 바뀌었거나 새로운 내용이 추가된 경우가 없다. 오히려 '새역모' 자신의 역사인식을 더욱 분명하게 드러낼 수 있도록 섬세하게 다듬었다고 말할 수 있겠다. 결국 지유샤판 교과서는 후소샤판의 완전한 복제품이다. 문장이 같은 교과서가 2010년부터 2년 동안 일본의 교육현장에서 사용되는 초유의 사태가 벌어질 것이다.

어떻게 이런 교과서가 검정에 통과할 수 있는가. 아무리 교과서의 다양성을 말한다고 하지만, 교과서 발행의 정치성을 고려하지 않으면 이해할 수 없는 현상이다. 문부과학성은 이 책의 검정통과를 계기로 자신이 일본 역사왜곡의 주도자이고, 우익 역사관의 방파제라는 사실을 대중 앞에 스스로 드러냈다.[5] 2009년도 일본 역사교과서문제의 시사적 의미는 바로 여기에 있다.

② 1945년 8월 전후에 관한 기술

지유샤판 역사교과서는 위기의 순간 언제나 중심에 섰던 천황을 중심으로 역사교과서를 기술하며, 중한예속사관, 구미추수사관, 공산주의찬미사관을 극복하겠다는 의도에서 작성된 교재이다. 새역모는 현재 사용되고 있는 8종의 중학교 역사교과서와 확연히 다른 점이 바로 이것이라고 선전하고 있다.[6]

---

5) 이것의 정치성에 관해서는 신주백, 「지유샤판 역사교과서의 근대사 서술 분석」, 『역사교육연구』 9, 2009.6 '제2장' 참조.

네 가지 역사관 가운데 현대사와 관련된 역사 사실로 보기를 들고 있
는 주제가 1945년 8월 전후의 역사해석이다. '새역모'에 따르면, "일본이
무조건 항복하고 아시아는 해방되었다"[7]는 인식이 대표적인 구미추수
사관이다. 단순히 일본이 패배했기 때문에 아시아가 해방된 것이 아니라
는 주장이다. 그래서 지유샤판 교과서에는 "뒤에 일본이 패전으로 철퇴
한 후, 이들 식민지는 거의 십 수 년에 걸쳐 점차 자력으로 독립국이 되
었다"고 서술되어 있다.[8]

여기에는 두 가지 독특한 주장이 있다. 하나는 일본이 패전한 직후 동아
시아의 여러 국가들은 즉각 독립하지 않았다는 논리이다. 다른 하나는, 일
본은 무조건 항복하지 않았고 유조건 항복했다는 주장이다. 두 주장은 모
두 단순히 사실이 그렇지 않기 때문에 '새역모'가 제기한 것이 아니다. 그
것은 아시아·태평양전쟁 곧, '대동아전쟁'을 어떻게 보고, <대동아공동선
언(1943.11)>을 어떻게 이해하느냐와 밀접히 연관되어 있다.

그러면 먼저 일본의 패전과 동아시아 국가들의 독립문제를 살펴보자.
일본은 동남아시아를 침략하며 대동아공영권을 내세울 때부터 구미의
식민지였던 아시아 여러 나라의 독립을 도와준다고 표방하였다. 일본 우
익이 보기에, 대동아전쟁 중 일본이 점령한 아시아 지역에서 독립이 결
정되지 않은 나라는 말레이시아와 싱가포르뿐이었다. 그러나 이 지역에
서도 국가운영에 필요한 교육을 일본이 실시하였다. 조선과 대만에서는
선거를 통해 자치로부터 독립으로 나아갈 것인가를 결정할 수 있는 제도
가 정비되어 있었다. 그래서 일본 우익은 만약 일본이 대동아전쟁에서
승리했다면 아시아에서 일본의 식민지 제국(帝國)이 구축되는 것이 아니
라 독립과 자치가 달성된 자유로운 아시아가 탄생할 수 있었을 것이라고

---

6) 小山常實, 「まだまだひどい歷史教科書」, 『史』 74, 2009.5, 2~5쪽.
7) 「戰後15-日本が無條件降伏し, アジアは解放された … 敗戰」, 『史』 74, 24쪽.
8) 『新編 新しい歷史教科書』, 自由社, 207쪽.

주장하고 있다.[9]

그러나 '새역모'의 주장과 달리 현재 한중일의 모든 역사교과서는 일본의 패전과 동아시아 국가들의 독립에 대해 언급하고 있다. '새역모'는 이를 구미추수사관이라 하지만, 억지스러운 반박논리를 제시할 수밖에 없는 진짜 이유는 다른데 있다. 즉 동아시아 국가들이 일본의 패전과 더불어 독립할 수 있었다는 역사인식을 많은 사람들이 받아들인다는 것은, 애초부터 해방전쟁이라 내세웠던 대동아전쟁이 결국 현지인들에게 잘 받아들여지지 않았다는 역사 이미지 곧, 대동아전쟁의 당위성 자체가 근원적으로 부정될 수밖에 없음을 의미한다. '새역모'로서는 이를 받아들일 수 없을 것이다. 더구나 구미추수사관에 따르다 보면 대동아전쟁은 비록 일본이 '패전'한 전쟁이지만 쇼와천황이 '성단을 내린' 결과 전쟁이 마무리되었다고 기술하려는 숨은 의도 곧, 위기에서 일본을 구한 천황의 결단을 부각시키려는 의도가 퇴색될 수밖에 없다.

새역모의 억지 논리에도 불구하고, 제2차 세계대전이 끝난 후 연합국은 1941년의 대서양헌장에 따라 패전국의 식민지를 재분할하지 않았다. 이 점이 제1차 세계대전의 전후처리와 결정적으로 다른 한 가지 점이다. 더구나 일본이 패전하자 즉각 독립하지 못하였던 국가들이 많았지만, 중국과 필리핀처럼 즉각 독립한 국가도 있었다. 전자와 같은 경우라 하더라도 전후처리 차원에서 한반도처럼 독립을 전제로 과도기적 기간을 두었던 국가들도 있고, 베트남처럼 즉각 독립을 원했지만 열강이 진주하여 실현되지 못하다가 현지인들의 강력한 요구와 투쟁으로 독립이 실현된 경우도 있다. 패전 이후 또 다른 과정을 거쳐야만 했던 국가와 민족들의 움직임은 일본이 지배했든, 다른 열강이 진주해 와서 또 지배하려고 했

---

9) 日本會議事業センター,「日本が負けたからアジア諸國は獨立できたのか?」,『これだけは知っておきたい大東亞戰爭: 20の最新基礎知識』, 明星社, 2008, 22~23쪽.

든, 바램은 독립이었다. 따라서 이러한 역사적 진실에 주목하지 않는 것 자체가 새역모 스스로 제국주의 역사인식을 가지고 있음을 드러내는 것이라 하겠다.

'새역모'와 같은 역사인식은 다른 각도에서 보아도 큰 문제이다. 패전과 동시에 즉각 독립을 획득하지 못한 국가와 민족일지라도 일본이 침략하고 있는 동안 여기에 대항하여 싸웠던 민족운동 세력이 엄연히 존재했었고, 그들이 독립 이후 국가의 중심 세력으로 성장하였다. 남북한, 베트남, 중국이 그러한 대표적인 경우이다. 결국 '새역모'의 억지 논리는 자국의 독립을 위해 싸운 한국, 중국, 베트남의 민족운동 정신을 부정하는 역사인식이다. 달리 말하면 주인의식을 갖고 주체적으로 역사를 개척해 갔던 현지인들 곧, 오늘의 주인들을 부정하는 역사인식이다. 달리 보면, 새역모가 아시아·태평양전쟁이 해방전쟁이었다는 자신의 역사인식을 노골적으로 드러내지 않으면서 자신들만이 믿고 있는 '사실'이라는 이름으로 포장하여 교묘하게 숨겨둔 채 주변 국가들의 비판을 피해가며 세련되게 접근하고 있는 것이다.

다음으로, 일본은 무조건 항복한 것이 아니라 유조건 항복한 것인가이다. '새역모'의 주장은 연합국의 일련의 전후처리방침 자체를 무시하는 기술이다. 왜냐하면 연합국은 이미 1941년 대서양헌장에서부터 전후 민주주의와 인권의 복원을 참전국가들이 추구해야 할 전쟁의 중요한 공동 목표로 내세웠기 때문이다. 연합국의 일원이었던 미국을 공격한 일본의 선택도 이 목표에 위배되는 행위였다.

그런데도 지유샤판 교과서에서는 1945년 7월 포츠담선언이 군대의 무조건 항복을 규정했지 국가의 무조건 항복을 규정한 것이 아니며, 포츠담선언문을 유조건 항복 문서라 곡해하고 있다. '독일정부'가 붕괴된 이후 독일군이 연합군에 "무조건 항복"했는데 비해, 연합국은 포츠담선언에서 "일본에 전쟁종결의 조건을 제시"했다고 기술하고 있다.[10]

하지만 연합국은 이미 1943년 11월 카이로회담에서 무조건 항복을 전쟁 종결 방식의 원칙으로 결정하고 있었다. 포츠담선언이 요구한 일본의 무조건 항복은 카이로선언에서 밝힌 대일전 방침을 재차 확인한 것이다.

그럼에도 불구하고 연합국의 요구대로 일본이 무조건 항복을 곧 바로 선언하지 않은 것은 천황의 전범처리와 천황제의 존속 여부가 불투명했기 때문이었다. 일본의 전쟁지도부는 패전이 명확한 시점에서도 일본 국민이 얼마나 많은 고통과 희생을 치러야하는지, 하루라도 빨리 전쟁을 마무리 지어 국민의 고통과 희생을 감소시켜야 한다는데 1차 관심을 두지 않았다. 그래서 청일전쟁 때부터 해 왔던 전쟁의 마무리 방식 곧, 천황제를 존속시킨다는 대전제 아래 종전협상과 조약을 체결하여 전쟁을 끝내고자 외교채널을 가동하는데 힘을 집중하였다. 그러는 도중인 1945년 8월 미국에 두 차례 원폭을 당하고, 소련의 참전까지 불러들였던 것이다. 결국 소화천황은 8월 15일 라디오를 통해 무조건 항복을 선언할 수밖에 없었다.[11]

③ 한국현대사의 시작에 관한 기술

위의 <표 2>에서 알 수 있듯이, 지유샤판 역사교과서에서 한국에 관해 처음 언급한 것은 1948년 대한민국과 조선민주주의인민공화국이 수립되었다는 부분에서다. 이때 독립했다는 의미에서 기술되어 있다.

그렇다면 1945년부터 1948년 8월까지 한반도의 역사는 무엇인가? 지유샤판 역사교과서는 직접 언급하고 있지 않지만 미군과 소련군이 한반도에 주둔한 것을 '점령'이라고 본다. 우리가 흔히 '해방3년', 또는 '해방공간'이라는 말을 사용하지만, 지유샤판 이외에도 많은 일본의 역사교과

---

10) 「戰後15-日本が無條件降伏し、アジアは解放された … 敗戰」, 『史』 74, 24쪽.
11) 이에 대해서는 신주백, 「일본의 패전대책과 식민지 조선」, 『日本文化研究』 18, 2006.4 참조.

서에는 이 시기를 미군과 소련군이 점령한 기간으로 기술하고 있다. 또다른 지배의 시기로 한국현대사의 첫 출발 지점을 보고 있는 것이다.

앞의 '② 1945년 8월 전후에 관한 기술'에서 언급한 내용을 염두에 두고, 점령이란 입장에서 한국현대사의 첫 시기를 1948년으로 설정하게 되면 일본의 패전과 아시아의 독립을 곧 바로 연결 지을 수 없다는 논리가 타당한 것처럼 보인다. 또한 '② 1945년 8월 전후에 관한 기술'과 같은 관점을 따라 미군과 소련군이 한반도를 '점령'했다는 사실을 독해한다면 3년의 한국현대사는 일본이 지배하던 시기와 별다른 차이가 없는 것으로 일본의 학생과 일반 독자가 이해할 소지도 있다. 연합국군총사령부(GHQ)에 의해 '점령당한' 일본과 한반도가 다른 상황이었음에도 불구하고 같은 처지 곧, 한반도의 정치 현실이 패전국 일본과 똑같은 점령 상태였던 것처럼 읽혀질 수 있는 것이다.

그런데 분명한 것은 1945년 8월 쇼와천황이 항복을 선언하는 라디오 방송을 들은 다음 날부터 한반도에 거주하고 있던 재조일본인과 친일파를 제외한 사람들은 모두 기뻐하였다는 점이다. 그래서 건국준비위원회를 결성하였고, 미군과 소련군을 환영하였다. 특히 8월 9일 대일선전포고를 하고 한반도로 진주해 들어온 소련군에 대한 기대는 남달랐다. 소련군이 경성역에 도착한다는 헛소문을 듣고 많은 관중이 환영하고 구경하기 위해 역전 앞에 집결하는 바람에 인근에서 열리고 있던 대규모 정치 집회가 무산된 일도 있었다. 해방을 기뻐한 한국인이 미군과 소련군의 점령을 '점령'으로 보지 않았다. 그 반대로 지유샤판 교과서의 서술과 달리 한국인은 일본의 패배와 독립을 기뻐하였다.

한국인은 건국 준비 과정을 거쳐 해방되었다. 오늘날 한국의 역사교과서는 이 측면에 주목하여 미군정 3년간의 기간도 미군정을 부각시키기보다 우리 중심의 역사 곧, 대한민국의 수립과정으로 1945년부터 1948년까지의 역사를 기술하고 있다. 따라서 '새역모'의 역사인식은 한국인의 주체적 입장과 인식을 무시하고 있는 것이다. 자국 중심의 역사 인식이 상대방을 어떻게, 얼마나 무시하고 배제하려 하는지를 극명하게 보여주는 대목이라고 할 수 있다.

더구나 1945년 8월 이후 한반도의 상황을 사실의 문제로만 접근할 수 없는 측면도 있다. 왜냐하면 북한지역에서 소련군의 역할은 GHQ와도 달랐다. 북조선5도행정위원회, 북조선임시인민위원회가 실질적인 권력을 행사하며 38도선 이북을 통치했기 때문이다. 남한지역에서의 미군정도 '점령정책'을 실시한 것이 아니라 한반도의 독립 또는 38도선 이남의 독립을 위한 토대작업을 벌인 임시 권력이었기 때문이다. 결국 사실적인 측면에서 접근한다고 해도 한국현대사의 시작에 관한 새역모의 인식은 성립될 수 없다.

더 중요한 점은, 자신의 역사를 주체적 해석하려는 상대방의 입장을 존중하고 배려하는 태도이다. 지유샤판은 주어가 GHQ인 데서 알 수 있듯이, 1945년부터 1951년까지 일본의 역사를 '점령당한' 역사로 기술한다. 그래서 일본인의 주체적인 모습을 찾기 쉽지 않다. 마찬가지 태도 곧, 일본인으로 하여금 한반도의 해방3년사를 GHQ의 점령정책을 바라보는 새역모의 관점과 동일한 각도에서 보도록 하고, 비주체적 태도와 인식을 유도하는 것 자체를 우리는 문제 삼지 않을 수 없다.

④ '국제사회에서 일본의 역할'과 납치문제에 관한 기술

일본 사회가 직면하고 있는 과제는 아주 다양할 것이다. 일본인 스스로가 담당하고 싶어 하는 국제사회에서의 역할도 크고 다양할 것이다. 지유샤판 역사교과서에서는 일본의 안전과 자유를 보장하면서 세계의 평화와 번영에 공헌할 수 있는 데서 일본의 당면한 과제를 찾고 있다. 언급 자체는 맞는 지적이다.

그런데 지유샤판 역사교과서는 후소샤판과 달리 공산주의라는 용어

대신 '협조적이지 않는'이란 표현을 사용하며 비협조적인 국가가 여전히 남아 있다고 기술하고 있다. 지역의 안정과 협력체제를 구축하는데 있어 그렇다는 뜻일 것이다. 공산주의라고 직접 명시하는 데서 오는 문제, 예를 들어 중국측의 반발 등을 고려한 표현의 전환일 것이다.

'협조적이지 않는' 구체적인 대상은 여전히 공산주의라는 존재, 특히 북한의 핵과 미사일문제, 그리고 납치문제를 에둘러 언급한 서술일 것이다. 공산주의의 위협을 강조하는 대목의 날개 부분에 위의 <표 2>에도 나와 있는 북한의 일본인 납치문제를 기술하고 있기 때문이다.

'새역모'와 같은 일본 우익은 중국공산당조차 동아시아 지역의 안정과 협력체제 구축에 협조적이지 않다고 보고 있다. 일관된 반공 태도를 드러낸 표현이라고도 이해할 수 있지만, 동아시아 지역의 다양한 현안, 특히 역사문제에 대해 협조적이지 않는 국가에는 일본도 포함된다는 사실을 자각하고 있지 못한 것이다.

21세기에 들어 한·중·일 국가간의 가장 민감한 아킬레스건은 군사적 충돌도 아니고 경제마찰도 아니다. 역사갈등으로 인한 국가간 마찰, 국민간에 깊어지는 감정의 골이 문제이다. 최근 일어나고 있는 한·중·일간의 역사문제 곧, 역사교과서문제, 영토문제, 바다의 명칭문제, 야스쿠니신사참배문제, 일본의 침략과 지배를 둘러싼 문제는 모두 일본과 연관되어 있는 문제이다. 이들 문제는 일본 스스로 주변국의 신뢰를 얻을 만한 수준에서 정리했다면 국가간의 외교 갈등으로까지 발전할 수 없는 사안들이다. 일본도 21세기 초반 동아시아 지역의 트러블메이커 국가 가운데 하나인 것이다. 달리 말하면, '새역모'와 같은 일본의 우익은 정작 자신들로 인해 지역의 안정과 협력관계가 흔들리고 있는 사안을 등한시하면서 남의 탓만 하고 있는 것이다.

그렇다고 '새역모'와 일본의 우익이 기술하고 있는 문제 곧, 납치문제를 그들이 제대로 보고 있는 것도 아니다. 왜냐하면 납치문제는 일본인의 입장에서만이 아니라 인류의 보편적 가치라는 측면에서도 북한을 비판하고 일본 자신을 되돌아보아야 할 사안이기 때문이다.

지유샤판 교과서는 납치문제를 인류가 추구하고 있는 보편적 가치인 인권의 수호와 향상에 위반된다는 비판적 접근보다 이념적 측면에 더 무게를 두고 학생들이 반북한 정서를 갖도록 조장하는 아주 중요한 소재거리로 '새역모'에서 활용하고 있음을 보여준다. 침략과 식민지 지배로 인한 인권침해에 관해 눈을 감고 있는 태도와 아주 다른 모습인 것이다. '새역모'와 교과서 집필자들은 북한의 일본인 납치문제와 비교할 수 있는 일본의 침략과 식민지 지배로 인해 발생한 여러 문제를 같은 선상에 놓고 보편적 가치라는 측면에서 해결할 수 있는 방안을 찾아보도록 학생들에게 기회를 제공하려는 의도가 애초부터 없었다. 오히려 자신들만이 피해자인 것처럼 인식하고 행동하도록 조장하고 있다. 마치 유일한 피폭국가라는 점을 부각시켜 희생자인 양 행동하는 일본인이 있는 것처럼 납치문제도 비슷한 국제행동 패턴을 보이고 있다. 여기에서 보편적 가치와 잣대가 들어갈 여지는 없다. 보편이란 이름으로 일본만의 자기중심적 인식을 정당화하고 있을 뿐이다. 지유샤판 역사교과서가 '싸움닭을 키우는 역사교과서'라고 말할 수 있는 이유 가운데 하나가 여기에 있다.

2) 과거사의 측면에서 일본 현대사에 관한 기술

① GHQ의 점령정책에 대한 의도적 왜곡

지유샤판 역사교과서는 미군이 일본을 점령한 목적과 주요 정책에 대해 아래와 같이 기술하고 있다.

79. 점령당한 일본과 일본국헌법

점령의 개시. 1945(소화20)년 8월 말, 아메리카군을 주체로 하는 연합국군에 의한 일본점령이 시작되었다.

아메리카 점령 목적은 일본이 재차 아메리카에 위협적이지 않도록 국가의 체제를 새로 바꾸는 것이었다. 일본정부는 존속했지만, 그 위에 맥아더 사령관이 거느리는 연합국군총사령부(GHQ)가 군림하고, 그 지령을 일본정부가 실행하였다.

포츠담선언에 따라 육해군은 해산당하였다. 외지에 있던 군대는 무장해제되어 일본으로의 복원이 시작되었다. …

GHQ는 일본정부에 대하여 부인참정권의 부여, 노동조합법의 제정, 교육제도의 개혁 등 5대 개혁지령을 발하였다. 민주화라 불리는 이들 개혁의 몇 가지는 이미 일본 정부가 계획하고 있던 것과 합치되어 곧 바로 실행되었다. …12)

미국의 점령정책이 두 번 다시 미국을 침략할 수 없도록 하는 데만 목적을 두고 있는 것처럼 왜곡되게 기술하고 있다. 일본회의 등 우익은 미국이 이를 위해 일본의 전쟁범죄를 되풀이하여 강조하는 선전정책을 실시하는 한편에서, 엄격한 검열정책을 통해 "일본인을 정신적으로 무력화"시키려 하였다고 주장한다.13)

물론 GHQ의 점령정책에는 일본이 미국에 다시 도전하지 못하도록 만들려는 의도도 숨어 있었을 것이다. 그러나 그것은 점령정책의 핵심이 아니었다. 앞서도 언급했듯이, 미국과 영국은 대서양헌장에서 민주주의 가치를 공동의 목표로 추구하는 국가들이 연합하여 침략국에 대항하겠다는 점을 명시적으로 밝혔다. 주지하듯이, 제2차 세계대전은 민주주의와 이를 부정하는 전체주의 국가들 사이의 싸움에서 연합국이 승리한 전쟁이었다. 의회민주주의를 추구하는 연합국의 승리는 패전국에서 민주

---

12) 『新編 新しい歴史教科書』, 212쪽.

13) 「アメリカの占領政策の意圖は?」, 『これだけは知っておきたい大東亞戰爭: 20の最新基礎知識』, 38쪽 ; 『改訂版 新しい歴史教科書-教師用指導書』, 341쪽에도 〈자료 1〉의 일부로 제시되어 있다.

주의의 뿌리를 내리는 출발점이었다. 그럼에도 불구하고 '새역모'와 일본회의는 점령정책을 왜곡함으로써 제2차 세계대전의 의미를 비틀고 있는 것이다.

'새역모'와 일본회의의 인식에는 자신이 일으킨 전쟁이 침략전쟁이었고, 다른 민족과 국가에 헤아릴 수 없이 많은 피해를 입혔기 때문에 이러한 일을 되풀이지 않도록 국가의 시스템 곧, 군국주의 세력과 그 기반을 제거하는데 점령정책의 근본 목적이 있었다는 점을 간과하고 있는 서술이다. 전쟁은 자신이 일으킨 침략전쟁이었고, 점령은 그에 대한 대가라는 철저한 인식이 부족한 것이다.

그렇기 때문에 GHQ의 일부 민주화정책도 일본 정부가 이미 계획하고 있었던 것이기에 곧바로 실행한 것이라며 GHQ에 의한 '민주화'를 깎아 내리고 있다. 그러나 그들 스스로 침략행위와 관련된 제반의 문제를 해결할 의지와 시스템을 갖출 수 있었는가라고 반문해보면, 그러지 못하다는 점을 쉽게 이해할 수 있을 것이다.

점령정책에 대한 왜곡은 속죄의식(贖罪意識)에 대한 의도적인 곡해에서도 확인할 수 있다. 일본회의 등 우익은 일본인에게 전쟁에 대한 죄악감을 심어주어 일본인을 정신적으로 무장해제 시키기 위해 GHQ가 의도적인 선전계획 곧, 전쟁범죄선전계획(War guilt Information Program)을 시행했다고 보고 있다.[14] 이 프로그램이 패전 당시 일본인의 고통과 궁핍의 원인을 전쟁지도자인 군국주의자들 탓으로 돌려놓았고, 점령군에 의한 민주화정책을 정당화하기 위해 시행된 것으로 보았다. 1946년 1월에 발행된 『태평양전쟁사』(高山書院)라는 책도 같은 목적에서 간행된 것으로 간주하였다. 그러면서 일본회의 등 우익은 점령군의 전쟁범죄선전계획을 일본인으로부터 자국의 역사에 대한 자신과 긍지를 빼앗아 갔고, 강

---

14) 『改訂版 新しい歴史教科書―教師用指導書』, 341쪽에 〈자료 1〉의 일부로 제시되어 있다.

렬한 속죄의식을 부식하는데 성공한 정책이라고 평가하였다.[15]

실제 미군의 의도가 속죄의식을 심어주기 위한 것일 수도 있다. 그러나 『태평양전쟁사』의 내용을 보면 알 수 있듯이, 아시아·태평양전쟁 당시 일본 군국주의 세력은 언론을 강력히 통제하였다. 그래서 일본이 저지른 각지의 민간인 학살 등에 대해 제대로 보도된 적이 없었다. 일본 국민은 자신들의 침략전쟁으로 주변의 민족과 국민이 얼마나 힘든 고통을 당했는지, 그리고 일본군의 만행에 대해 거의 알지 못하였다. 따라서 전쟁의 실체를 제대로 알려주려는 노력은 군국주의 세력의 대중적 기반을 허무는 작업이자, 앞으로 전쟁을 반대하고 거부하는 지지 기반을 확충하기 위한 활동의 하나이기도 하였다.

그런데 일본의 우익은 일본인의 속죄의식이 GHQ 때문에 형성된 것으로 떠넘기고 있다. 침략국가의 국민으로서 당연히 자각하고 있어야 할 역사의식을 근본적으로 부정하고 있다. 자국민의 자긍심은 상대를 무시하고 배제하면서 나오는 것이 아니다. 자긍심과 '속죄의식'은 상충되는 심리세계가 더더욱 아니다.

GHQ의 점령정책에 대한 의도적인 곡해는 결국 대일본국헌법이 점령군에 의해 위협당하여 일본정부로서는 부득이하게 받아들일 수밖에 없었다고 학생들에게 가르치도록 유도하고 있다.[16] 교과서에서도 2쪽에 걸쳐 점령정책을 언급하고 있는데, 그 가운데 절반인 한 쪽 분량을 '일본국헌법'이란 내용을 채우는데 할당하고 있다.[17] 그들은 GHQ의 조치가 일본 군국주의를 약화시키려는 노력이 아니라 일본을 약체화시키려는 의도에서 추진된 정책이었다고 보고 있다. 이는 결국 현재 일본 우익이 추진하고 있는 헌법 개정 움직임을 역사적으로 정당화시키려는 매우 정

---

15) 「日本人の贖罪意識はいかにした形成されたのか?」, 『これだけは知っておきたい大東亞戰爭: 20の最新基礎知識』, 40~41쪽.
16) 『改訂版 新しい歴史教科書－教師用指導書』, 342쪽.
17) 『新編 新しい歴史教科書』, 213쪽.

치적인 서술이다. 일본인의 민족감성을 자극하는 수법이다.

헌법개정이란 취지에 동조하려는 움직임에 대해서는 다른 각도에서 설명하는 우익도 있다. 쯔쯔미 교(堤堯)는 군부가 다시 부상하는 상황을 막고, 전쟁을 재발시킬 의지가 없음을 국제사회에 납득시키며, 경제 입국을 위한 포석에서 전쟁 방기를 핵심 포인트로 하는 헌법이 1946년에 제정되었다고 본다. 하지만 지금은 "방편으로서의 자승자박을 풀어야할 때가 왔다"고 하면서 제9조의 유효기간이 끝났다고 주장한다.[18] 한마디로 말해 새역모는 GHQ의 점령정책을 깎아내려 점령군이 강요한 헌법 특히, 제9조 조항을 개정하는데 목표를 두고 있음을 학교교육에서 스스럼없이 드러내고 있는 것이다.

② 샌프란시스코강화조약과 한일협정

지유샤판 교과서에서는 '80. 점령정책의 전환과 독립 회복'이란 주제 아래 '국제연합과 냉전의 개시', '점령정책의 전환', '독립 회복'이란 세 개의 소항목을 2쪽으로 나누어 기술하고 있다. 마지막 소항목인 '독립 회복'에서는 1951년 샌프란시스코강화조약의 결과 일본이 1952년 4월 "독립을 회복하였다"고 기술하고 있다. 맞는 사실이다.

그런데 후소샤판 교사용지도서를 보면 일본의 우익이 학생들에게 이 조약에 대해 어떻게 가르치려 하는지 알 수 있다. '사항 해설'이란 코너에는 '샌프란시스코강화조약과 보상문제'라는 주제로 아래와 같은 내용이 있다.

> 강화조약 제14조에는 연합국과 아시아 여러 나라에의 일본의 배상의무가 규정되어 있다. 다만, 일본은 배상 능력이 없게 되어, 연합국은 사실상 배상권을 방기하였다. 그러나 버어마 필리핀 인도네시아 남베트남 등 아시아 여러

---

18) 「'戰力放棄'と戰後日本」, 『日本人の歷史教科書』, 31쪽.

나라에서는 役務와 생산물을 배상으로 하고(일본 제품을 아시아 여러 나라가 구입하는 대금을 일본 정부가 기업에 지불하는 방식), 덧붙여 경제협력을 하기로 합의하였다. 배상 지불은 1977년까지 계속되어, 총액 15억 달러에 이다. 또한 경제협력은 금일 ODA(정부 개발 원조-인용자)의 원형으로 되었다.[19]

'새역모'만이 아니라 다른 일본의 역사교과서에서도 상투적으로 쓰는 주장 가운데 하나는 일본이 경제력이 부족하여 배상할 능력이 없었다는 주장이다. 하지만 실상은 그렇지 않았다. 예를 들어 일본은 1952년부터 1991년까지 원호 대상자에게 33조엔 가량의 돈을 지불했는데 비해, 1954년부터 1977년까지 침략과 지배로 인해 지불한 돈은 28개 국가에 총 1조 362억엔, 곧 15억불 정도에 그쳤다.[20] 그것도 일본 경제가 어려울 때 모든 국가에 한꺼번에 지불한 방식이 아니었다.

오랜 기간 동안 국가마다 지불 시기를 달리하면서도 장기 분할하여 지불하는 방식이었다. 그런데 1955년이 되면 일본경제는 이미 전후(戰後)가 아니었다. 일본경제는 1960년대 들어서자마자 세계가 놀랄만한 고도 경제성장을 지속하여 1970년대에는 '경제대국'이 되었다. 그 와중인 1964년에 동경올림픽을 개최할 정도였다. 요컨대 15억 달러는 일본 경제에 큰 부담이 아니었다.

현금 대신에 '역무'와 중고제품의 '생산물'을 일본정부가 구입해 주는 방식이었으므로 일본 기업의 성장에도 도움이 되었을 뿐만 아니라 일본 기업이 한국과 중국, 그리고 동남아 진출에 필요한 지반을 조성하는 윤활유 역할을 하였다. 이는 일본 정부 스스로의 고백에서도 확인할 수 있다. 즉, "배상 협정의 체결 시기가 늦어진 결과로, 고도 성장기에 들어간 일본은 대체로 큰 고생 없이 배상을 할 수 있었다. 더불어 체결 시기가

---

19) 『改訂版 新しい歷史敎科書-敎師用指導書』, 347쪽.
20) 다나카 히로시(田中宏), 「일본의 전후보상과 역사인식」, 다나카 히로시(田中宏) 外 지음, 이규수 옮김, 『기억과 망각』, 역사비평사, 2000, 69쪽.

늦어진 것은, 부흥한 일본이 동남아시아에 경제적으로 재진출할 때 절호의 발판으로서 배상 지불과 무상 경제 협력을 이용하는 효과"를 가져왔다.[21] 실제 일본은 '배상 지불'과 '무상 경제 협력'을 할 때 일본의 과잉설비를 이전하거나 과잉물자를 처분하는 방식으로 이루어져 불황산업을 구제하는 효과도 있었다.

또한 많은 나라에서 '배상'을 요구하지 않은 이유도 피해국가의 자발적 선택이었다기보다 미국이 동아시아에서 반공전선을 구축하려는 전략적 목표를 달성하기 위해 일본과 동아시아 국가들과의 국교수립을 서둘렀으며, 일본도 여기에 편승하여 과거 행위를 숨기려했기 때문이다. 그래서 일본서적신사(日本書籍新社)에서 발행한 중학교 역사교과서는 본문에 "미국은 일본과의 관계를 강화하기 위해 배상 지불을 요구하지 않았고 많은 나라도 이에 따랐다"고까지 기술하고 있다.[22]

더구나 일본이 지불한 돈을 '보상' '배상'이라고 말하는 것 자체가 성립될 수 없다. 그것은 과거에 대한 사과와 반성을 전제로 하는 말 그대로 침략과 지배에 대한 보상금이고 배상금이라는 뜻이다. 하지만 1965년 한일기본조약 때 일본이 지불한 돈은 배상금이 아니었고, 한국은 청구권자금, 일본은 독립축하금이라 말했던 데서 알 수 있듯이 반성이 전제된 '보상' '배상'이 아니었다. '새역모'는 후소샤판의 교사용 지도서에서 '외교관계의 진전' 부분에 '경제협력금 5억 달러 지불'이라고 기술하고, 다음과 같은 이유와 정황을 학생들에게 전달하도록 하고 있다.

- 전쟁시, 한국은 일본의 일부이고, 일본의 교전국이 아니므로 '배상'이

---

21) 다나카 히로시(田中宏), 「일본의 전후보상과 역사인식」, 앞의 책, 68~69쪽 (원전: 『昭和財政史-終戰から講和まで』1, 東洋經濟新聞社 Tokyo keizai INC, 1984).
22) 峯岸賢太郎 Minegisi Kenntarou 외 14인, 『わたしたちの中學社會-歷史的分野』, 日本書籍新社, 2006, 224쪽.

아니라 경제협력금을 지불하는 것으로 결론을 보았다는 것. 그 때문에 일한 기본조약을 갖고 한국에 대한 보상은 모두 종료되었다는 것을 확인시킬 것.

■ 한편, 일본측의 막대한 在韓 자산에 관해서는 그 청구가 취소되었다는 것.[23]

'새역모'와 일본 우익은, 한국이 일본의 일부였다라고 기술하고 있지만, 그것은 강제병합의 결과였고 조선을 '식민지'로 지배한 사실을 회피하고 있다. 이들은 조선이 일본 '내지'의 연장에 불과한 일부였으므로 조선을 '식민지'로 지배한 사실을 부인하고 있다. 일본의 일부였던 곳에 있는 일본인의 막대한 재산을 청구하지 않은 것을 커다란 양보처럼 부각시키려 하고 있다. '새역모'와 일본 우익은 제국주의 침략 논리로 과거 일본의 행위를 합리화하고 있는 것이다.

조선을 식민지로 지배했다는 관념이 이들의 역사인식에서 얼마나 희박한지 확인할 수 있는 대목이다. 그만큼 한국인의 고통과 좌절에 대해 사죄하려는 마음이 없다는 의미이기도 하다.

또한 한국이 교전국이 아니었기 때문에 그렇다고 하는 것도 모순이다.[24] 그렇다면 1972년 중일 국교 수립 후 정부 개발 원조 형식으로 중국에 지원한 돈을 배상금이라 말하지 않는 이유는 설명할 수 없다.[25] 남베트남과 체결할 때는 배상이라고 했으면서, 북베트남에 지불한 돈은 준배상 곧, 경제협력이라 말한 이유를 설명할 수 없다.[26] 모순된 변명인 것이다.

23) 『改訂版 新しい歷史敎科書-敎師用指導書』, 354쪽.
24) 더구나 지금은 중단되었지만, 북일수교를 위한 협상의 결과에 따라서는 상당히 다른 결과를 초래할 수도 있다.
25) 중국은 국가 차원의 배상을 받지 않겠다고 국교 수립 당시 일본과 약속하였다.
26) 남베트남과는 1959년 5월, 북베트남과는 1975년 10월 조약을 체결하였다.

4. 맺음말

이상의 내용을 요약하지 않고 지유샤판 역사교과서의 발행과 내용이 같은 의미를 정리하면서 글을 끝내겠다.

지유샤판 교과서는 일본 현대사에서 한국인의 주체적이고 능동적인 역사 개척을 간과하고 있다. 미국과 소련이란 연합군의 점령과 일본의 경제협력으로 성장한 역사로 설명되어질 수 있게 하고 있다. 자신들의 자랑스러운 역사를 교과서에서 재현하기 위해 다른 민족과 국가를 무시하고 있는 것이다. 이런 교과서를 갖고 역사교육을 진행한다면 상대를 존중하고 배려하는 미래세대를 육성하기는 어려울 것이다. 다만, 싸움꾼 일본인을 양성하는 역사교육만이 되풀이될 것이다.

지유샤판 역사교과서는 사실에 관한 한 갈등을 교묘하게 회피하려는 태도를 보이면서도, 자신의 역사관을 세련되게 기술하고 있다. 한국과 중국 등이 민감하게 생각하는 단순한 사실적인 기술에 대해서는 삭제하거나 부드럽게 표현하며 외국으로부터 문제제기를 받지 않으려 노력한 흔적을 여기저기서 찾을 수 있었다. 그러면서도 자신들의 역사관 곧, 스스로 규정한 한중예속사관, 구미추수사관, 공산주의찬양사관을 극복하고 천황중심사관, 전쟁미화사관을 세련된 편집방식과 교묘한 논리전개 속에서 적극 내세우고 있다.

그래서 이번 지유샤판 역사교과서는 제9조를 폐기시키고 천황을 중심으로 한 새로운 헌법을 만들어 자랑스러운 국민이 모여 사는 국가를 만들어야 한다는 그들만의 목표를 명확히 제시한 교재라고 볼 수 있다. 2002년판, 2006년판에 비해 2009년도 '시판본'이 이를 가장 깔끔하게 '역사'교과서에서 구현하고 있다고 보아도 좋다.

지유샤판 역사교과서는 2006년도 '후소샤판의 완전 복제품'으로 같은 종류의 교과서가 교육현장에서 사용되는 일이 벌어지는 세계에서 유일한 사례가 될 것이다. 저작권 위반 여부를 놓고 일본의 우익 사이에서 벌어지고 있는 재판은 우리의 관심 밖이다. 학교교육의 측면에서 이러한 현상을 보면, 이 책의 검정통과는 문부과학성이 역사왜곡의 주도자이고, 우익 역사관의 방파제라는 사실이 이번 검정통과를 통해 대중적으로 드러났음을 의미한다.

일본의 문부과학성이 후원하고, '새역모' 등 우익이 주연하고 있는 역사교과서 왜곡은, 자애로운 입헌군주로서의 천황의 모습을 복원하면서 천황을 중심으로 재편되는 일본사회를 꿈꾸고 있다. 지유샤판 역사교과서는 그것을 백일하에 공개한 것이다. 이는 동아시아에서 일본의 역사교과서문제가 학교교육 차원으로 제한될 수 없는 이유이기도 하다.

우리는 이러한 사람들과 대화를 통해 문제의 접점을 찾고 해소할 수 있는 쟁점은 해소하고, 서로 배려하고 존중할 수 있는 사실과 역사인식도 확인하는 역사대화를 진행해야 한다. 일본의 문부과학성은 한국, 중국과 직접 역사 대화하는 방식을 싫어한다. 유네스코를 통한 대화도 거부하고 있고, 현재 진행중인 한국, 중국과의 정부차원의 역사대화도 모두 외무성에 맡기고 있다. 일본회의와 같은 우익은 민간차원의 역사대화에 대해 아주 민감하게 반응하며, 일본군'위안부'문제와 '남경대학살'문제에 대해 한중일 3국의 공동역사교재(『미래를 여는 역사』)에서 합의한 내용을 '안이한 타협'이라 왜곡하고 있다. 문화대혁명과 티베트문제 등을 다루지 않았다고 해서 『미래를 여는 역사』를 "지극히 불공정한 관점으로 쓰여"진 책으로 규정하고 있다.[27] 하지만 이들은 '최소 해법의 원칙'에 입각하여 장기간 지속적으로 진행할 수밖에 없는 국제 교과서 대화의 기본적인 접근 방식조차 자신들이 모르고 있음을 스스로 드러내고

---

27) 「アジア共通の歴史認識は可能か?」, 『これだけは知っておきたい大東亞戰爭: 20の最新基礎知識』, 46~47쪽.

있다. 무지한 비판인 것이다.

한국과 중국은 국정 교과서 제도이기 때문에 하나의 역사관만이 존재한다고 하는 것도 역사교과서 대화 방식에 무지한 비판이고, 해당국 역사학자의 개인적 역사인식의 다양성도 무시하는 모욕적인 지적이다. 더구나 하나의 역사관만 있기 때문에 공통의 교과서를 만드는 것이 어렵다는 주장도 성립할 수 없다. 혹여 한중일이 공통의 역사교과서를 만든다면, 그것은 학교 현장에서 사용되고 있는 여러 교과서 가운데 하나일 뿐인 것이다. 이것을 모르는 역사학자는 없다. 결국 그들은 '아시아 공통의 역사인식은 불가능하다'라는 결론을 내리기 위해 성립할 수 없는 논리를 동원하여 상호존중과 배려를 위해 노력하고 있는 사람들의 활동까지 부정하며 자신의 역사관을 옹호하고 있는 것이다. 결국 그들의 역사관에 남아 있는 찌꺼기는 '자랑스러운 일본'과 '거리를 두어야 할 외국인' 곧, 배타성 뿐이다.

종 합 토 론

전환기 일본 교과서문제의 諸相
-2009년 검정통과본 일본 역사교과서를 중심으로-

현명철 : 김은숙 선생님 발표 잘 들었습니다. 본 발표의 의미는 일본 교과서 문제에 대응하기 위해 일본 교과서 검정제도를 둘러싼 일본 내의 상황을 분석, 이네나가(家永) 재판을 중심으로 일본 문부성의 검정과정의 구체적인 모습과 문제점을 확인했고 뒤늦은 감이 있지만 기본을 탄탄히 하는 본격적인 작업이라고 생각합니다.

선생님의 논지를 살펴보면,

- 선출직 교육위원회의 검정(임시로 문부대신이 담당)
- 1950년대 「역코스」의 흐름 속에서 국가의 통제가 강화됨
- 1956년 교과서 조사관 제도가 발족
- 1957년 검정을 신청한 교과서의 1/3이 탈락
- 1958년 학습지도요령의 개정으로 문부성의 통제 강화(애국심 교육 강화)

  상근 교과서 조사관 증원, 고교 세계사 교과서 무더기 탈락, 교원근무평정, 일제학력테스트 등 국가의 통제를 강화
- 1963년 이에나가 교과서 불합격판정→수정 제출→조건부 합격

(323개 수정요구)

- 1965년 家永, 국가에 대해 손해배상청구소송 제기(1차소송)
  "현행 검정이 교육행정의 정당한 틀을 벗어난 위법적인 권력 행사"임을 밝히고자 함「교과서 검정 소송을 지원하는 전국연락회」 창립↔ 문부성 및 우익단체「교과서문제협의회」발족
  "좌익혁명을 의도하는 혁명교육운동이며 반체제 활동"이라고 비판
- 1967년 家永, 2차소송 제기
  (1966년에 개정판 교과서 불합격 처분을 취소하라는 행정처분 취소 청구소송)
- 1969년「교과서문제협의회」는「교과서를 지키는 모임」을 만듦
- 1970년 동경지방재판소:2차 소송에 대해 원고 승소판결(杉本판결)
  수정의견은 검열에 해당하므로 헌법21조 2항의 위헌이며 또한 교육기본법 10조를 위반 한 위법이라고 판결. 그러나 교과서 검정제도 자체는 위헌이 아니라고 함
- 1974년 제1차 소송에 대한 판결(高津판결)
  재량권을 일탈한 위법이 있지만, 교과서 검정 제도는 합헌, 합법이라고 함
- 1975년 제2차 소송 2심판결(畔上판결)
  위헌, 위법 문제를 회피하고 검정행정의 자의성을 지적하여 불합격 처분을 취소하도록 명령
- 1977년 문부성은 검정을 강화.「신학습지도요령」「교과용도서 검정규칙」등 발표
- 1979년 보수우익의 제2차 교과서 비판
  자민당 기관지에서는 국어와 사회과 교과서 비판 캠페인을 벌임

- 1980년 자민당이 압승하면서 교육을 통제하려는 경향도 강해짐
- 1981년 교과서 회사로 구성된 교과서협회는 정부의 압박에 굴복하여 『공민』 교과서 전면개정 방침 결정
- 1982년 2차소송에 대한 최고재판소 판결(中村판결) 고등법원으로 환송
- 1982년 검정에서 침략이라는 용어를 비롯 일본 제국주의의 침략과 식민지 지배에 대한 서술을 수정하도록 문부성이 권고하였음이 일본 매스컴을 통해 알려짐
  →교과서 파동→근린제국조항 추가
- 1984년 家永, 제3차소송 제기
- 1985년 보수우익 『신편일본사(原書房)』 검정신청
  자민당 국회의원 「교과서문제를 생각하는 의원연맹」 결성
- 1986년 제1차 소송에 대한 고등재판소 판결(鈴木판결)
  교과서 검정제도는 합헌, 합법이며 재량권의 남용도 없었다고 원고 패소 판결
  『신편일본사』 검정통과, 제2차 교과서 파동
- 1989년 제2차 소송 환송심의 판결(丹野판결) 원고에게 소송 이익이 없다고 원고 패소 판결 제3차 소송에 대한 1심판결(加購판결) 검정제도와 그 운용이 헌법과 교육기본법을 위반하지 않는다고 판결. 다만 草莽隊에 대한 검정의견은 재량권을 남용한 것이라고 판결
- 1993년 제1차 소송에 대한 최고재판소 판결(阿部판결)
  검정제도는 합헌. 재량권 남용도 인정하지 않음. 원고 전면 패소
  제3차소송의 2심판결(川上판결)
  1심의 草莽隊에 더하여 남경대학살과 잔학행위(부녀폭행)의 검정 의견에 위법성이 있다고 판결

■ 1997년 제3차 소송의 최고재판소 판결(大野판결)

검정합헌, 검열에 해당하지 않음. 그러나 문부성 검정의견에 대
해서는 2심의 판결 외에도 731부대에 대해 수정을 강요한 것이
위법이라고 판시

- 교과서 검정의 위헌성 주장을 각하하였으나 검정에서 문부성
의 재량권이 제한됨.

- 보수 우익 교과서(『신편일본사』)의 등장

자국중심사관, 전쟁무책임론, 천황중심사관 등을 확대시키려는
문부성의 의도

이러한 역사의식은 1990년대 중반의 제3차 교과서 공격으로 나
타남.

이와 관련해서 5가지 정도의 질문을 드리고자 합니다.

먼저 1990년대 이후의 분석이 없어서 허전하다고 여겨집니다. 비
록 이에나가 재판을 중심으로 살펴보았기 때문이겠지만, 머리말에
서 언급한 문제의식(일본 교과서 문제에 어떻게 대응해야 할 것인
가)을 해결하기 위해서는 현재에 이르는 문제 즉 후소샤(技桑社), 지
유샤(自由社) 교과서까지 시야에 넣고 언급해 주어야 될 것이라 생
각합니다.

두번째로 이에나가 교과서 재판이 교육을 할 권리와 받을 권리가
국가가 아니라 국민에게 있다는 「국민의 교육권」을 지지하는가 혹
은 국가의 교육관여를 부정적으로만 생각할 수는 없다는 견해를 지
지하는가 하는 문제에 초점이 있었다고 생각되는데, 발표자의 의견
은 어떠신지요?

세번째로 이에나가 재판에서 반대측 증인으로 나선 사람들 중에는
전쟁 중의 「京都학파」(高山岩男, 天野貞祐) 등 전시체제에 반발하였

던 사람들이 눈에 띕니다. 그들은 전쟁기의 「우익 전체주의」에서 자유를 박탈당하였던 경험에서 전후 「좌익 전체주의」를 경계하고 있는 발언을 종종 합니다. 예컨대 우리나라에서도 좌파가 북한의 독재에 대해서는 침묵하고 박정희정권이나 현 정권을 독재로 규정하는 부분에 반발하여 리베랄리스트들이 우경화하는 모습을 보이는 것과 비슷하다는 느낌도 드는데, 발표자의 견해는 어떠하신지요?

네번째로 일본 문부성이나 한국의 교과부나 이러한 문제가 발생하였을 때에는 절대적인 강자로 묘사가 됩니다. 그러나 한편으로 문부성이나 교과부는 결국 정당에 끌려다니는 약한 존재가 아닌가 하는 생각이 드는데, 그렇다면 공격의 목표가 어디를 향해야 하는지 가끔 애매해 질 때가 있습니다. 교과서 문제가 발생하였을 때에 어떻게 대응하는 것이 현명한지 발표자의 견해를 듣고 싶습니다.

그리고 마지막으로 「국가는 학설을 갖지 않는다」, 「교육권의 다원성」, 「국가는 다원적인 가치를 보장하는 후견인」(프랑스 법학자) 등의 논리를 앞으로 일본 문부성이 방패로 내세울 것입니다. 그 논리를 핑계로 自由社의 교과서도 검정통과시키고 이웃나라의 비판을 무력화시킬 것입니다. 이 自由社의우리는 어떠한 대응 논리를 가질 수 있는지 견해를 듣고 싶습니다.

김은숙 : 질문 감사합니다. 질문이 다섯 가지나 되기 때문에 간략히 말씀드리도록 하겠습니다. 현명철 선생님께서 지적하신 대로 1990년대 이후 지금까지의 이야기도 들어가야 합니다. 본 발표에서는 생략하였지만, 논문을 완성할 때에는 이 부분을 넣겠습니다.

두 번째로 현명철 선생님께서는 이에나가 교과서 재판을 국민의 교육권을 중시하는가, 또는 국가의 교육관여의 필요성을 중시하는가 하는 문제에 초점이 있다고 하셨는데, 저는 이렇게 보는 것이 문제가 있다고 생각합니다. 이에나가 재판에서 국가는 문부성이 되는데, 문부성이야말로 국민의 교육권을 중요하게 생각하고 지키려고 노력했어야 하지 않았을까요?

그리고 세 번째 질문에 대해서는 현명철 선생님께서 이에나가 재판에서 반대측 증인으로 나선 사람들을 좌익전체주의를 경계하는 리베랄리스트였던 것처럼 말씀하시는 것은 마치 (이에나가 사부로)家永三郎이 좌파였던 것으로 생각하시는 것 같습니다. 그러나 이에나가 사부로의 여러 글을 읽어보면 그는 누구보다도 리베랄리스트였습니다. 그리고 이에나가 재판 때의 반대측 증인의 모습이 우리나라 좌파가 북한의 독재에 대해 침묵하고 박정희정권이나 현 정권을 독재로 규정하는 부분에 대해 리베랄리스트들이 우경화하는 모습을 보이는 것과 비슷하다고 하셨습니다. 그런데 과연 현선생님이 좌파라고 부르는 사람들이 스스로를 좌파라고 생각할지 모르겠습니다.

그리고 네 번째로 제가 제6차 교육과정과 제7차 교육과정에서 세계사 교과서를 썼던 경험을 바탕으로 말씀드린다면, 한국의 교육부는 일본의 문부과학성처럼 교과서의 내용에 세세하게 간섭하지 않았습니다. 특히 이번 이에나가 재판을 공부하면서 새삼스럽게 느낀 것을 말씀드린다면, 저는 참 자유롭게 교과서를 썼다는 생각이 듭니다. 물론 일본 문부성이 수정하도록 지시한 것 중에는 교과서를 좋게 만들기 위한 것도 있습니다. 특히 우파가 쓴 교과서 내용 중에서 수정과정을 통해 개선된 부분이 꽤 있습니다. 그렇지만 과거의 침략전쟁을 미화하거나 전쟁 범죄를 은폐하려는 수정의견은 과거를 직시하지 않고 다시 군사대국으로 가고자 하는 의지를 나타내주고 있습니다.

1982년의 일본 역사교과서 파동을 계기로 세계의 많은 국가들은 일본 집권층의 역사인식에 문제가 있다는 것을 알게 되었고, 특히 아시아의 국가들은 일본의 이러한 경향을 경계하게 되었습니다. 우리나라에서는 지금까지 일본 역사 교과서에 대해 많은 연구를 축적해 왔습니다. 이 발표문을 통해서도 알 수 있듯이 우리나라를 비롯한 다른 나라의 관심이 일본 역사교과서를 더 나쁘지 않게 한 측면은 무시할 수 없습니다. 우리는 지금까지 해 온대로 일본의 역사교과서 내용을 관심을 가지고 분석하는 한편, 더 나아가 그 연구 결과를 일본과 세계에 알릴 필요가 있습니다.

이제 마지막 답변입니다. 일본 문부과학성이 다원적인 가치를 주장하면서 침략을 미화한 후소샤나 지유샤의 교과서를 통과시킨 것을 우리가 어떻게 할 수는 없을 것입니다. 우리가 할 수 있는 일은 일본 문부과학성이 통과시킨 교과서의 내용을 분석하여 일본 문부과학성이 얼마나 문제가 많은 교과서를 통과시켰는지를 일본과 세계에 알리는 일입니다. 이상 답변을 마치겠습니다. 감사합니다.

장순순 : 발표 잘 들었습니다. 이어서 바로 이재석 선생님의 새역모의 일본 고대사 구상의 특질과 문제점에 대한 발표를 듣도록 하겠습니다.

이근우 : 이재석 선생님의 발표 잘 들었습니다. '새역모의 일본 고대사 구상의 특질과 문제점'이라고 제한 본 논문은 종래 일본 우익의 입장을 대변하는, 특히 '새역모'의 중학교 일본사 교과서에 대하여 서술상의 특정이나 문제점 등을 조목조목 지적하고 있습니다. 그 중에서도 교과서 본문의 분석에 그치지 않고, <교사용지도서>까지 논의의 범위를 확대하였다는 데서 큰 의의가 있다고 하겠는데요, 일반적으로 알기 쉽지 않은 교과서 검정과정의 문제 등에서도 구체적인 상황을 전달해주고 있어서 연구자들에게 크게 도움이 됩니다. 토론

자도 본 논문의 논점과 취지에 전반적으로 수긍하고 동의하는 바여서 크게 문제 삼을 부분이 없는 것이 사실입니다만 본 논문의 완성에 조금이라도 도움이 되고자 하여 몇 마디 사족을 덧붙이고자 합니다.

Ⅰ장에서는 본 논문에서 제시한 내용에서 2005년의 개정판『新しい歷史敎科書』(2005)와 신편『新しい、歷史敎科書』(2009)를 비교해 보면, 큰 차이를 발견할 수 있습니다. 물론 본문의 기술은 큰 차이가 없다고 지적하고 있지만, 장절의 제목을 보면 큰 변화를 간취할 수 있습니다. <자료1>에 의하면 2001년과 2005년의 교과서에서는 '第1章 原始と古代の日本'으로 변화가 없는데, 2009년판에서는 '1章 古代日本の歷史−石器·繩文·弥生·古墳·飛鳥·奈良·平安時代−'라고 하여 原始라는 시대설정은 없어지고 古代 속에 石器·繩文·弥生時代가 포함되는 것으로 기술하고 있습니다. 이는 역사학의 시대구분을 정면에서 부정하는 기술이라고 하지 않을 수 없다. 적어도 石器·繩文은 先史 내지 原始로 분류되어야 하고, 고대는 문헌기록을 확인할 수 있는 시대로 한정해서 써야하는 것이 옳지 않을까 이렇게 생각합니다. 그렇다면 Ⅱ장에서는 2009년 교과서의 고대사 부분의 가장 큰 문제점은 원시라는 시대설정이 없이 전체 고대로 파악한 것이 아닐까 합니다.

Ⅲ장에서는 2009년 교과서의 또 하나 두드러진 특징은 日本人이라고 하는 그나마 중립적이라고 할 수 있는 용어가 사라지고 祖先 혹은 先祖와 같은 용어가 등장하였다는 사실입니다.

日本人はどこから來たか(2005년)
　　　　→ 人類の進化と祖先の登場(2009년)
繩文文化

→ 日本人はどこから來たか

讀み物コラム 神武天皇の東征伝承

→ ご先祖様のプレゼント神武天皇の東征伝承

讀み物コラム 日本の神話

→ ご先祖様のプレゼント

讀み物コラム かな文字の發達

→ ご先祖様のプレゼントかな文字の發達

우선 이러한 말들의 뉘앙스를 확인하기 위하여 사전적인 정의를 살펴보겠습니다.

租先은 "[1]一族。一家の初代にあたる人。また、初代以來、先代までの人々。先祖。＜補說＞「先祖」よりも客觀的な立場でいう語 [2]現在のものに發達してきた、もとのもの。人類の−" 租上은 "家系の初代。また、その血統に連なる先代までの人々。祖先。" 이상 『大辭林』(http://www.yahoo.co.jp 辭書에서 검색)

이를 통해서 보면 租先은 인류의 조상과 같은 의미로 쓰일 수 있는 말입니다. 그렇지만 日本人이라는 용어에 비해서는 혈연적인 연계를 강조하는 용어라고 하지 않을 수 없습니다. 거기에서 한걸음 더 나아가서 租上은 가계의 초대 즉 始祖라는 뜻과 혈통적으로 연결되는 앞시대의 사람들이라는 의미를 가지고 있습니다. 이처럼 2009년 교과서는 종래의 교과서와는 다르게 繩文 彌生 특히 繩文時代人들과 현재 일본인의 혈연적 혈통적인 연관성을 강조하려는 의도를 분명히 드러내고 있다고 할 수 있습니다.

교사용 지도서에서도 그러한 의도는 분명히 드러납니다. "우리들 선

조의 부단한 노력이 오늘날 일본이 발전하는 기초가 되고 있는 것을 학생이 이해할 수 있다."(논문 7쪽)

Ⅲ장에서는 2001년에서 2009년 사이에 일어난 변화는 인류의 기원이나 문명을 먼저 배치하였던 것이 '繩文文化の1萬年'다음에 '世界四大文明の誕生'이라는 순서가 되었다는 점입니다. 이러한 기술순서는 마치 繩文時代가 세계 4대 문명보다 앞서 이루어진 것처럼 읽혀질 가능성이 있습니다.

Ⅳ장에서는 논문에서도 지적되어 있는 것처럼 '<국풍문화>라고 불리는 대륙문화의 영향을 받지 않은 일본 독자의 문화가 발달한 이유를 생각하게 한다.'는 데서도 알 수 있듯이 일본 독자의 문화는 실로 대륙문화의 영향을 받지 않은 문화라는 매우 국수주의적인 관점이 제시되어 있습니다. 그러나 國風文化에 대해서 일찍이 家永三郎은 일본의 독자적인 문화가 아니라, 중국 唐 문화를 수용한 결과 국풍문화 자체가 국제성을 띤 문화라고 지적한 바 있습니다.

Ⅴ장에서는 <교사용지도서>에서 "우리나라의 고대 율령제의 구조에 대해 호적, 토지제도, 세제 등을 구체적으로 다루어, 중국의 구조와 상이함을 알게 한다"고 하였습니다. 그러나 일본의 호적, 토지제도, 세제 등이 중국과 다르다는 것을 인식시키는 것은 대학교재에서도 결코 용이하지 않다고 할 수 있습니다. 외형적인 틀에서는 중국의 율령과 일본의 율령이 다르지 않기 때문입니다. 이러한 내용은 '새역모' 집필진들의 무모하고도 과도한 의욕 때문이 아닐까? 생각합니다.

그밖에도 교사용 지도서 속에서도 잘못된 인식들이 노정되는 경우가 많습니다. 예를 들어 "성덕태자는 한편으로 불교를 보호하면서 다른 한편으로 일본의 신들을 부정하지 않았다. 즉 어떤 종교라도 좋은 점만을 취한다는 태도를 취한 것이다. 이것을 「습합사상」이라고 한다. 이런 태도는 이후의 일본과 일본인의 방식을 결정지었다. 그 증거로 初詣는 신사로 가고, 장례식은 불교로 하며, 결혼식은 교회에서 하는 것을 일본인은 아무런 저항도 없이 하고 있다. 그러나 이런 기초가 있었기 때문에 일본은 외국 문화나 기술을 점점 받아들여 아시아에 앞서 나라를 근대화할 수 있었던 것이다. 그런 의미에서 성덕태자는 일본의 설계도를 그린 인물이었다고 해도 좋을 것이다"(논문 11쪽) 그런데 習合이란 서로 다른 종교의 교의 등이 절충되는 것을 말합니다. 그러한 습합을 대표하는 것이 本地垂迹입니다. 그래서 기본적으로 습합은 한 종교 안에서 일어나는 현상이라고 할 수 있습니다. 일본인이 신도, 불교, 기독교를 엄격히 구분하지 않고 서로 다른 종교의 의례에 참여하는 것은 習合이라고 할 수 없는 것입니다.

　이렇게 발표자에 대한 질문이라기보다는 제가 생각하는 것에 대해서 말씀드렸습니다.

이재석 : 감사합니다. 첫 번째 원시 고대에서 고대로 시대구분을 말씀하셨는데 이 부분은 제가 나름대로 상세하게 분석을 한 부분입니다. 근대의 조선을 번역하는 부분에서 조선과 선조와 같은 용어가 등장하는 것에 대한 의미에 대해서는 첫번째 논문에서 언급한 부분이 있습니다만 표기가 하나는 조선이고 하나는 선조로 이렇게 서로 다르다는 점은 제가 이근우 선생님께 배웠습니다. 저는 그 부분까지는 생각 못하고 다 조상이려니 했는데 다시 한 번 확인해보니까 앞부분은 조선이라고 되어 있고, 뒷부분은 선조라고 되어 있어서 선생님의 지도해주신 대로 의미전달이 되도록 하겠습니다. 죠몬(繩文) 문화가 4대 문명보다 이른 것처럼 보일 수 있다고 하는 부분도 생각을 못해봤는데 이근우 선생님 지적을 듣고 나니까 아 그렇게도 볼 수 있겠

구나 저도 그렇게 생각했습니다. 아마 2001년도에 후소샤 교과서가 나왔는데 그때도 아마 죠몬 문명이라고 표기를 했던 것 같습니다. 그래서 영향을 받아서 2005년 도판 후소샤 교과서가 나올 때는 죠몬 문명이라는 말이 빠지고 죠몬 문화로 바뀌어서 그 이후로 계속 죠몬 문화로 나오고 있습니다. 죠몬 문명이라는 말의 강조는 니시오 칸지(西尾幹二)가 『國民の歷史』라고 하는 후소샤 교과서가 나오기 전에 시판된 책인데 상당부분이 죠몬 문화 사랑이 남달랐습니다. 나머지 부분은 선생님과 저의 생각이 다른 부분이 아니기 때문에 이것으로 마치겠습니다.

장순순 : 김은숙 선생님, 이재석 선생님 발표와 토론 잘 들었습니다. 이어서는 손승철 교수님의 「『일본인 역사교과서』(自由社)의 근세 한국사관련 서술과 일본 近世史像」에 대한 발표와 민덕기 교수님의 토론이 이어지겠습니다.

민덕기 : 손승철 교수님께서 시간을 생각해서 고생해서 쓰신 원고를 빨리 진행시켜 주셨습니다. 우리 손교수님은 장기간 일본 역사 교과서 문제에 매달리셨고 한일역사공동연구위원회에서도 활발한 활동을 펴고 있습니다.

본 논문은 일본 중학교의 역사교과서 중에서 최근 30년 동안 "채택률이 가장 높았던 「東京書籍」판과 2000년 이후 새로 출현한 극우파 교과서 「扶桑社」와 「自由社」판의 근세부분 한국사관련 서술을 비교한 후, 이들 교과서에 나타난 일본 近世史像을 분석"하려고 한 것으로, 특히 "일본 교과서에 나타난 近世史像이 한국사관련 서술과 어떠한 관련이 있는지, 나아가 그것이 어떻게 한국사관련 서술에 반영되고 있는지에 대한" 시론적인 분석이라고 했습니다. 그런 발표자의 의도가 잘 반영되어 「쟁점주제의 비판」에서는 우선, 일본측의 왜구 구성문제를 『高麗史節要』를 직접 3건 발췌하여 반론하고 있습니다. 즉 사료로 보는 한 '假倭'활동은 극히 일시적이며 강원도 영월 지역 근처에 한정된 것이므로 왜구의 주체나 구성에 '假倭'가 포함될 수 없다고 부정하고 있습니다.

다음은 다카하시(高橋) 교수의 '濟州道海民說'에 대해서는 그 근거가 한국사에 대한 부족한 지식과 검증되지 않은 추상적인 가설"에 의한 것이므로 "논리적이고 합리적이지 못하다"며 면밀한 검토를 통하여 구체적으로 이를 반박하고 있습니다. 또한 조선이 통교를 요구해 일본(막부)이 이에 응하여 양국 간의 무역이 시작되었다는 이른바 '조선 요청–일본 수용'이란 記述에 대해서도 조선 초 양국 교섭의 실상을 규명하여 '일본 요청–조선 수용'이라 밝히고 있습니다.

특히 해당 교과서의 히데요시의 조선 침략 의도를 "<조선이 복속을 거부한 것에 대한 응징>이거나 <명을 목표로 한 전쟁이지 조선을 침략하려는 것이 아니었다>는 궤변 또는 히데요시의 영웅심으로 포장을 하고 있다."고 예리하게 비판하고 있습니다. 그리고 부산 왜관이 메이지 정부에 의해 倭館接受화 된 것은 에도시대 <宗氏의 倭館>으로 착오했기 때문이라고 설명하며 일본측 교과서가 그런 착오를 계승하고 있다고 설파하고 있습니다.

손교수님은 해당 3개 교과서가 중·근세의 自國史를 어떤 분야를 어떻게 차등 있게 묘사하여 어떤 의도를 나타내려 하였는가에 대해서도 나름대로 적절한 평가를 내리고 있는데 더구나 우익적 교과서의 경우 그 때문에 근세사회를 근대로 이행하는 역동적인 준비기로 적극 평가하고 있다는 관찰도 매우 예리한 분석이라고 생각합니다.

본 발표는 발표자가 스스로 서론부에서 "일본교과서에 나타난 近世史像이 한국사관련 서술과 어떠한 관련이 있는지, 나아가 그것이 어떻게 한국사 관련 서술에 반영되고 있는지에 대한 시론적인 분석"이라고 표명하고 있습니다. 그러나 「근세관의 문제점」에서, 또는 「맺음말」에서 정리한 내용을 보면, 조선·중국의 정치·문화적 영향을 과소평가하고 있다든가, 다양하게 전개된 한일관계에 대한 서술이 빈약하다든가, 유럽과의 관계 중심적 대외관계를 강조하고 있다는 평가를 내리고 있습니다. 그러나 이러한 평가는 이전의 모든 일본 역사교과서를 통해 충분히 도출해 낼 수 있는 것들이 아니었나라고 주관적으로 생각하고 있습니다.

이어서는 임진왜란에 대한 것만 이야기하고 싶습니다. 일본 교과서에서 흔히 보이는 임진왜란 원인에 대한 기존 교과서와 우익 교과서의 철저한 비교 필요가 필요하지 않나 생각합니다.

기존 교과서의 유형의 例를 살펴보면 『高等學校日本史』(清水書完 1991) 109쪽에 "(秀吉は)明との國交を開こうとして失敗すると、朝鮮征明の先驅をつとめることを要求した。これに應じなかったので、1592(文祿元)年秀吉は朝鮮に出兵した。"라는 내용이 있습니다. 히데요시는 명과의 국교를 맺으려고 했다가 실패하자 조선은 명정벌의 앞잡이가 될 것을 요구했습니다. 조선은 이에 응하지 않았기 때문에 1592년 히데요시는 일본에 출병했다라는 일종의 조선 책임론이 일본 교과서 곳곳에 있습니다.

또 선생님께서 아시지만 미처 이 내용까지는 집필하지 못하셨는지 모르겠습니다만 「扶桑社」와 「自由社」판의 경우 "秀吉은 중국의 明나라를 정복하고, 天皇과 함께 자신도 대륙에 옮겨 살면서, 동아시아에서 인도에 이르는 지역을 지배하려는 거대한 꿈을 가졌습니다. 1592(文祿元)년, 히데요시 15만의 대군을 조선에 보내었다"라고 해서 이러한 거대한 꿈을 가지고 임진왜란을 일으켰다. 이렇게 선후관계처럼 일본 우익교과서가 서술하고 있습니다. 그런데 이 우익 역사교과서 내용 비판하면 '히데요시는 일본군이 서울과 평양을 함락한, 이른바 승승장구한 상황에서 대제국을 꿈꾸기에 이른 것이지 대제국을 꿈꾸어 조선을 침략한 것이 아니었다는 것'(이하내용은 北島方次의 『豊臣政權の對外認識と朝鮮侵略』(校倉書房1990)을 참고) 그리고 95쪽에서 "조선에 주둔 중인 장수들에게 보낸 (히데요시의) '征明'에의 檄文은, 히데요시가 제1차 조선 침략의 緖戰의 승리 소식을 접한 단계에서 내어진 것이다. 히데요시는 고요제이(後陽成)천황을 북경에 옮기고, 스스로는 寧波에 거소를 정하여 동아시아에 일대 帝國을 만드는 구상을 세웠으니"라는 내용이 있습니다. 이것을 생각할 때 우익교과서는 문제의 전개를 반대로 해서 조선침략을 미화시키지 않나 이렇게 생각해 보았습니다. 이상입니다.

손승철 : 저는 사실 이번 원고를 늦게 토론자에게 보냈기 때문에 토론문이 간단하게 오지 않을까 이렇게 생각했는데 토론문을 받아보고 깜짝 놀랐습니다. 4쪽이나 토론문을 써서 보내서 제가 정말 몇십년 동안 토론을 하고 토론을 당해봤지만 이런 경우는 처음입니다. 그런데 그 중에서 하나만 골라서 질문해 주셔서 또 한번 놀랐습니다. 여하튼 꼼꼼하게 지적을 해주셔서 대단히 감사합니다. 다른 부분은 있다가 종합토론이 또 있기 때문에 답변할 시간이 있으리라 생각합니다. 지금 말씀하신 임진왜란에 대해서만 말씀드리겠습니다.

우리가 일본 교과서 왜곡을 얘기할 때 지금 여기에서 거론되고 있는 후소샤 교과서만 늘 얘기하는데 그럼 후쇼사 교과서만 문제가 있고 다른 교과서는 괜찮은 거냐? 이렇게 생각하기 쉽습니다. 그러나 그렇지 않습니다. 일본의 중학교 교과서라는 것을 집필자들이 마음대로 집필하는 것은 아니지 않겠습니까? 다시 말해서 일본 나름대로 정설로서 이야기 되는 것을 교과서로 반영한 것이다. 우선 그런 전제를 깔고 시작해야 합니다. 후소샤 교과서가 아니더라도 동경서적 교과서가 50%점유하고 있는데 그건 괜찮으냐? 그렇지 않습니다. 왜곡의 정도라든지 서술의 방법이 조금 다를 뿐이지 기본적으로 보는 시각은 크게 다를 것이 없습니다. 이것을 우리가 전제로 해서 일본 교과서 왜곡 문제를 다루어야 하지 않겠나 생각합니다.

임진왜란에 관해서 다른 교과서와 후소샤 교과서의 임진왜란 서술의 차이점은 크게 두 가지로 볼 수 있습니다. 하나는 동경서적 교과서의 경우에 '히데요시가 명나라를 공격하려고 했는데 그 통로에 조선이 있었기 때문에 불가피하게 지나가려고 하다보니까 그렇게 된 것이다'라는 식, 또 하나는 히데요시가 침략에 앞서서 조선을 비롯해서 동아시아의 여러 나라들에게 요구를 했는데 조선에서 거부했기 때문에 공격을 한 것이다.' 그러나 후소샤 교과서나 자유사 교과서는 그런 내용은 쓰지 않고 다만 히데요시의 원대한 꿈을 먼저 얘기하고 있습니다. 아시겠지만 히데요시가 그의 아들 히데요리(秀賴)한테 보낸 그 편지의 내용을 바로 임진왜란의 제일 처음에 서술하는 그런 차이점이 있는 겁니다. 그러나 우리가 문제 삼는 것은 기본적으로 임진왜란이라고 한 전쟁이 누구를 대상으로 삼는 거냐? 다시 말해서 일본에서 얘기하는 대로 명을 대상으로 한거냐? 아니면 처음부터 조선을 침략할 의도가 있었던 거냐? 그런데 지금 민덕기 선생님도 말씀하셨지만 이미 명이든 조선이든 그 침략의 의지는 이미 임진왜란이 일어나기 7~8년전부터 히데요시가 여러 차례 언급하고 있는 것을 여러 사료를 통해서 확인할 수 있습니다. 제가 파악한 것으로는 1585년부터이고 1586년 3월에는 예수회 선교사에게 명과 조선의 정복 계획을 이야기 했습니다. 그런데 예수회 선교사는 만약에 일본이 명과 조선을 침략하게 되면 그때 군납을 제공할 용의가 있다라는 사료가 있습니다. 1586년 6월에 종가문서에 의하면 '이미

대마도주에게 국내 통일을 완료하는 대로 조선출병이 있을 거다. 그
러면 그 때가서 충성을 해라'라는 내용의 서장을 대마도주에게 보내
고 있습니다. 뿐만 아니라 1587년 6월에도 다시 히데요시가 대마도
주에게 '조선 복속의 힘을 가해서 협력을 하면 조선에 대한 권한을
줄 것이다.'라고 한 사료가 있습니다.

　결국 이러한 사료들을 종합해서 보면 히데요시의 조선침략은 처음
부터 조선을 침략할 목적으로 시행된 것으로 판단을 해도 되지 않겠
냐? 이것이 저의 생각합니다. 물론 민덕기 선생님께서 기존 교과서
와 우익 교과서의 상세한 비교를 요청하셨는데 제가 현 단계에서 답
변드릴 수 있는 말씀은 '기존 교과서는 조선이 통로에 있었다던지,
명을 정복하려고 했는데 복속요구를 했는데 안 들었기 때문에 출병
을 한 것이다'라는 식의 표현을 하는 것과 후소샤 교과서는 히데요
시의 편지를 서술에 사용하고 있다는 점을 말씀드리겠습니다.

장순순 : 네. 발표와 토론 잘 들었습니다. 이어서는 최덕수 선생님의 「검
　　정 통과 중학교 교과서의 아시아 침략」에 대한 발표와 동북아역사
　　재단의 남상구 선생님의 토론이 있겠습니다.

남상구 : 안녕하십니까. 동북아역사재단 남상구입니다. 최덕수 선생님들
　　의 발표 잘 들었습니다. 시간이 없으니까 저는 간단하게 말씀드리도
　　록 하겠습니다. 발표문에서 설명 안하신 부분이 있으니까 설명하신
　　부분을 중심으로 이야기하도록 하겠습니다.

　　먼저 사진 자료에 대한 분석을 통해 근대 일본 제국주의 형성과정
　　전체를 관통하는 '근대 일본이 감행한 전쟁에 대한 총체적인 역사상
　　을 추출한 작업은 새로운 시도라고 여겨집니다. '새역모'의 교과서
　　기술이 정치해지고 있음을 고려하면 본 발표와 같이 교과서를 관통

하는 역사관에 대한 비판이 필요하다고 생각합니다. 또한 동영상이
나 만화에 익숙한 세대들에게 이러한 눈에 보이는 사진을 제시한다
는 것이 어떠한 의미를 가지는 것인지 우리가 좀 더 진지하게 검토
해볼 필요가 있다고 생각합니다.

제가 오늘 말씀드릴 내용은 피해자 일본이 전쟁을 어떻게 인식하
느냐 하는 부분입니다. 아시아 침략전쟁에 대해서는 물론 교과서가
검정을 통과하면서는 가해사실도 직시해서는 안됩니다. 그래서 후
소샤 교과서를 봐도 지유샤 교과서를 봐도 적지 않은 가해사실이 나
옵니다. 왜냐하면 가해사실을 기술하지 않으면 교과서 통과가 안 되
기 때문입니다. 또 하나는 제가 2001·2005·2009년 교과서를 검토했
더니 항상 문제가 되는 부분이 동남아시아 부분입니다. 새역모는 것
은 동남아시아에 대해서는 '침략전쟁이 아니라 해방전쟁이었다'라는
부분을 강조하고 싶어 합니다. 이 부분이 세 번이나 검정에서 걸렸
습니다. 그렇다면 일본사람들이 자신들은 피해를 입은 전쟁에 대해
서는 어떻게 기술할까 하는 점입니다.

선생님께서는 피해자로서의 일본이라는 부분도 강조하고 있다고
하셨습니다. 피해를 입은 상대에 대해서는 구체적인 수치를 제공하
지 않지만은 자신들이 받은 피해에 대해서는 구체적인 수치를 제공
하는 측면이 있습니다. 이런 면에서 일본은 자신들이 받은 피해를
강조하고 있다고 말씀하셨습니다. 그런데 저는 또한 다른 면이 있다
고 보여집니다. 지유샤 교과서를 보면 국민의 전쟁동원은 역동적으
로 보여주는 것으로 바뀐 데 반해서 전쟁피해를 보여주는 부분은 축
소되었다고 보여집니다.

자료집 104~105쪽을 봐 주십시오. 저도 이것을 보면서 2005년과
2009년 교과서가 참 대동소이하다고 생각했습니다. 전시하의 국민
생활을 보더라도 학교지침은 똑같은데 공장근로 동원 보면 2005년

이 공장에서 앉아서 일하는 여학생이 나왔는데 2009년에는 비행기 공장에서 서서 일하는 여성들이 나옵니다. 좀 더 역동적이지요. 밑에도 'ぜいたく追放'에 대해서 2005년에는 간판만 등장하는데 2009년에는 사람이 등장합니다. 사람이 간판이나 현수막을 들고 가고 그 뒤로 따라 오는 여학생들이 있습니다. 2005년에는 출격하는 특공대라고 한다면 2009년에는 전함에 부딪히기 전의 비행기라는 쪽으로 역동적으로 바뀝니다.

동경대공습을 받은 도시의 사진은 2005년에 비해 2009년에는 반 크기로 줍니다. 20세기 전쟁과 전체주의 희생자를 보아도 2005년에는 비참하다는 느낌을 느낄 수 있는 그림인데 비해 2009년에는 완화된 그림입니다. 전쟁에는 국민이라면 적극적으로 참여해야 한다는 역동적인 모습을 보여줍니다. 전쟁이 비참한 것이 아니라 삼국지와 같은 만화다. 즉 이야기적인 측면을 강조하는 데 반해서 자신들이 받은 피해는 일본이 전쟁피해를 받았다. 그렇기 때문에 그렇게 때문은 전쟁은 참 비참하다라는 것이 전후 일본에서는 하나의 축이었다고 보여집니다. 그에 비해서 지유샤판 교과서는 전쟁피해 사실을 축소하고 있는 것으로 보여집니다.

일본은 가해사실은 축소하고 피해사실만 강조한다는 비판이 많은데, '새역모'는 일본 국민의 전쟁피해를 '역사에 대한 애정을 깊게 하고 국민으로서의 자각을 기른다'는 목표와는 맞지 않다고 여기는 것 같습니다. 문부성은 1963년 이에나가 사부로(家永三郎)의『新日本史』에 대한 검정에서 "242쪽에 '본토공습', '원자폭탄과 그로 인해 폐허가 된 히로시마'라는 전쟁에 관한 어두운 사진이 실려 있고, 244쪽에는 '전쟁에 나가는 학도', '공장에서 일하는 여자생도'와 같이 전쟁에 열심히 협력하는 밝은 면도 나와 있지만, 245쪽에는 또 '전쟁의 참화'와 같은 사진(가두에서 모금하는 의수의 백의용사 사진)이 나와 전체적으로 너무 어둡다"고 지적했습니다.

그렇게 보면 2009년판 지유샤 교과서는 이 당시 일본 문부성의 의도를 가장 잘 표현했다고 생각합니다. 다른 출판사에서 나온 교과서를 보면 전쟁피해가 상당히 크게 기술됩니다. 어떤 경우에는 동경대공습 피해 사진이 양면에 걸쳐 나오는 것도 있습니다. 이것은 사람들이 현재 일본의 재군비를 강조하고 핵무장을 주장하는 사람들과 연결되어 있다고 보여집니다. 이 사람들이 다시 군비 강화를 하려면 '전쟁이 그리 비참한 것만은 아니다'라는 점이 강조되는 것입니다. 문부성의 지적을 염두에 두고 '새역모' 교과서의 사진을 보면 그 의도가 더 분명해집니다. '국가에 열심히 협력하는 국민'이 이들이 추구하는 전쟁과 국민상이라고 보여집니다. 선생님의 의견을 듣고 싶습니다.

이것은 종합토론 때 이야기 되겠지만 2001년과 2005년 '새역모' 교과서의 채택률 저조했던 원인으로 국내의 시민단체와 언론 의 교과서 채택저지 운동을 적극적으로 평가하셨는데, 발표문에서 지적하셨듯이 '새역모'의 목소에 공감하는 일반인들이 늘어나고 있는 것 같습니다. 한국 시민단체의 적극적인 활동이 '내정간섭'으로 보일 수도 있다는 우려의 목소리도 있는데 향후 대응방안에 대해 어떻게 생각하시는지요?

최덕수 : 제가 新 지유샤 교과서의 원고를 한일관계사학회로부터 입수한 시간이 그리 오래 되지 않았습니다. 그런 면에서는 영상자료가 가지고 있는 기능은 같은 사진을 보더라도 다양할 수 있다고 생각합니다. 저희가 대학원생들하고 일본 특공평화기념관에 간 적이 있었는데 특공대와 같은 비참한 전쟁은 피하자라는 의도에서 지어졌다고 하는데 그곳을 둘러본 대학원생들은 그 안에서 전쟁을 추도하는 인

상을 받고 나왔습니다. 그런 면에서는 문자이외에 다른 자료가 삶에 주는 이미지는 다를 수 있다는 점을 선생님 지적을 받고 보니까 이렇게 이해할 수도 있겠구나 하고 생각했습니다. 이와 같은 사진을 일부는 교체하고 일부는 축소하는 의도가 무엇이겠느냐 하는 것은 좀 더 고민해봐야 할 것 같습니다. 옛날 입장과 지금의 입장은 다르니까요.

　마지막 질문에 대해서는 종합토론 때 말씀드리기로 하고 저는 다만 2001년에는 0.039%였던 새역모 교과서의 채택률이 2005년에는 0.39%로 열배나 늘었다는 것, 그리고 일본 중학생 손에 쥐어졌던 교과서 숫자의 100배 이상에 해당하는 교과서가 시판본이라는 이름으로 일반 대중에게 파고 들었다는 점에서 지유샤판이 일본 일반 시민들의 공감에서 나올 수 있었다고 생각합니다.

장순순 : 감사합니다. 지금까지 '검정통과 중학교 교과서의 아시아침략에 대한 서술의 특징'에 대한 발표와 토론이 있었습니다. 바로 현대 한일관계 서술의 특징에 대해서 이어가도록 하겠습니다. 검정 통과 중학교 교과서의 현대 한일관계 서술의 특징에 대해서는 경기대 남상호 교수님이 토론해주시겠습니다.

남상호 : 토론을 맡은 남상호입니다. 발표문은 『新編 新しい歷史敎科書』에서 기술된 1945년 전후부터 현재까지의 '역사'를 검토하고 있습니다. 발표문에서 지적하고 있는 내용은 구구절절 타당한 것이라 생각하며, 확실히 해둘 필요성에서 확인차 질문하고자 합니다.

　첫째 구성에 있어서 '1945년 8월 전후에 관한 기술'에서 '제5장 세계대전의 역사-대정·소화시대부터 평성까지'라는 제목에서 보이듯이 시대구분에 있어서 천황중심사관을 보이고 있습니다. 교과서 앞

부분에 보면 시대구분에 관한 표가 있습니다. 보통은 고대, 중세, 근세로 표기하는데 여기에서는 구석기시대, 죠몬시대, 야요이시대, 고분시대, 에도시대와 같은 시대구분 자체가 천황중심이라는 것이죠. 이것은 1930년대에 확정된 시대구분입니다. 따라서 지금 선생님이 다루고 계신 현대뿐만 아니라 전체의 시대구분 자체가 천황중심이라고 말씀드릴 수 있습니다. 이러한 시대구분에 의해서 교과서가 서술되고 있는데 이 서술내용을 설명하신 것에 대해서 질문을 드리고 싶습니다.

첫째, 자료집 110쪽에 보시면 '일본이 패전으로 철퇴한 후, 이들 식민지는 거의 십수년에 걸쳐 점차 자력으로 독립국이 되었다'라는 서술의 해석 부분을 독립에 있어서 일본의 도움이 있었다라고 보는 것인지 선생님의 의견을 듣고 싶습니다.

둘째, 포츠담 선언에 대한 무조건 항복이냐, 조건부 수락이냐에 대해서 이 교과서에서는 조건부 항복을 채택하고 있습니다. 이것의 진의 여부에 대한 일본학자의 논의는 있습니다. 그리고 일본 검정에 대한 역사에서 보면 이 문제를 가지고 무조건 항복이라는 부분을 삭제하자고 하는 검정 논의가 있었던 적이 있습니다. 타 역사 교과서를 보게 되면 이 부분이 애매모호하게 기술되어 있습니다. 왜 이 교과서에서 이러한 서술을 하게 되었는지를 다시 한 번 물어보고 싶습니다. 선생님께서는 천황의 역할을 굉장히 강조하셨는데 그 부분을 다시 듣고 싶어서 질문을 드립니다.

셋째, 3장 현국현대사의 시작에 관한 기술에서 '1945년부터 1948년 8월까지의 역사는 무엇인가? 지유샤판 역사교과서는 직접 언급하고 있지 않지만 점령이라고 보고 있다. 그리고 한국의 주체적 역사 개척을 간과하고 있다'이렇게 말씀하고 있습니다. 거기에 대한 설명을 해주셨는데 자유샤판 역사교과서를 보더라도 어떤 부분을 가지고 이렇게 말씀하실 수 있는지 그것이 확연하게 받아들여지지 않습니다. 그것에 대한 말씀을 부탁드립니다.

신주백 : 선생님께서는 상당히 다른 부분을 이야기 하고 싶으신데 참으신 것 같네요. 오늘의 글의 보강을 많이 해줬으면 하는 부분에서 그렇게 말씀해주신 것 같습니다. 그 부분에 대해서는 저도 고심을 하겠습니다. 선생님의 질문에 대해서 간단히 대답을 드리면 일본이 무조건 항복하자마자 아시아는 해방되었다라는 논지가 아니라고 하는 것이 이 사람들의 기본 논리입니다. 제가 이론적 근거로 드는 것은 교과서 서술에서는 확인할 수 없는 내용입니다. 제가 인용했던 『史』74를 보면 "이러 이러한 부분에서 포인트를 강조했습니다"라고 써있습니다. 그래서 저는 '이것이 참 단순한 사실이지만 상당히 다른 베이스를 깔고 접근을 하는 구나'라고 생각했습니다.

두 번째는 '너희 교과서의 내용이 맞다'라고 생각하는 순간 '다른 역사부분에서도 다음번에 또 치고 들어올 수 있겠구나'라고 생각하게 되었습니다. '이 부분은 정말 해석을 조심해야겠구나'라고 새삼 느낍니다. 이역사쟁은 해방사쟁이었다는 것이 일본의 사쟁인식이니까 사쟁의 당위성에 대한 주장을 내세우기 위한 것입니다.

또 하나는 패전을 했지만 인도네시아와 같은 나라의 독립에 기여했다고 강조하는 의도가 강하게 있습니다. 실제로 교과서에 데이터를 제시하고 있습니다. 다음으로 포츠담 선언에 대한 항복에 대해서 말씀드리겠습니다.

남상호 : 자력으로 독립국이 되었다고 하는 표현에 그 자력에는 일본이 남긴 유산을 받은 힘이 있다는 뜻인가요?

신주백 : 일본은 독립 전쟁을 했지 않습니까? 국가 시스템이 제공을 해
주다는 그런 뉘앙스가 잠재되어 있습니다. 두 번째는 포츠담선언에
대한 내용입니다. 61년도에 이런 검정에 대한 논란이 있었다는 사실
은 오늘 남상호 선생님께 처음 들었습니다. 이것은 제가 추후에 조
사를 해보겠습니다. 무조건 항복의 수락을 강조하는 핵심에는 국가
가 위기의 상황에 처해 있을 때 항상 천황이 나서서 문제를 풀었다
라고 하는 부분을 강조하려고 하는 논지가 전제되어 있습니다. 패전
은 패전이지만 완패가 아니라는 것이지요. 완패가 안 되는 결정적인
이유는 천황의 역할이 전제되어 있다는 점에 제가 주목한 것입니다.
　점령에 대한 문제만 말씀드리고 답변을 마치겠습니다. 지유샤판
교과서의 주요한 특징은 점령을 무척 강조했다는 것입니다. 항상 전
쟁을 일으키겠다 하는데 그러한 서술이 만약에 우리는 1948년 조선
민주주의인민공화국이 만들어졌다고 쓰어 있는데 이것에는 분할 전
쟁이라고 봐야한다고 글의 후미에 쓰어 있습니다. 이것의 의미는 우
리가 48년 8월 이후에 한국인의 주체적인 노력이 아니라 일본의 학
생들은 GHQ가 일본에 그런 것처럼 그러한 정책이 3년 동안 한반도
에 실시되었다고 생각하는 측면이 강하다는 것이죠. 즉 미군정이 실
시되는 속에서도 한국인의 주체적인 모습이 강조되어야 하는데 마
치 일본의 교과서에서는 한국이 점령당한 것처럼 기술되어 있다는
것입니다. 답변을 마치겠습니다.

장순순 : 두 분 선생님 감사합니다. 오랜시간 동안 새역모가 기술한 역사
교과서에 대해서 고대부터 현대까지 살펴보았습니다. 기본적으로
고대부터 현대까지 관통하고 있는 것은 결국에 천황중심사관이나
일본인의 우월의식 강화, 전쟁미화사관이다라는 점에 대해서는 다
공감하시는 것 같습니다. 더불어서 사실은 2001년부터 후소샤를 중

심으로 새역모가 역사교과서를 내고 최근에는 지유샤에서 역사교과서를 내는데 여기에서는 시간이 지났음에도 불구하고 차이가 없습니다. 다만 고도화되고 정치화되었다고 생각합니다. 이상으로 수고하셨습니다. 발표자나 토론자 선생님께서도 하실 말씀이 많으시겠다 생각합니다. 20분 정도 쉬고 종합토론으로 바로 들어가도록 하겠습니다.

정재정 : 자 그러면 지금부터 종합토론에 들어가도록 하겠습니다. 먼저 여러분들의 의견을 듣기 전에 오늘의 발표 주제 중 전제가 되는 몇 가지 사항을 논의하지 않은 것이 있습니다. 자유샤판 교과서를 논의하고 있는데 자유샤판 교과사가 후소샤판 교과서와 거의 똑같은데라든지, 그리고 일본의 역사 교과서 문제가 일본 학계와 매스컴에서 지금 어떻게 다루고 있는가 라는 등의 숨겨진 이야기가 많습니다. 그것을 우리가 정확하게 파악하지 않고서 이야기를 나눈다면 자칫 잘못하면 퇴색이 될 수 있습니다. 그래서 이 문제와 관련해서 답변을 듣고 토론하도록 하겠습니다. 오늘 이 자리에는 그런 문제의 핵심 당사자 기미지마 카르히코(君島和彦) 선생님께서 와 계십니다. 신미나 선생 통역을 부탁합니다.

  첫 번째, 새역사교과서 만드는 모임하고 자유샤판 교과서 만드는 모임이 분열을 한 걸로 알고 있어요. 교과서 사용을 둘러싼 재판이 벌어지고 있는데 상이 어떻게 전개되고 있는지, 지금 문부성에서는 이 문제를 어떻게 대응하고 통과시키는가 하는 것을 질문해주세요. 두 번째, 이에나가 교과서 재판이 통과되는데 역사교과서 문제가 가지는 역사적 의미가 있어요. 그것을 질문합니다. 세 번째는 지금 자유샤판 교과서를 둘러싼 학계와 언론의 동향을 묻고 싶습니다. 신미나 선생 부탁합니다.

기미지마 카즈히코 : 안녕하십니까? 기미지마 카즈히코입니다. 3월부터 서울대학교 사범대학 역사교육과에서 근무하고 있습니다. 지금부터 일본말로 할테니 한국말로 통역 부탁드립니다. 자료집 40쪽 아래를 보시면 후소샤판과 지유샤판의 집필자가 쓰여 있습니다. 이번의 교과서 집필자를 보면 같은 이름을 볼 수 있는데요, 일본에서는 보통 같은 사람이 서로 다른 교과서의 집필자가 되는 일이 없습니다. 지금 이렇게 양쪽 집필자가 동일한 이유는 야기슈지(八木秀次)씨와 후지오카 노부츠카(藤岡信勝)씨가 권력투쟁이 있어서 이렇게 두 개로 나누어지게 되었습니다.

후지오카 노부츠카씨는 새로운 지유샤판 교과서에 대해서 자기들과 똑같은 형태로 되어 있기 때문에 저작권이 자신들에게 있다고 소송을 일으키고 있습니다. 똑같은 교과서는 낼 수 없기 때문에 그래서 결국 지유샤판이나 후소샤판이나 군데 군데 내용을 바꿔서 그러나 기본적으로는 두 개가 거의 같은 책이라고 보셔도 좋을 것 같습니다. 지금 지유샤판 교과서는 소송이 걸려 있기 때문에 앞으로 어떤 한쪽이 출판을 못하게 되는 상황이 될 수도 있습니다. 또 하나 만약에 어느 한쪽이 승리했을 경우에 서로의 결과에 따라 패소한 출판사의 교과서는 쓸 수 없게 되기 때문에 이 교과서를 선택한 학교 학생들의 학부모들이 이 소송을 하지 말라는 소송을 이미 하고 있습니다. 교과서를 채택하면 4년간 안전공급을 해야되는데 만약에 재판 결과에 따라서 이 교과서를 출판을 못하게 되면 4년간 안전공급을 못하게 되기 때문에 안 된다는 소송이 일어나고 있습니다. 그렇게 때문에 이 교과서는 내용도 문제가 되지만 소송결과에 따라서는 이 것을 사용할 수 있을지, 없을지 그것도 문제가 되고 있습니다.

일본에서는 교과서를 한번 선택하면 4년간 계속 써야하는데 이 교과서는 선택이 되더라도 현재 상황으로는 2년 밖에 없는 상황입니다. 그래서 개선만 하고 있는데, 2년 밖에 쓸 수 없다는 상황이 중요합니다. 자료집 66페이지에 중학교 역사교과서 채택률이 실려 있습니다. 지금 2006년 채택률을 보시면 동경서적이 51.2%, 후소샤가 0.4%로 손승철 교수님이 가장 채택률이 높은 교과서와 낮은 교과서를 비교 대상으로 설정하신 것은 아주 탁월한 선택이었다고 생각합니다. 그런데 문제점의 하나는 동경서적은 시대의 흐름에 가장 맞는 흐름을 서술하는 회사라는 점입니다. 예를 들어서 종군위안부 문제를 제일 먼저 다룬 것도 동경서적이었고, 이 내용이 문제가 되자 가장 먼저 내용을 삭제한 것도 동경서적입니다. 그렇기 때문에 동경서적은 항상 시대의 흐름을 민감하게 캐취해서 교과서를 만들었기 때문에 가장 많이 채택되었다고 할 수 있습니다. 그런 면에서는 동경서적에서 출판된 교과서의 존재 지금까지의 역사적인 전제를 모르고서는 동경서적 출판 교과서를 판단하기는 어렵다고 생각합니다.

또 하나 덧붙일 것은 지금 일본에서는 교과서 회사의 도산이 이어지고 있습니다. 예를 들어 두 번째로 많은 채택률을 보이고 있는 大阪書籍도 며칠 전 도산했습니다. 그리고 일곱 번째의 日本文敎出版도 도산된 회사에서 판권을 이어받은 회사입니다. 그 외에도 일본에는 교과서 회사가 도산하는 예가 많습니다.

교과서 중에서 학계의 연구동향을 보기 위해서는 97년을 기점으로 보는 것이 좋을 것 같습니다. 97년은 이에나가 교과서 재판이 끝나고 동시에 새로운 교과서를 만드는 모임이 생긴 해이기도 합니다. 교과서 재판이 있기 전까지 교과서 문제는 어디까지나 학문의 문제라고 여겨져 왔습니다. 교과서 재판이라는 것은 헌법재판이라고도 말해지는데 일본의 교과서 검정제도가 예민한 것이 일본의 헌법에 적합한가를 다루는 것이라고 할 수 있습니다. 그리고 또 하나는 이 역사교과서의 기술이 맞는가 안 맞는가가 하나의 쟁점입니다. 그렇

게 되면 97년까지도 교과서 재판이 계속될 때 까지는 결국 교과서
문제라는 게 헌법, 교육학, 역사학 이 세 분야의 문제로 다뤄졌다고
할 수 있습니다. 그래서 97년에 새역모가 생기고 나서 2007년에 새
역모가 만든 역사교과서가 출판되었는데 이미 검정으로 교과서를
채택 못하게 한다는 게 불가능한 때였습니다.

2007년에 출판되면서부터는 교과서의 문제가 검정이 어쩌고 저쩌
고의 문제에서 채택을 하자, 하지말자라는 쪽으로 포인트가 바뀌었
습니다. 그때까지만 해도 중학교나 초등학교의 교과서는 선생님들
이 채택하였는데 새역모가 생기고 나서부터는 새역모가 정권에 힘
을 행사해서 선생님이 아니라 교육위원회가 채택하도록 한 것이 새
롭게 바뀐 점입니다. 일본의 교육위원회라는 것은 정부가 임명해서
교육위원회의 위원이 되는 것입니다. 5명으로 이루어지는데 임명되
기 때문에 이들이 보수적이냐 아니냐에 따라서 교육위원회가 선택
하는 교과서도 달라지게 됩니다. 그래서 교육위원회의 선택에 대한
찬성, 반대운동이 지금 일어나고 있습니다.

또 하나는 새역모가 역사학계에 미친 영향입니다. 새역모에서는
역사를 서술하는 하나의 방식으로 이야기의 역사라는 방식을 취하
고 있습니다. 역사라는 것을 하나의 이야기로 서술하는 것인데 그렇
기 때문에 그 전까지는 역사서술이 그 실체를 밝히는데 주력해왔다
면 이야기식의 역사는 예를 들어 전쟁의 기억이나 기록 중심으로 다
뤄지게 됩니다. 또 하나는 지금 역사연구자들이 전쟁 체험자들이나
전후세대들은 전쟁을 체험하지 못했기 때문에 전쟁에 대해서 기억
들을 기록하는 것이 하나의 유행이 되어 왔습니다. 그 결과 2005년
연구작업은 종래에 대응하는 방식에 커다란 변화를 가져왔습니다.
2005년 이전까지는 한국정부가 중국정부가 교과서의 내용수정을 요
구했을 때에도 거기에 대해서 전혀 협력을 하지 않았습니다. 2004년

에 교과서 문제가 붉어졌을 때 한국정부가 일본정부에 수정을 요구했는데 일본에서 조선사연구회의 연구자들이 정부에 협력을 해서 고대사 중에서 문제가 되었던 몇 가지만 수정하고 나머지는 수정할 필요가 없다고 결론을 냈습니다. 이렇게 연구자가 정부에 협력하는 것은 예를 들어 이에나가 재판이 있기 전에는 상상할 수도 없는 일입니다. 역사연구자의 연구입장이라던가 역사연구자의 연구협회라는 것이 교과서 재판을 계기로 해서 정부에 적극적으로 협조하는 쪽으로 바뀌었습니다. 이것은 이전에는 거의 없었던 일입니다. 결국 교과서 문제라는 것은 내용이 문제만이 아니고 정치상황도 관계되고 있기 때문에 이러한 상황을 아울러야 적절한 토론이 이루어질 수 있다고 생각합니다.

신미나 : 준비없이 통역을 하게 되어서 이야기를 두서없이 전해드렸습니다. 감사합니다.

정재정 : 신미나 선생 수고하셨습니다. 신미나 선생은 최근 일본에서 돌아왔습니다. 동경대에서 10년동안 공부해서 박사학위를 받았습니다. 역시 기미지마 선생님은 일본 교과서 문제의 대가이시기 때문에 복잡한 상황들을 간결하게 잘 말씀해 주셨습니다. 결국은 교과서를 둘러싼 정치상황, 역사학계의 동향, 정부의 대응을 종합적으로 알지 못하면 안 되는 것이지요.

첫 번째 발표자 토론자분께 궁금한 것이 있어서 질문 하나 드리겠습니다. 지유샤 교과서와 후소샤 교과서가 지금 저작권을 둘러싸고 재판이 진행 중이고, 이러한 교과서를 일본 정부가 검정에 통과시켰다고 하는 것이 참 이상하다고 생각했습니다. 재판 결과에 따라서 또 문제가 발생하게 되고, 혹시 이점에 대해서 아시는 것이 있으면 말씀해주시기 바랍니다. 기미지마 선생님께서는 어떻게 생각하십니까?

기미지마 카즈히코 : 일본의 문부성의 입장으로는 교과서 하나하나에 대해서 검사합니다. 교과서가 어디에서 발행되었는지 모르고 검정을 한다고 합니다. 그 교과서도 300백개 도의 수정 요구를 받고 수정 후에 검정을 통과했다고 합니다. 300군데를 정정한 것이 많은가, 적은가 라는 부분에 대해서는 기미지마 선생님이 관여한 교과서는 20군데 정도를 수정했다고 합니다. 그렇게 보면 결국 문부성에서는 어쨌든 제도에 따라서 심사를 해서 합격, 불합격만을 판정할 뿐이라고 합니다.

김은숙 : 분명히 교과서 조사관이 그전에 후소샤 교과서를 검정했을 텐데, 왜 내용이 같은 부분이 있다는 것을 몰랐을까요?

기미지마 카즈히코 : 일본에서 교과서를 검정할 때는 표지에 회사이름, 저자 등을 다 생략하고 하얀표지의 교과서를 제출하기 때문에 기본적으로는 저자나 출판사를 알 수 없습니다. 하지만 실제로는 교과서를 제출한 출판사의 리스트가 같이 나오기 때문에 어느 회사인지는 대략 알 수 있다고 합니다. 하지만 '일본의 교과서 검정은 다른 회사와는 비교하지 않는다'라는 원칙하에서 심사를 하고 있기 때문에 교과서의 내용이 비슷한가 그렇지 않은가는 심사의 기준이 되지 않습니다.

정재정 : 이 문제 말고 혹시 다른 부분 이야기 있으시면 말씀하시지요? 지유샤판 교과서가 검정을 통과했을 때 일본의 역사학계와 언론계

라든지 지식인들의 반응을 설명해주실 분 계신가요?

기미지마 카즈히코 : 지유샤판이 검정을 통과했을 때, 지유샤판 교과서
는 기본적으로 후소샤판과 내용이 거의 똑같기 때문에 내용에 대한
비판은 이미 끝났다. 새삼스레 다시 대신 시민 운동단체들에서 지유
샤 교과서와 후소샤 교과서를 비교하면서 어디가 다른가를 문제제
기를 하게 되었습니다. 내용이 똑같다는 것을 어떻게 알았냐고 하면
은 원래 일본에서는 검정중인 교과서는 내용을 검토하지 않는데 지
유샤 쪽에서는 교과서를 선전하기 위해서 검정 중에도 내용을 공표
했습니다. 그렇기 때문에 사람들이 지유샤 교과서가 후소샤 교과서
와 내용이 똑같다는 것을 이미 알고 있었습니다. 매스컴에서는 일단
공표는 했지만 새역모 내에서는 새로운 권력투쟁 같은 것을 일일이
거론할 수가 없기 때문에 지유샤 교과서가 검정을 통과했을 때 매스
컴에서 크게 보도하거나 하지는 않았습니다. 채택을 반대하는 시민
운동은 지금 까지 후소샤 문제에 대해서 운동을 해왔지만 지금은 후
소샤, 지유샤 양쪽에 대해서 채택반대 운동을 하고 있습니다. 8월
15일에 채택이 결정되기 때문에 지금 시민운동이 한창 이루어지고
있습니다.

송우천 : 민족문제연구소 송우천이라고 합니다. 그전에 후소샤 교과서가
학생들의 채택은 미미했지만 일반인들에게 120만부 이상 팔렸다고
들었습니다. 이것이 문제라고 생각합니다. 이것에 대한 대책에 대해
서 선생님의 혜안을 듣고 싶습니다.

기미지마 카즈히코 : 교과서는 최소한 3만부가 팔려야 된다고 합니다.
후소샤는 채택률이 낮아서 수지가 안 맞았기 때문에 결국 일반인이

읽는 책으로 출판을 했습니다. 결국 이때 책을 샀던 많은 사람들이
모임에 반대했던 사람들이고 나머지는 후소샤에서 의원같은 사람들
이 무료로 돌린 것이라고 합니다. 그러니까 이 책을 읽고 잘못된 역
사의식을 가지게 된다고 하는 시민들에 대한 영향은 없다고 생각합
니다.

정재정 : 자 이게 시간이 굉장히 많이 흘렀습니다. 이제는 토론자 여러분
들께서 한마디씩 해주십시오. 꼭 다 하실 필요는 없습니다.(웃음) 앞
선 질문과 관계해서 의견이 있으시면 해주시고 혹시 플로어에서 의
견이 있으십니까?

이명훈 : 저는 의견보다도 질문이 있습니다. 고려대학교 경제학과 이명
훈 교수라고 합니다. 손승철 교수님께서 하신 말씀 중에 왜구 가운
데 일본인외에도 많은 사람들이 있었다라고 하는 내용이 있었습니
다. 이것이 사랑에는 국경이 없지만 역사학에는 국경이 있기 때문에
이런 해석이 버젓이 교과서에 나타날 수 가 있는 것인지 아니면 일
본의 역사학자들도 우리 역사학자들처럼 사료를 가지고 그래도 과
학적으로 해석을 할 텐데, 그렇다면 학자적인 양심이 없는 사람들이
아니면 뭔가 우리가 가지고 있지 않는 사료를 가지고 이렇게 하고
있는 것인가? 아니면 그냥 용어때문에 그렇게 하고 있는 것인가를
손교수님께 질문드립니다.

손승철 : 왜구의 구성에 고려나 조선인을 포함시키는 것이 그렇게 오래
된 얘기는 아닙니다. 발표 초록 72쪽에 나와 있는데 다나카 다케오
씨(田中健夫)와 다카하시 기미야키(高橋公明) 두 분의 학설이 학계
에서 수용되면서 교과서에까지 수록이 되기 시작했습니다. 그 분들

이 갑자기 그런 얘기를 한 것은 아니고 대략 1970~1980년대부터 일본사의 인식을 일본 열도에서 벗어나서 특히 해역사쪽으로 연구를 진행시켜 보자. 이렇게 본다면 왜구들의 존재가 뭐냐? 할 때 당시 동아시아에서 활동했던 왜구의 상당수는 일본인 외의 사람들을 포함하고 있었다라는 논리가 조금씩 발생하기 시작했습니다. 그런데 그것을 다나카씨나 기미야키씨는『고려사』나『조선왕조실록』라는 사료를 근거로 해서 논리를 주장을 한 것이고 그것이 교과서에 수용된 것으로 보고 있습니다. 그런데 아까 제가 발표한 가운데에서 토론 질문에 그 학설을 일본내에서 무라이 쇼스케(村井章介), 하시모토 유(橋本 熊), 사에키 코지(佐伯 弘次) 교수가 그 내용이 부적절하다고 지적했는데 그 내용이 구체적으로 무엇이냐 하는 질문이 있었습니다. 최근에 다나카씨와 다카하시씨가 사료를 가지고 너무 지나친 해석을 하고 있다고 하는 지적이 있습니다.『海域アジア史 硏究 入門』이라는 두달 전에 나온 이 책을 보면 지금 현재 진행되고 있는 왜구 논쟁에 대한 언급 내용이 있습니다. 그 내용을 보면 '과거에 다나카, 다카하시씨가 주장한 내용이 전혀 근거없는 것은 아니지만 사료를 더 탐구해 가면 그 학설에 무리가 있다고 하는 내용이 최근의 학술동향이다. 그리고 최근 사에키 교수가 한일역사공동위원회 발표에서도 왜구 가운데서 고려, 조선인, 제주도민을 포함시키는 것은 무리다. 역시 왜구는 종전처럼 소위 말해서 3도, 쓰시마, 이키, 마쓰우라 지역의 해민으로 봐야한다'라는 주장을 했습니다. 그래서 그 이후로는 상당히 수정되어 가지 않을까 하는 그런 기대를 합니다.

이명훈 : 마지막으로 현재 일본 역사학계를 100이라고 할 때 왜구에 조선인도 포함되어 있었다고 하는 학자가 대충 퍼센테이지가 얼마나 될까요?

손승철 : 그것은 정확히 알 수 없지만 제가 접하고 있는 중세사를 전공
하는 학자 여럿을 만나보면 다나카, 다카하시 교수의 견해가 너무
무리라는 하는 의견이 보편적인 인식입니다. 그래서 앞으로는 상당
히 수정되어 가지 않을까 생각합니다.

정재정 : 우리 전문가들한테는 손교수님의 말씀이 설득력이 있는데 제삼
자들이 봤을 때는 좀 간단히 사료에 있냐, 없냐지요? 간단히 말해
사료에 있습니다. 그런데 한국측 사료에 있습니다. 그런 것을 일본
학자들이 들고 나오는데 사료라고 하는 것이 2000개의 사료 중에
2~3개 있다. 사료비판에 의해 검정해보면 그런 사람들이 있기는 있
었겠지요? 전쟁 중이니까요. 실향민 같은 사람들이 일본인 옷을 입
고 약탈하고 그러면 편하잖아요. 우리가 외국 갔을 때 잘못하면 일
본 사람인척 하듯이 말이죠. 그런데 그걸 가지고 우리가 일본사람이
라고 하지 안하잖아요. 다만 바다를 무대로 살아가는 집단들도 있었
을 텐데 그 중에는 스스로 들어가는 사람도 있었겠지요? 그것을 가
지고 왜구의 주축인 것처럼 인식하는 것은 무리가 있다라고 생각하
시면 되겠습니다.

객석 : 한일고대사를 독학으로 공부하고 있습니다. 앞 질문과 비슷합니
다. 왜인과 조선, 중국사람들이 참가했다고 하는데 그 규모가 제가
알기에는 광개토대왕이 왜의 정벌을 위해서 5만군대를 이끌고 남으
로 내려왔다면 왜의 규모가 얼마나 되는지 일본학자들에게 여러 번
물었는데 일본학자들이 대답을 못하더군요. 그것이 궁금합니다.

이근우 : 솔직히 많습니다. 광개토대왕비문에서 5만의 고구려 군대가 와
서 빼앗은 갑옷과 무기류가 약 1만점 되었다고 해요. 옛날 전쟁에서

전부다 갑옷을 입지 않았을 것 아닙니까? 그래서 그것을 감안하면 그 이상의 병력이었을 것이라고 예상할 수 있습니다. 또 참조할 수 있는 것이 그보다 200년 뒤에 백제가 멸망하고 나서 백촌강전투 때 온 왜인들의 수가 처음에 보낸 사람들이 호위병 5,000명이었고, 그리고 27,000명이 400척의 배에 나누어서 왔습니다.

객석 : 질문이 또 하나 있습니다. 임나일본부설이 요즘에 어떻게 전개되는지요?

이재석 : 지유샤 교과서는 임나일본부라는 것은 지배를 위한 거점 기관이 있었다는 점에서 서술하고 있습니다. 전체 일본학계에서는 그런 지배 기관이 있었다는 것은 이미 과거의 학설로 정리가 된 것 같습니다. 다만 사람이 있었다는 견해가 많이 우세해졌습니다. 그러나 그 경우에도 어떤 목적을 위해서 가야에 있었느냐 하는 것을 둘러싸고 한국과 일본 학계의 견해가 다르기는 합니다만 임나일본부라고 기관이 있었다는 학설은 이미 정리가 되었습니다.

박홍기 : 한마디만 하겠습니다. 전방후원분 얘기 좀 더 상세하게 부탁드립니다. 고고학계도 전방후원분에 대해서는 대책이 없더라구요. 부탁드립니다.

이재석 : 일본학계에서는 아까 교사용 지도서에도 나와 있듯이 여러 가지 설이 있습니다. '왜인이 와서 직접 살던 흔적이다'라고 보는 견해도 있고 백제를 위해서 일하던 왜인이 만들었다. 토착호족이 거기에 묻힌 사람이라고 봐서 일본 규슈지방과의 교류의 증거다 이렇게 보는 견해도 있습니다.

객석 : 오늘 많은 공부했습니다. 마지막에 가서 기미지마 선생님의 말씀을 들으니까 상대를 알고 나를 알면 백전백승이다. 제가 어제 일본인 시민 운동하는 분과 연락이 돼서 물어보게 되었습니다. 그분과의 대화내용을 간단히 말씀드리면 아직까지 채택되었다는 결정이 아니고 그럴 가능성이 있다는 것이었습니다. 지금 일본 시민단체가 결성이 되어가지고 반대하고, 교과서 재판을 지원하는 돈을 모아서 10월 말경에 재소를 하겠다고 합니다. 지유샤 교과서에 대해서 4월 9일에 통과가 된 모양인데 그날 오후에 외교통상부에서 성명을 발표했습니다. 저는 성명자체가 너무 빠르지 않았나 생각합니다. 그 이후에 일본에서의 반응은 관에서 나오지 않고 새역모의 후지오카 회장이 6월 22일에 이명박 대통령과 주일 대사하고 공개질문서를 냈는데 이 답을 할 수가 없어서 안했는지 확인은 못했지만, 질의서 가운데 주요 대목이 교과서 내용을 사전에 알고 있었는지, 내용을 모르면서 성명을 발표했는지 어쨌든 너무 빨리 성명을 발표했다고 생각합니다. 그런데 성명서 발표의 경위와 진의가 뭐냐 라는 이야기를 했고, 일본에서는 교과서 문제가 중심이 되기 이전에 문부성 이외에 아무도 모를텐데 한국이 어떻게 교과서 내용을 미리 캐취해서 내용이 이렇다 저렇다 이야기할 수가 있느냐 왜곡된 교과서의 부분을 밝혀라. 따라서 한일양국의 우호 친선에 반한 내용은 대화를 하지 않았으면 좋겠다라고 대화를 했습니다. 동북아역사재단 및 역사학자 분들은 어떻게 생각하시는지요?

정재정 : 다른 분들도 의견이 있겠습니다만 제가 간단히 대답겠습니다. 우리 정부가 성명을 발표한데에는 근거가 있습니다. 이들이 자기들 교과서를 선전하기 위해서 이미 작년에 교과서를 배포했었습니다. 그래서 보고 할 수 있었습니다.

남상구 : 6월 10일인가에 자유당 하세 히로시 위원의 질의를 소개해 드리겠습니다. 어떻게 한국정부가 교과서 발표 당일날 성명을 낼 수 있는가? 교과서를 넘겨 준 것 아니냐. 그러자 일본정부에서 '한국과 일본은 친밀한 관계에 있으며 여러 가지 협조를 해 나간다. 일본이 발표를 한 것은 우선이고 한국이 성명을 낸 것은 무법이다'라고 대답했습니다.

남상호 : 한일역사의 역사 공유는 가능한가? 일본에서 교과서 채택저지 시민운동을 하는 분들의 역사의식 이분들과 뜻을 같이 하는 한국 사람들과의 역사인식은 같은 걸까요?

정재정 : 그 문제는 신주백 선생이 조심해서 대답해 주세요.(웃음)

신주백 : 저는 민간측의 한일역사공동연구위원회 한국측 책임자로 활동하고 있습니다. 정부차원에서 대화하는 것보다 민간차원에서 대화하는 것이 훨씬 자유스럽습니다. 그것도 학문이라고 봐야 되는 것이지요 대화를 해보면 역시 사회적 존재이다보니까 자신이 소속된 사회로부터의 압력이 어떨 것이라는 것은 예측을 합니다. 그래서 자체검열을 하는 경우도 있습니다. 그것은 한국, 중국, 일본도 마찬가지입니다. 가장 심한 나라가 중국이고 가장 자유로운 나라가 일본이고 중간이 한국이다 이렇게 말씀드릴 수 있겠습니다.

남상호 : 오늘 심포지엄 결과를 보면 대부분 이런 심포지엄 결과에 부응하는 일본 교과서가 되기를 원한다는 내용입니다. 그렇게 되려면 결국은 한국과 일본의 국가적 개념이 아니라 개인의 역사인식까지 짚어봐야겠는데, 하나의 해결방법은 손승철 선생님이 발표한 내용처

럼 역사적인 사실에 접근하는 방식에서 역사 인식과 부응될 수 있다고 하는 것일 것입니다. 또 하나는 아까도 나왔습니다만 역사는 이야기라고 하는 입장에 있을 때 이것을 어떤 역사인식을 공유할 수 있는 방법은 뭐냐는 것이죠? 결국은 전제조건으로 화해와 평화를 위한 역사인식의 공유를 놓고서 이야기를 한다면 그 사실 자체가 가능하냐는 것이죠? 그래서 현재 진행되고 있는 여러 연구, 심포지엄 등에서 나오는 결과물들을 도대체 어떻게 해서 일본의 연구자들과 공유를 할 것인가를 질문드리고 싶습니다.

신주백 : 남상호 선생님 말씀은 두 가지인 것 같습니다. 하나는 역사인식의 공유가 가능한가, 또 하나는 이것을 어떻게 일본학계에 전달하냐 하는 것인데 뒤의 것부터 말씀드리겠습니다. 한국에서 일본 역사교과서를 연구하시는 분들의 큰 맹점중의 하나는 우리 교과서의 문제점을 심각하게 고려하지 않는다는 것입니다. 비슷한 문제제기를 우리도 얼마든지 받을 수 있는데 이것에 대해서 열린 자세가 전제되어 있지 않으면 대화의 진전이 불가능할 것이라고 봅니다. 또 역사인식의 공유문제는 두 가지 측면에서 봐야할 것 같습니다. 하나의 사실의 측면에서의 사실 하나하나를 진전을 해나가는 것이 있습니다. 다른 하나는 사실과 사실의 맥락이라는 면에서 사회적 존재가 다르다보니까 해석과 이해가 다를 수 있습니다. 그 부분에 대해서 어떻게 서로가 차이를 인정하고 공통점을 찾아갈 것인가 하는 것이지요. 공유라는 것은 공통이 아니라 차이를 인정한다는 것은 서로가 협력의 초점, 인정의 초점을 찾아가는 것이지요. 그 부분에서 역사 대화가 필요하다고 생각합니다. 그런데 문제는 그것이 한순간에 이루어질 수 없다는 것이지요. 독일과 폴란드 역사대화가 30년간 진행되고 있는데 첫해 72년에 가장 민감했던 쟁점 부분은 두 가지였습니다. 첫

째 독일의 2차대전 패전 이후 폴란드, 헝가리, 체코 등지에서 약 한 1,200만 명의 독일인을 쫓아낼 것을 어떻게 볼 것이냐, 두 번째는 소련의 군대가 폴란드 장교 22,000여 명을 학살한 것을 어떻게 역사교과서에 반영할 것인가 였습니다. 두 가지 부분에 대해서는 폴란드가 강력하게 주장했습니다. 독일이 70년대에는 건드리지 않았습니다. 결국은 1980년대 후반에 폴란드가 잘못을 다 받아들였습니다. 즉 민감한 사항에 대해서는 단계적으로 대화를 지속해 나간다는 것이지요. 이런 자세가 중요한 것이지요. 제가 나름대론 본 일본 우익의 글들 가운데 특이한 현상은 80년대에는 역사대화가 필요없다고 한 사람들이 많았습니다. 그런데 최근에 와서는 해야된다고 이야기합니다. 그런데 남경학살까지 다루면서 해야된다는 겁니다. 대화가 오고 가지 않는다면 쉽지 않다고 생각합니다.

남상호 : 폴란드와 독일의 교과서 이후에는 없나요?

신주백 : 프랑스가 공통교재가 나왔고 폴란드는 공통 부교재가 나왔고, 올해 교재를 만들고 있습니다.

정재정 : 두 분 긴 얘기는 나중에 식사하시면서 이어나가시구요.(웃음) 이야기가 자연스럽게 결론에 합당한 쪽으로 흘렀습니다. 한국과 일본의 역사의식의 공유라고 할까요? 이것을 어떻게 받아들일 것인가? 사실은 공유가 아주 어려운 것이죠? 우리나라에서도 민족사니 과거사니 피터지게 싸우고 있는데 말이죠. 하물며 국경을 넘어가지고 인식을 공유한다는 것은 참 어렵죠. 국가와 민족이 중요한 것이 아니고 사람이 중요하고 사람이 중요하기 때문에 한국과 일본과 중국이 공통 역사교재를 실제로 만들자. 그것이 가능하다는 것은 결국은 대

화를 하다보면 큰 틀에서 접근하는 것이 가능하다고 봅니다. 다만 그런 것들을 어떠한 목적의식을 가지고 강조하고 접합시키려하면 부작용이 생기니까 자꾸 만나서 이야기하고 고민하다보면 되지 않겠습니까? 인간이 역사인식이 달라서 피를 본 경우도 많습니다. 그러한 바보같은 행동은 해서는 안 된다고 하는 그러한 것들, 유럽 같은 경우가 전형적인 예입니다만 1,2차 세계대전이라고하는 그야말로 파괴에 가까운 전쟁을 치루고 난 후에 깨닫고 역사대화를 하는 겁니다. 동아시아도 그런 것들이 과제로 떠오르는 겁니다. 힘들지만 자꾸 모이고 대화하면 길이 보이지 않을까. 그렇다고 하루 이틀에 보이지 않겠지요. 그리고 가다가 보면 문제도 생기겠지요. 문제가 생기면 그 때가서 또 해결하면 되고 말이지요. 제가 말씀드린 내용에 반대하시는 분만 한 말씀하시지요.(웃음)

객석 : 제가 하겠습니다. 화해와 아시아평화연대를 선 사죄, 후 화해 및 아시아 평화연대로 고쳐야 한다고 생각합니다. 또 오늘 이 중요한 자리에 언론, 방송 왜 안띕니까?

정재정 : 이것이 현실입니다. 역사교과서문제는 별로 흥행거리가 안됩니다. 2001년이나 1980년에는 재미를 봤는데 이제는 그렇지 않아요. 이런 상황을 우리가 어떻게 바꿔갈 것인가도 과제입니다. 동북아역사재단 여러분들 지금 위기에 있습니다. 그렇지 않겠습니까. 이 문제가 사회 이슈가 안 되니까 말이지요. 그런 것들을 잘 모색해가는 게 우리 일이 아닌가 합니다. 지금 이제 5시 정각이 되었습니다. 저에게 주어진 사명이 다 끝났습니다. 오늘 주제는 10년간 다뤄진 별로 흥미없는 주제임에도 발표자 선생님들이 상당히 다양한 각도에서 새로운 인식을 가지고 발표해 주셨습니다. 감사합니다. 토론자

선생님들도 정확히 문제점을 지적해 주시고, 객석에 계신 여러분도 8시간 이상 장시간 경청해 주서서 감사하다는 인사드립니다. 저녁식사가 마련되어 있으니 꼭 같이 가시기 바랍니다. 감사합니다.

일본문부과학성에서는 2001년 4월, 扶桑社판 중학교 교과서를 검정·통과시켜, 극우파교과서를 등장시킨 이래, 한·일간에 갈등을 조장시키더니, 2009년 4월에 이르러서는 扶桑社교과서의 복제판인 自由社교과서를 검정·통과시켜, 또다시 역사교과서 갈등에 불을 지르고 있다.

새로운 극우파 교과서의 출현은 또다시 한국학계를 긴장시켰고, 이에 우리 학회에서는 본격적인 내용 검토에 들어갔고, 이 책은 그에 대한 결과물이다. 기본적으로는 거의 같은 내용으로 이루어져 있기 때문에 그다지 새로울 것도 없지만, 우리가 염려하는 것은 일부 우익성향을 가진 학자들의 주장이 우익성향을 가진 정치가들의 주장에 편승하는 분위기가 조성되어 간다는 점이다. 또한 일부 매스컴이 이들의 편에서 일반 국민을 선동해 간다는 점이 우려스러운 것이다.

이 책은 2009년 7월, 한일관계사학회가 주최하여 개최한 <전환기 일본교과서 문제의 諸相 – 2010 자유사판 교과서 분석> 심포지엄에서 발표한 논문들과 남상구 논문(「'새역모'발간 교과서의 검정실태에 나타난 일본교과서 검정제도의 문제점」)과 연민수논문(「『신편 새로운 역사교과서』의 역사관과 향후 전망」)을 한데 엮어서 발간한 것이다. 제1부에서는 일본역사교과서 왜곡의 역사를 다루었고, 제2부에서는 지유사(자유사)교과서의 내용을 분석하였다. 이 책에 실린 글들을 통해 일본 역사교과서의 왜곡의 실체와 진위를 가늠할 수 있기를 기대해 본다.

이 책의 발간으로 한일관계사학회에서는 14번째의 단행본을 출간하게 되었다. 『한일관계사논저목록』(현음사, 1993)을 비롯하여, 『독도와 대마도』(지성의 샘, 1996), 『한일양국의 상호인식』(국학자료원, 1998), 『한국과 일본-왜곡과 콤플랙스역사-』(자작나무, 1998), 『교린제성』(국학자료원, 2001), 『조선시대 표류민연구』(국학자료원, 2001), 『한일관계사연구의 회고와 전망』(국학자료원, 2001), 『「조선왕조실록」 속의 한국과 일본』(경인문화사, 2003), 『한일도자문화의 교류양상』(경인문화사, 2004), 『동아시아속의 고구려와 왜』(경인문화사, 2007), 『동아시아영토와 민족문제』(경인문화사, 2008), 『일본역사서의 왜곡과 진실』(경인문화사, 2008), 『전쟁과 기억속의 한일관계』(경인문화사, 2008)의 뒤를 이은 것이다. 2005년에 『한일관계 2천년』(3권)을 제외하고 모두 국제심포지엄의 결과물이다.

앞으로도 우리 <한일관계사학회>에서는 매년 국제심포지엄을 지속적으로 개최할 것이며, 그 결과물을 『경인 한일관계총서』로 발간해 갈 것이다. 한일관계사연구에 관심과 기대를 가진 모든 분들로부터 지도와 편달을 기원한다.

2010년 4월
손 승 철